BREAKING THE MOLD

打破常规

印度特色的
繁荣之路

India's
Untraveled
Path to
Prosperity

[印] 拉古拉迈·拉詹（Raghuram G. Rajan）
[印] 罗希特·兰巴（Rohit Lamba） ◎著

余江◎译

中信出版集团 | 北京

图书在版编目（CIP）数据

打破常规：印度特色的繁荣之路 /（印）拉古拉迈·拉詹，（印）罗希特·兰巴著；余江译. -- 北京：中信出版社，2025.7. -- ISBN 978-7-5217-7833-5

Ⅰ. F135.14

中国国家版本馆 CIP 数据核字第 2025TJ5586 号

Breaking the Mold: India's Untraveled Path to Prosperity by Raghuram G. Rajan, Rohit Lamba
Copyright © 2024 by Princeton University Press
All rights reserved. No part of this book may be reproduced or transmitted in any form or by any means, electronic or mechanical, including photocopying, recording or by any information storage and retrieval system, without permission in writing from the Publisher.
Simplified Chinese translation copyright © 2025 by CITIC Press Corporation
ALL RIGHTS RESERVED
本书仅限中国大陆地区发行销售

打破常规：印度特色的繁荣之路

著者：　　[印] 拉古拉迈·拉詹　　[印] 罗希特·兰巴

译者：　　余江

出版发行：中信出版集团股份有限公司
　　　　　（北京市朝阳区东三环北路 27 号嘉铭中心　邮编　100020）

承印者：　北京通州皇家印刷厂

开本：787mm×1092mm　1/16　　印张：19　　字数：260 千字
版次：2025 年 7 月第 1 版　　　　印次：2025 年 7 月第 1 次印刷
书号：ISBN 978-7-5217-7833-5　　京权图字：01-2025-2719
　　　　　　　　　　　　　　　　定价：88.00 元

版权所有·侵权必究
如有印刷、装订问题，本公司负责调换。
服务热线：400-600-8099
投稿邮箱：author@citicpub.com

献给我们各自的伴侣

目　录

"新发展译丛"序 ··· III
前　言 ··· VII

第一篇　有印度特色的发展道路

引　言 ··· 2
第 1 章　国家如何走向富裕？ ·· 3
第 2 章　印度为何没有建立起全球制造业基地？ ······················ 13
第 3 章　贸易转型与服务引领型发展道路 ······························· 27
第 4 章　印度的希望该寄于何方？ ··· 48

第二篇　治理、能力及其他

引　言　治理和结构 ·· 68
第 5 章　面向 21 世纪的治理：结构 ·· 72
第 6 章　面向 21 世纪的治理：流程 ·· 93
第 7 章　能力培养：儿童时期的挑战 ······································ 110
第 8 章　能力培养：高等教育 ··· 128

第 9 章　能力构建：医疗 ··· 149
第 10 章　不平等问题的应对 ·· 167
第 11 章　印度与世界的交往 ·· 188
第 12 章　打造富有创造力的国家 ······································ 209

第三篇　总结

引　言 ·· 224
第 13 章　错误的道路 ·· 225

结　语 ·· 245
致　谢 ·· 247
注　释 ·· 250

"新发展译丛"序

编译出版"新发展译丛"的一个重要背景是，在经历了从20世纪70年代末以来三十多年的快速发展之后，中国经济增长出现了明显的减速现象。此前，人们普遍认为，通过改革开放，重新恢复市场机制的作用，利用后发优势并实施出口导向战略是中国取得巨大经济成就的主要原因。随着后发优势的逐步缩小，以及长期实施出口导向战略带来的各种问题，中国经济要维持进一步的发展，就需要谋求发展道路的转变。

然而，中国下一阶段应该选择何种发展道路？这本身就充满争议。争议一方面来自对中国经济成功制度原因的解释。譬如，有学者认为，中国经济的发展得益于既有的考核与晋升机制为地方官员提供了恰当的激励，概而言之，"为晋升而竞争增长绩效、因竞争而产生经济效率"。而怀疑该假说的学者则会指出两个具有挑战性的事实：其一是中国存在广泛妨碍增长的地方官员腐败现象，即晋升机制未必产生为增长而竞争的激励；其二是地方政府的许多投资项目存在无效率现象，即晋升机制产生的竞争也未必带来有利于增长的经济效率。因此，后者并不认为，中国的经济增长可以归因于所谓的"有为政府"——因为经验意义上，中国的官员既未必肯为经济增长而"有为"，他们的"有为"更不必然有利于经济增长。过去的经济增长更多的是在特定条件下，地方官员的某些"有为"为企业家发挥创业创新才能创造了必要条件，这一结果不过是一种巧合。上述争议告诉我们，没有充分证据证明，存在一种能够持续引领中国经济发展的以强势政府为特征的所谓"中国模式"。

另一方面，争议也来自能够推动经济发展的相关政策设计的理论分歧，无论是政府是否要实施产业政策及实施何种产业政策，还是政府应该如何规制信息技术创新催生的互联网平台公司，等等。主张更多政府干预的学者自然会举出各种因信息或市场势力问题导致的市场失灵为自己辩护，而反对者同样有理由强调既不存在一个天然以社会福利最大化为目标的"仁慈政府"，也不存在一个比市场参与者信息更充分的"完全理性政府"。本质上，这些争论依然属于"如何理解政府和市场关系"的经典话题，依然属于所谓的"温加斯特悖论"（Weingast's Dilemma）——有效的市场经济离不开一个强大的政府，而强大的政府往往又是问题本身。也许，合乎"中庸"的阐述是，依法提供公共服务的政府本身是有效市场体制的组成部分，而让政府政策的制定与实施服从法治的制度安排同样重要。正是如此，早在21世纪初，拉詹和津加莱斯（R. Rajan and G. Zingales，2004）才会把市场经济体制比喻为一架"精巧而容易失效的机器"。要找出市场有效运行的条件，这无疑是无止境的理论探索。

这些争议对于未来的中国经济发展无疑是一件好事。它提醒我们，无论是学理上还是政策实践上，经济发展都来之不易。对于学者和政策制定者而言，更加可取的做法是，一方面，跟踪全世界最新的理论进展，为更好地理解人类社会的经济发展现象找到恰当的分析框架，从而为本国经济发展的政策设计提供坚实的理论基础；另一方面，从全球各个国家的发展实践中汲取养分，理解它们可资借鉴的经验和必须避免的教训。随着中国经济发展进入新阶段，这两方面工作的价值不是被削弱了，反而变得愈发突出。因此，从国际上出版的学术著作中，拣选出有利于我们进行理论学习和实践借鉴的部分"他山之石"编译出版"新发展译丛"，便是一项有意义的学术活动。

上海汇智经济学与管理学发展基金会是一家注册在上海的学术公益基金会。近年来，它以资助一系列学术活动推进经济学和管理学在中国的发展，为形成这方面的学术共同体而孜孜以求。它愿意资助"新发展译丛"的出版，自然是"为学术而公益"精神的又一体现。

"新发展译丛"的编译出版工作是开放的，我们欢迎更多的学者加入进来。

黄少卿
张永璟
2019年1月27日

前　言

今天的印度将走向何方？它已经取代英国，成为全球第五大经济体，它是会继续崛起，还是会令人失望地停滞在较低的增长率上，不足以为千百万加入劳动力队伍的人们提供就业机会？全世界的制造商将会争先恐后来印度开展生产？还是说，过去几十年来制造业就业占比的停滞不前表明印度已错过了登上工业发展班车的良机？印度是准备拥抱未来，还是沉溺于纠缠过去？印度人过得都还好吗？还是说这个国家正变得越发不平等，上层社会将迎来最好的时光，而中产阶级在缓慢沉沦？

以上疑问反映了围绕印度经济而争论的双方观点。一方无限度地看好，不愿意正视对印度必将跻身世界上最富裕最强大国家之列的任何担忧。另一方则充满挑剔，无视正在发生的任何积极现象。是否真如剑桥大学经济学家琼·罗宾逊（Joan Robinson）所言："你说的关于印度的任何真相，反过来都同样成立？"还是说，某一方的观点比另一方更接近真相？

对此如何作答至关重要，因为乐观者认为，但凡有必要，印度政府就应该强力推行自己的意志，哪怕冒着走向威权主义的风险。以中国的经历来看，其经济规模从20世纪60年代与印度比肩，发展到如今印度的5倍以上，跻身世界经济的两个超级大国之列。

悲观者则相信，印度现任政府更擅长的是管控和压制令人不快的事实，而非真正为民众创造福利。只不过，他们这边一直没能提供有说服力的替代方案。

今天的印度显然存在着一种不安，尤其是在年轻人中间。他们是印度人口中规模最大且数量仍在增长的那部分群体，已经不满足于陈词滥调。他们想要新的解决方案：能给予他们良好的工作岗位而非施舍救济，能改善如今的生活状况而非要求他们继续忍耐。如今轮到印度腾飞的乐观情绪只能暂时给他们提供支撑。

印度需要一个希望走向何方的愿景，因为这将决定当前要做的选择。为展望各种可能性，我们首先要弄清楚乐观者和悲观者围绕当今印度发展轨迹的争论。

我们将在本书中解释，为什么我们认为悲观者正确地指出了许多事实，而过分乐观者掩盖了印度经济中正在显现的裂痕。太多的印度年轻人既没有工作，也没有找到工作的希望，于是放弃了寻找。劳动年龄女性被雇用的比例只有可怜的五分之一，是二十国集团中最低的。男性的情况同样令人汗颜。印度浪费了太多的人力资本，很可能因为没有创造出足够的工作岗位，而挥霍掉自己的人口红利，即劳动年龄人口比例增加应该带来的收益。

同时，新的风暴还在积聚。地缘政治紧张局势以及疫情和气候灾害带来的扰动正在迫使企业界反思其全球供应链，许多跨国企业考虑对制造环节实施近岸外包甚至回流（reshoring）。制造业与服务业的工作岗位还有可能通过机器人或者人工智能算法实现自动化。

印度需要解决方案。乐观者认为政府做对了某些事情，这点不假。建立覆盖全印度的商品和服务税，以取代各邦自行其是的五花八门的税收——此类市场一体化改革建议很早就已提出，如今终于由现任政府付诸实施。印度正在以前所未有的速度兴建高速公路、隧道和农村道路。利用数字堆栈（稍后将详细介绍）和大规模开设银行账户，政府可以直接实施福利转移支付，在惠及受益人的同时尽可能减少资金漏损。2023年9月，印度在新德里成功组织二十国集团领导人峰会，发表的会议宣言在若干棘手议题上达成共识，出色地完成了轮值主席国的任期。

这些都是积极的进步。政府展示了执行能力，尤其是在所需行动（如兴修道路、厕所乃至雕像）较为明确，或者相关框架（如数字堆栈）已经由前任政府推出的情况下。对于一个在太多时候无法将计划落实的国家，这是可喜的变化。

然而，现任政府发起的各种行动并非都取得了成功，特别是它自己设想的一些行动。发展可持续的国民友好型智慧城市的行动，促进制造业发展的与生产挂钩的激励措施（Production Linked Incentive，PLI），农业市场改革，以及在2016年11月废除500卢比和1 000卢比（在当时分别相当于7美元和14美元）面额纸币的去纸币化激进措施等，都效果不佳甚至造成破坏。私人部门的投资在过去10年保持不温不火的状态，说明社会对未来前景缺乏信心。

或许最令人担忧的是，关于如何创造工作岗位的经济思维仍停留在过去，印度依然试图用保护主义和补贴措施来促进制造业发展。对于如何积累这个国家最宝贵的资产，即民众的技能，以应对前方的巨大挑战，包括现任政府在内的历届印度政府均无所作为。为理解这点的重要意义，我们必须弄清楚经济增长规律已发生了哪些变化。

全球供应链的改变

货物运输费用在20世纪六七十年代大幅下降。跨国公司开始寻求成本最低的生产地点，因为最终产品可以很便利地输送到作为消费目的地的发达国家。当中国在20世纪80年代启动市场化改革时，跨国企业在决定生产地点时注意到中国廉价但技能不足的劳动力与昂贵的欧盟劳动力的差异，它们发现把仅需低技能的制造活动，主要是将进口部件组装成最终产品（如收音机和电视机等）的工作，外包给中国是合理的选择。这种劳动套利带来的成本节约幅度极大，使企业可以无视在中国开展生产要面临的某些早期困难（如基础设施不足），而毅然开办工厂。随着中国走上出口导向型制造业发展路径，生产迅速扩大，其现代化工厂能够开展大规模生产，满足发达国家的巨大需求。

最终，随着中国走向富裕，其基础设施得以改善，劳动力的受教育水平和技能得以提升，即便是更为复杂的制造活动（如之前需要进口的收音机和电视机部件的生产），成本也得以降低。于是跨国企业把全部制造活动都转移到中国。在不到40年的时间里，中国从贫困国家跨入中等收入国家行列。从仅需低技能的组装线开始的这种出口导向型制造业发展路径在其他东亚经济体也发挥了作用，如日本、韩国等，也包括中国台湾。因此印度现任政府自然而然也会考虑追随这一路线。

后文将指出，这一简单叙事忽略了中国走向成功的某些重要细节。但目前仍可以认为，中国乃至东亚发展路径的起点是以廉价劳动力吸引全球（及本地）制造商，开展对技能要求不高的出口产品组装业务。廉价劳动力带来的成本优势和利润是其他一切发展的基础。

但对希望追随中国路径的印度和印度尼西亚等后起国家来说，不幸之处在于劳动力成本优势已不复存在。一方面，中国人口规模巨大，至今仍未耗尽其农业中的剩余劳动力储备，特别是在西部省份。因此，今天后起国家的劳动力在与依旧廉价的中国劳动力和其他后起国家的劳动力相竞争，而非与美国或日本的昂贵劳动力相竞争。能否攀升到更复杂的制造活动也无把握，因为中国、马来西亚及泰国等新兴市场国家已经大幅改进了物流系统，能够很便利且廉价地在全球各地输送较为先进的制造部件。换句话说，在全球供应链的制造部分，每个环节都面临着非常激烈的竞争。另外，一个国家加入低技能组装生产既不能确保获得利润，也不一定能进入技能要求更高的其他制造业领域。

各个环节的不同竞争程度造成了产品附加值在全球供应链上的不同分布，这有时被称作"微笑曲线"。[1] 供应链初始阶段的研发设计等带来的附加值非常高，中间阶段的实物制造带来的附加值较低，而在产品抵达消费者之前的终端服务环节（如品牌、营销、广告、销售、金融和内容服务等）又再度产生大量附加值。我们把全球供应链不同环节的附加值分布点按上述次序标注出来，就会得到一条类似微笑的曲线。

例如，苹果公司的绝大多数手机是由台资的富士康公司在中国大陆组装，而非自己生产。苹果公司如今的市值超过3万亿美元，富士康公司的市值则不足500亿美元。苹果公司自己不制造任何东西，市值却是富士康的60倍以上！这是因为它要在手机的全球供应链初始阶段提供研发和设计服务，在末期阶段负责品牌形象、市场宣传和内容支持 [包括苹果公司开发的数字媒体播放应用程序 iTunes 和 App Store（应用商店）等服务]。它在这些阶段遭遇的竞争程度较低，利润非常高。当人们在商店购买苹果手机时，仅有约三分之一的附加值归属制造阶段，其中一小部分归属组装环节，并且因为竞争非常激烈，所以该环节的利润相当微薄。[2] 这就是苹果公司与富士康公司市值差异巨大的根源。并非所有全球供应链都采用这一模式，但许多与之类似。

出于我们在后文将阐述的若干原因，印度错过了制造业发展的班车，而中国赶上了。在错失之后，印度目前正在努力通过巨额补贴以吸引众多企业前来开展组装业务。这样做合适吗？我们已经找到了部分答案。从低技能组装生产起步，再逐步升级的中国发展路径对印度不会特别适用，因为中国和其他国家已占据先机并压低了利润水平。这么说不是源于对印度实力的悲观态度，而是认清了世界已经改变的现实。

当然，这并不意味着印度应该轻视制造业。事实上，印度需要所有能够创造出来的工作岗位，在提升制造业的吸引力时，应该更多关注改善基本面，如改进物质基础设施，让营商环境变得更加便利和稳定，提升劳动力素质等，而非将大笔宝贵补贴投向制造商。目前外国投资较为活跃的泰米尔纳德邦等几个邦确实也是这么做的。

不过，根据我们对全球供应链附加值格局变化的理解，印度可以尝试一条迄今尚未有人探索过且与自身优势更加贴合的发展道路。在参与竞争时，它应该面向未来而非过去。

即使通过低技能制造业出口向上攀升的道路已经显著收窄，印度也不应该感到绝望，因为技术进步正在开辟从事直接服务出口以及涉及更高技能的制造业相关服务出口（如芯片设计）的机会窗口。这些领域包含一整套新型生产活动，可望在印度获得蓬勃发展。

还有，除了出口，印度的企业还可以迎合不断增长的国内市场。我们倡导的发展道路将创造众多新的工作岗位，尤其是在教育和医疗领域。印度如果想在如今的大多数经济活动中取得成功，就必须为提升全体民众的技能而大力投资。集中投资于教育、医疗和职业培训，将帮助印度人胜任现有的工作岗位，同时吸引制造业和服务业企业来印度寻找更高素质的劳动者。

过去的发展模式是在价值链上逐步提升，从对技能要求不高的产品组装的最低起点开始。要打破这种常规路线，印度必须创造培育创意和创业的环境，在本国催生能推出全然不同的有用产品的更多企业，有意识地占据供应链上的高附加值环节。或者，印度必须在发展的早期阶段就着眼于从体力向脑力的转型，这要求全国范围的共同努力。

对于我们设想的印度发展道路，最好的诠释方法还是介绍一些案例，包括一个假想案例和几个现实案例。下面的第一个例子是为世界各国提供高附加值服务的商学院，其他例子则将展示制造业和服务业如何以不同方式结合起来，创造出兼具二者特征的全新产品。

在近期实现高附加值服务的直接出口

维诺德·埃拉利（Vinod Erali）教授走下奥拉出租车，向身披纱丽的司机道别。在路过西印度卓越管理学院*的精心打理的院子时，他能看到院墙之外的学院创业中心，之前毕业的许多学生在那里创建的企业如今已在全球家喻户晓。他还能看到更远的地方矗立着印度信息技术学院的钢结构大楼，那里的许多学生与西印度卓越管理学院的学生合作创业。在过去几年中，印度已经发生了巨大改变……

事实上，即便在学院内部，许多情况也发生了变化。埃拉利教授回想起自己在21世纪20年代早期加入西印度卓越管理学院的情形，当时的教室通常是配备了桌椅和白板的大房间，受欢迎的老师上课时，教室里挤满了叽叽喳喳的学生。这种教学方式如果没有延续数千年，也至少延续了数百年。埃拉利教授如今仍在

---

* Well-Known Institute of Management in Western India，作者构想的一所高等教育机构。——译者注

下午以此方式授课，但在上午，他的"教室"则是一间布满摄像头、麦克风及其他电子设备的小屋，中间有个用玻璃栅栏围起来的小小圆形区域，被他戏称为游乐场，是他表演魔术的地方。他的技术员萨米亚已完成设备检查，并竖起大拇指示意。

埃拉利教授戴上虚拟现实头盔，眼前出现一个巨大的虚拟教室，该教室以过去的高级MBA（工商管理硕士）课堂作为模板。接下来，学生们的虚拟形象纷纷入座，总共有80人。他们是来自世界各地的繁忙的高层管理者，在从事全职工作的同时攻读MBA。每名学生都戴上自己的虚拟现实头盔。经过多年改进，这些机器已经从笨重的不透明设备演化为透明的头饰，让教师可以分辨每个人的面孔。埃拉利教授知道学生们的办公室里都配备一台特制的电脑，把他们的形象传递到虚拟教室中。他自己的设备则更加复杂，因为他总在表演各种动作，从虚空中召唤出影像、图表和数据，并且与学生们开展激烈的讨论。

埃拉利教授介绍了自己最喜欢的案例之一：丹徒公司与碳税。故事的主角是一家初创企业，他们希望在拉贾斯坦邦的比瓦迪开设工厂，但必须就支付的碳税金额同当地政府开展谈判。学生们已经在聊天机器人和人工助教的辅助下分小组做了必要的测算，此时，他们将在教室里彼此分享和学习。这是学生们期待的教学环节，是他们从世界各地同时加入这一虚拟教室的意义所在。

在启动讨论时，埃拉利教授询问，如果担任丹徒公司的CEO（首席执行官），学生们会愿意给地方政府多高的出价。右侧的祖瑞女士的虚拟形象被点亮，她说："我一开始会拒绝付款，要求市政府首先填好通向工厂的道路上的坑洞。"

杨加入进来问："我们是否需要考虑，市政府官员也有自己的碳税测算。"

祖瑞反驳说："开玩笑吧，我所在城市的官员哪有时间和能力做这个，他们只是简单地推测一下你会付多少钱，收到钱就完事。"

杨反驳说："我们这里情况不一样，企业通常要在会议之前提交数据和测算方法，而官员会质疑我们所做的每个假设。"

祖瑞回答说："谢谢你的介绍，我下周要去你们那里，劝说你们的政府资助我们的森林保护项目。"

案例讨论如此进行下去，挑战和应对挑战，讨论和论证，最后让包括埃拉利教授在内的所有人都收获良多。

在乘车回家的时候，埃拉利教授思考西印度卓越管理学院大获成功的原因。当他在几年前加入这里时，相关技术已基本实现，另外对于此类教育项目的需求也非常现实，可以让世界各地繁忙的学员在工作之余获得受教于顶级商学院的经历，且没有间接成本。与任何创业企业类似，西印度卓越管理学院只需要坚信自己的能力，而埃拉利教授也为自己在说服同事时发挥的作用深感自豪。

可是，为什么这些学员在有太多其他选项的情况下，会来这所学院呢？印度的经济地位提升显然是个加分项，许多国际业务必须同印度打交道。学员们愿意追随埃拉利这样的教授，他不仅熟悉印度，而且在世界各地做过咨询和研究。同班学员们的多样化背景进一步增强了吸引力。另外英语授课也能够加分，尽管实时语言翻译正在日趋完善。

还有一个吸引学员的要点是西印度卓越管理学院对各种观点、族裔、性别和国籍保持开放的形象，致力于成为梵语中的"Vasudhaiva Kutumbakam"（意为世界一家）的典范。保持多样性和开放对话的印度传统，以及扩大包容性的持续努力同样起到了显著的作用。祖瑞在整节课中严厉抨击本国政府官员的行为，而杨的观点正好相反，但他们对公开表述自己的意见都没有顾虑，因为他们感觉这个课堂是一个安全的空间，在安全的制度之下，在安全的国家之中。

埃拉利教授认识到技术是比较容易解决的问题，从讨论和论证中产生，并结合恰当的创造力和努力得以发展的思想才是真正的稀缺资源。该学院成功地让世界信服，它可以成为改变世界的创意的摇篮。也正是因为这一点，埃拉利教授每天下午在普通教室开设的课程上同样有大量来自其他国家的学员，包括邻近的东南亚、非洲和中东国家的学员。即便对地球上人口最多的国家而言，这些学生的到来也增加了巨大的价值。

西印度卓越管理学院为本地经济做出了很大贡献，不仅创造了外汇收入，还雇用了大量人员，从埃拉利教授本人到负责技术支持的萨米亚、配合其课程的大量助教、负责调试聊天机器人助理的程序员、维护校园环境的园丁，以及接送他上下班的出租车司机和在家中帮忙的家政人员等。

直接服务出口：新的前沿领域

在过去，服务的出口比制成品的出口困难得多。但正如鲍勃·迪伦在歌中所述，时代正在改变。埃拉利教授和他的课堂来自我们的想象，但与现实的可能世界相距并不遥远。2021年，印度理工学院马德拉斯分校开始推出编程与数据专业三年制学士学位的在线课程。[3] 埃拉利教授出口的是教育服务，如今有许多这样的服务已经可以出口，因为视频会议已很容易实现，新冠疫情又使它被更多人接受。本书作者拉詹有位在伦敦的朋友是某家大型咨询公司的高级合伙人，他们正在大规模扩张在印度的业务。

拉詹问：哦，印度的需求增长那么快吗？

她回答：不，我们是给整个欧洲提供服务。

拉詹问：那是把后台部门设在印度？

她回答：不，是半前台的机构，那里的印度咨询顾问将直接同我们的客户打交道。我们不再需要把演示文件集中起来，让伦敦的咨询顾问去负责，而是由印度的咨询顾问完成基础工作并直接向客户演示，当然，两个地方依然会保持合作。

拉詹问：如今这样安排的意义是什么？

她回答：嗯，疫情期间，我们在伦敦的咨询顾问完全通过网络与客户联系。让我们认识到咨询可以远程提供，不需要经常来到现场。现场知识固然很重要，但我们可以通过把当地的顾问纳入团队来解决这个问题。我们能够在印度招聘到非常出色的年轻人，英语流利，薪水则只是伦敦顾问的一小部分。

埃拉利教授与拉詹的朋友都在直接从印度出口服务。印度的信息技术服务出口早已蜚声世界，而在最近四年里，专业和管理咨询服务的出口也快速增加，年复合增长率高达31%。[4] 除这些直接服务外，制成品中同样包含服务。世界上许多顶级制造企业如今都在印度设立了大型研发和设计机构。据估计，大约20%的芯片设计是在印度完成的。[5] 自新冠疫情以来，由所谓全球能力中心（global capability centers，GCCs）完成的此类工作对出口做出了极大贡献。印度有大约1 600家此类中心，占全球总数的40%以上。[6] 它们的快速扩张反映在其创造的工作岗位上，印度软件和服务业企业行业协会（NASSCOM）的数据显示，各类全球能力中心在2023财年的新聘员工数达到约28万人，而此前五年的总数约为38万人。[7] 另外，预期将有更多的全球能力中心到印度运营。

内嵌于服务的制造与内嵌于制造的服务

各类产品可能以不同方式把制造和服务结合起来。我们将看到蒂尔菲（Tilfi）公司，它在贝拿勒斯（当地称为瓦拉纳西）开了一家店，却通过线上向全世界销售瓦拉纳西高级丝绸纱丽，在保护印度遗产的同时给传统手艺人创造了工作机会。蒂尔菲这样的机构给传统产品加入了新的有趣设计，他们创立了一个大品牌，让客户可以信任产品质量。他们提升了手艺人的收入，又创造出许多新的岗位。

我们还会看到以创新方式在服务与制造结合点上搅动传统市场的企业。Lenskart 是一家眼镜企业，其分支机构遍布印度各个城市，其广告经常出现在电视和网络上。该企业发展出一种巧妙的商业模式，把定制生产与直接服务结合起来：让用户在线挑选镜框，然后到当地的店铺检测视力并定制眼镜。从镜框、镜片到配件的一切部件都在他们位于古尔冈的工厂里生产，成品则会在两天之内送到顾客手上。

另一个市场搅动者是 Moglix，B2B（企业对企业）类型的供应平台。你的工厂需要螺母或者车床吗？Moglix 建立了这些产品来源地的庞大数据库，你只需在上面下单，他们就会送到你的工厂。Lenskart 与 Moglix 都是印度本土成长起来的创新企业，一家把服务与制造相结合，另一家则发明了面向制造商的服务，它们都通过新技术的明智应用创造出巨大价值和众多就业岗位。

iD 新鲜食品与教育的伟大力量

服务还可以和传统产品的制造相结合，例如印度流行的早餐食品米糕所用的面糊，iD 新鲜食品公司（iD Fresh Food）就制作和分销这种产品。该公司的一位联合创始人穆斯塔法（P. C. Musthafa）有着不平凡的人生，堪称我们期待的新印度的典范。他的父亲是喀拉拉邦瓦亚纳德地区的工人，负责在地里挖生姜，然后清洗生姜并装上卡车。对幼小的穆斯塔法而言，能保证一日三餐都是遥远的梦想。他们居住的村子附近有一所学校，但穆斯塔法在六年级时考试不及格，就此辍学，与父亲一起打工。

不久后的一天，那所学校一位好心的数学老师"马修先生"来到地里，把穆斯塔法叫到旁边谈话。他问："你真的愿意一辈子这样当工人，还是想继续学习，像老师们那样生活？如果想学习，就回来吧。"穆斯塔法回到了学校，在低一年级的同学们的嘲笑和羞辱中重新读六年级。老师马修先生劝告他："如果严重缺乏信心，那就先关注小幅的进步。"穆斯塔法于是把精力放在数学上，并在全班名列前茅，同学们也开始把他当作自己的一员。随着信心增强，穆斯塔法最终在总分上也变得出类拔萃，并且被著名的卡利卡特国立理工学院计算机专业本科项目录取。

毕业后，穆斯塔法得到了月薪1.4万卢比（当时约合300美元）的工作。当他把第一个月的薪水交给父亲时，他父亲非常震惊："天啊，你头一个月挣的钱就比我一年挣的还多。"

穆斯塔法随后到中东和英国工作，再返回印度，到班加罗尔的印度管理学院攻读工商管理学位，最终打算自己创业。当时他有几个堂兄弟是小杂货店老板，在出售米糕面糊。面糊装在塑料包装袋里，袋口通常用橡皮筋扎住。顾客经常抱怨面糊的新鲜度和质量，但供应方很少做出改进。与过去的历代企业家一样，穆斯塔法和他的堂兄弟认为自己可以做得更好。

与堂兄弟联手，再加上约5万卢比（当时约合1 000美元）的储蓄，穆斯塔法花了一整年时间待在工棚里，利用一台碾磨机、一部称重机和一部封口机，将大米、黑扁豆和葫芦巴籽按照不同比例混合并碾磨，以制作最好的米糕面糊。他们最终在2006年推出了自己的产品，用"iD Fresh Food"作为商标，每天生产100份1千克装的面糊，但其中90份未能售出。两三年后，他们的销量提升，每天生产约2 000份，推广到300家商铺，但仍有约500份滞销。

穆斯塔法意识到，他需要把在MBA课堂里学到的知识应用到工作上，用更先进的方法来预测每家店铺的销量。很快，他改进了公司的数据获取和分析办法，使自己可以预测每家店铺的需求，从而减少了浪费。如今他们的总体损耗率为4%，在深度了解的班加罗尔市场则仅为1%。滞销部分会被卖给宾馆和餐厅，最后剩下的则捐赠给从事食品救济的慈善机构。这种即时加工的流程有助于维护产品的新鲜度，减少浪费（通过改进短期需求来实现），并可以用较低的库存来支撑整个业务。

穆斯塔法曾遭遇过很艰难的时刻，无法给员工按时发放薪水，拖欠儿子的学费。或许是因为自己知道贫穷的滋味，他一直尝试用低负债来维持经营，把利润留在企业。如今的iD新鲜食品公司已拥有5家工厂、650辆货车和2 500名员工，其中许多来自印度的偏僻地方（穆斯塔法很同情偏远农村地区来的员工），巩固了自己在米糕和卷饼面糊市场上的地位，并拓展到若干新的产品领域，如帕拉塔和薄饼（均为印度特有的面包）、酸奶、咖啡和西式面包等。

如企业名称所示，iD新鲜食品公司的所有产品都强调新鲜度、天然成分（穆斯塔法骄傲地宣称"这是奶奶们会用的"）以及简洁卫生的生产流程。该公司甚至在工厂中安装了摄像头并连接到网站，让顾客可以随时监督工厂运行。[8] 他们已经走向海外，在阿联酋的阿治曼开设了一家工厂，如今有三分之一的销售额来自中东地区。

在回顾此前的人生经历时，穆斯塔法认识到教育对改变命运的重要性，特别是马修先生这样的人所能发挥的巨大作用：给一个孩子带来希望。穆斯塔法也记得自己的父亲所做的牺牲：为了让孩子完成学业，他每天都少吃一顿饭。穆斯塔法给创业新手的建议是，不要忽略能够解决的简单问题，想当然地以为自然会有人去处理。实际上没有人去做，机会就会白白流失。与此同时，他告诫企业家别过多追随别人：真正有创见的解决方案将更能实现抱负，也更容易获得成功。

工作、工作还是工作

穆斯塔法的励志故事展示了教育的伟大力量，同时也表明如今的产品是更加复杂的制造与服务的组合：创业者在工棚里用了一整年时间反复开展试验，以寻找口味出色并能保持几天新鲜度的最佳面糊配方；利用品牌宣传和包装，加上在工厂里安装摄像头，给顾客带来卫生和品质保证；送货车队、需求预测与物流管理，以确保及时的生产和运输，所有这些都是穆斯塔法销售的产品的关键组成环节，远远超出简单的面糊制作。

更广泛的一点启示则是，尽管印度确实需要低技能制造业就业岗位，但如果把国家的全部希望、资源和努力都投入这些领域，则是进取心不足和想象力贫乏的表现。低技能制造业的成功不会给印度带来有更高附加值的、更发达的制造业。而如果印度能改善直接服务出口或者与制造业捆绑的服务出口的能力，则可以创造更多的优质工作岗位。事实上，员工掌握的技能还能让印度企业闯入高技能制造业领域。稍后我们将介绍以金奈为基地的阿格尼库尔公司，它负责设计和制造采用3D（三维）打印技术的60英尺（约18.29米）长的液体燃料火箭，可以把100千克重的货物发射到400英里（约643.74千米）以外的太空。对该公司而言，制造过程主要就是打印。就像大多数印度人在使用手机之前没有装配固定电话的经历，印度有可能大幅度跨越低技能制造业，进入供应链上附加值更高的环节。

我们关于供应链微笑曲线的讨论表明,致富不仅是在服务业或制造业之间做出选择,还涉及占据高附加值业务的不可或缺的核心部分。掌握知识产权是如今商业战场的制高点,包括研究开发、设计和产品中使用的软件等,由此可以控制其他业务。苹果公司正是借此掌控了手机业务的主导权。所以,我们之后将谈到的一家印度企业 Tejas 网络公司也希望能够在新兴市场和发展中国家销售 5G(第五代通信技术)网络,这是超级大国集团之外的任何企业迄今尚未实现的目标。

从之前谈到的芯片设计的份额可以看出,目前印度创造的知识产权数量很多,但这些成果主要归属跨国企业。印度还没有高通或英伟达那样的芯片企业,它们主导芯片设计,将其交给台积电公司制造,然后发售到全世界。印度急需创造更多的知识产权,并掌握其所有权。

除提升民众的能力之外,这要求印度从改进型研究开发转向基础型研究和产品开发,前者是如今在制造业取得众多成就的源泉,包括廉价摩托车和仿制药等。因此,目前的要务是创建更多的"现代印度神庙",即能够推动研究、带来创新药等产品突破的一流大学。这些学校应该与企业界合作,将发明创意商业化。除个别情况外,印度制药企业在今天的估值主要来自非专利仿制药。它们应该争取在全球销售专利药,大幅提升自身价值。综合大学必须做好博士生的培养,让他们毕业后大批加入实验研究机构,并成为全国各地高等院校的教师。专业类高校则应该培养更多穆斯塔法那样的学生,以他的传奇经历作为模板,让更多人能通过创业活动在一代人时间里实现财富飞跃。

本书中随处可见的各种案例表明,印度正在发生许多积极的变化,这毫无疑问源自民众的活力与能力。在我们撰写书稿时,一家杰出的公共事业机构——印度空间研究组织(Indian Space

Research Organization，ISRO）——成功地在月球南极实现了月球车着陆，这是世界首创，也让印度成为第四个成功着陆月球的国家。

那么，印度目前已经做得足够好了吗？上述成就显示了印度的广阔潜力，但印度能做的还可以多得多，而要打破原有的发展模式，也必须有更多作为。这个占世界人口六分之一的国家应该憧憬，在诺贝尔奖得主、专利成果、跨国企业CEO和奥运会金牌数量等方面也能占据六分之一的份额，而今天显然还有待提升。另一个揭示现有差距的指标是，在2024年的泰晤士高等教育世界大学排行榜上，尚未有一所印度的大学跻身前200名的行列。

当然，任何一条印度发展道路也不能只注重改善顶层群体的境遇。我们还需要付出更多的努力，给千百万正在寻找工作并感到心灰意冷的人提供出路。印度需要给那些挣扎在贫困线上的群体创造更好的工作岗位，给陷入贫困的群体编织有效的安全网。在新冠疫情之前的那一整年，印度的农业从业者增加了3 400万，而工业和服务业的就业人数只增加了930万，导致农业劳动力就业比例继续提高，这对高速发展的国家来说实属罕见。按照这样的标准，印度是在倒退！印度需要做的事情非常多，首先必须弄清楚轻重缓急，可目前并没有做到。

例如，印度政府与美国半导体巨头美光科技公司于2023年6月达成协议，在古吉拉特邦兴建半导体工厂。如果顺利实施，这需要27.5亿美元投资，其中70%是来自古吉拉特邦和联邦政府的直接补贴，可以创造约5 000个就业岗位。因此，印度将为5 000个就业岗位花费大约20亿美元，也就是每个岗位40万美元。值得注意的是，这家工厂的任务只是组装和部分测试，并不包含研发。[9] 即便它最终能够带来一些芯片制造业务——那将需要多得多的补贴——也并不属于为手机提供的精密逻辑芯片的类型。此外为制造芯片，印度还需要依赖进口的晶圆和机器。

这20亿美元作为给外国企业的补贴，将收效甚微。这些补贴竟然超过了印度联邦政府给大学教育提供的全年53亿美元预算的三分之一！放弃那5 000个低水平就业岗位，用这些钱能支持多少一流大学，开展多少研究，培养多少数量的工程师和科学家？在资源极为有限的印度，选择给美光科技公司提供补贴，而非改善中学和大学教育，表明政策优先次序出了大问题，这将导致糟糕的结果。

总之，我们相信印度如果能掌握制造业和服务业的知识产权，将不仅能够创造基于研究和设计的高附加值产品，还可以带来供应链中的众多低技能岗位。印度可以选择前人未曾尝试的占据制高点的道路，在需要时沿着价值链顺流而下拓展，而不是从底部开始沿着价值链向上攀爬。

为此，印度急需理顺资源配置的轻重缓急。是创造更多一流大学，培养世界级的芯片开发人员并收获相应的利润，还是把几十亿美元补贴用在落后于前沿水平数代的芯片制造上？在战略层面，印度应该进入全球供应链的哪个环节：是选择最具比较优势的环节，还是最弱的环节？

如何实现目标？

由大学提供创意，并由有野心的企业家将其变成产品，这会让印度占据能提供众多优质工作岗位的制高点。但印度仍有太多年轻人缺乏充足的技能和培训。印度需要给求职者创造就业机会，还需要让人们为从事理想的工作做好准备。

印度必须首先准确评估当前的现状。年复一年，细致入微的《教育状况年度报告》（Annual Status of Education Report，ASER）

强调了印度教育系统的学习差距。例如在2018年，三年级学生中只有不到30%能够完成二年级的读写练习，五年级学生中只有不到30%能够解答二年级的数学问题。[10]新冠疫情则让印度的孩子落后得更远。此外，印度儿童营养不良的比率依然高得不正常。他们更难以在学校掌握技能，许多人在小学阶段就被迫辍学。而制造业的大部分工作（包括所谓低技能岗位）要求员工有更强的能力。教育落后让制造商普遍担心在印度找不到合适的劳动者。

完成中小学教育的人有很多上了大学。印度虽然有一批能力出众、光芒耀眼的出自优秀大学的精英毕业生，受到跨国企业的热烈追逐，并且会给国家期望发展的创新经济输送初始人才，但培养的人数仍不够多。许多人虽然上了大学，却没有掌握多少有用的技能。的确，Wheebox（一个全球远程监考评估服务平台）于2023年发布的一份报告认为，印度有大约50%的大学毕业生不能胜任工作。[11]

罢工行动等传统经济冲突已经退潮，但就业能力低下导致的工作机会稀缺、大规模失业和情绪沮丧的恶性循环，如今正形成新型社会冲突。2023年夏季，梅泰人和库基人在靠近边境的曼尼普尔邦爆发血腥冲突，其根源正是年轻人缺乏经济出路，以及由此引发的对于保留名额制度和土地购买限制的不公平的愤怒。印度有待改进的地方确实太多了。

在本书第一篇，我们将解释思想、创意和人力资本如何在经济增长与发展中变得越发重要，无论是对制造业还是服务业，乃至农产品加工业，都是如此。我们将指出，直接服务出口（如埃拉利教授的工作）和内嵌于制成品的服务业出口（如蒂尔菲纱丽、Tejas网络以及多家跨国企业的全球能力中心等）正变得越发普遍，并能给印度带来更多高质量的工作岗位，它们已经显著促进了印度的出口，并能够做出比当前更重要得多的贡献。我们还将指出，包括教育、医疗和金融等在内的面向本土市场的服务会给不同技能水平的人们创造更多就业机会。

当然，强调高技能服务业面临的巨大机遇，并不意味着印度应该忽略生产活动的其他领域。以创新产品和印度工程技术实力为核心的制造业需要繁荣起来。随着印度的成长，建筑业、交通运输业、旅游业和零售业等部门都会扩张，给普通技能水平的民众提供工作岗位。

所有这些可能的工作岗位的一个共同点在于，提升印度人的能力以增加他们致富的机会。本书第二篇将讨论印度的相应对策。我们将指出，印度需要在三个方面推进改革：国家治理改革、促进人力资本形成的改革，以及培育创新环境的改革。

我们将首先讨论国家治理改革，因为我们相信对教育和医疗的投资不足并非某一届印度政府的过错，而是与印度的国家构建方式密切相关，这种构建方式在国家走向独立的时期行之有效，目前却已露出疲态。治理改革的内容包括改进民主制度和扩大分权，以让政府更多地响应底层印度民众改善公共服务的要求。治理改革是其他改革发挥效力的基础。我们相信，在国家治理改革的支持下，教育和医疗领域的改革可以产生显著的成果。在整个论述中，我们将着重介绍各种成功案例及其对增加印度人力投资的最佳路径的启示。

在第二篇中，我们还将讨论如何培育良好环境让印度人可以发家致富、开发新型产品、创立企业、成为工作岗位的创造者而不仅是求职者。在某些方面，这要求与印度之外的世界建立更紧密的联系。印度如何能够说服其他国家扩大对其出口的开放——包括技术手段能够支持的各种新型服务，如远程医疗和法律咨询等？例如，印度能否让更多国家承认自己的专业教育的学位，或者安排相关考试，让学生展示其素质能达到其他国家专业学位的同等水平？创新还要求促进基础研究，如前文所述，首先是扶持一流大学，然后扩展到企业和政府设立的各家实验室。

我们将在本书第三篇做总结。就我们建议的以高附加值为突破口的创造性增长模式而言，印度相对于某些国家的最主要优势是包容性的自由民主制度。多元主义、言论自由、结社自由、活跃的民间组织以及对政府权力的制衡等，不仅是德里的自由派精英群体关注的话题，也是我们推崇的创造力导向型增长路径（creativity-based growth path）的成败关键。

村民对地方公立学校的教师缺课现象表达抗议，本不应担忧会被那名教师的警督亲戚找借口关押起来。商界人士如果对政府表现提出批评，不应害怕第二天会有调查机构上门骚扰。反映政府糟糕业绩的数据不应该被雪藏，让社会在黑暗中摸索。从 Tejas 网络公司等本地企业购买服务的外国人，不需要担心印度政府会违反隐私保护法律，要求企业设置网络后门，让官方机构能窥探客户的数据。准备抨击政府最高层裙带主义现象的反对派领导人，不应该害怕下级法院会加快推进某些无关紧要的案件，蓄意把自己排挤出议会。

权力滥用的可能性深藏在印度目前的国家组织架构中。印度人也经历过集权化的威权主义，1975 年，英迪拉·甘地总理因为法院判决其选举不合法，宣布进入紧急状态，在全国范围内暂停民主权利。如今分裂性的多数主义幽灵正在印度徘徊，怂恿民众按照宗教信仰分群内斗。这些对我们主张的创造力导向型增长路径均有害无益。

越来越多的研究表明，专制主义会压制创造性思维：无论是在政治领域对现有权力架构提出挑战，还是在科研实验室中颠覆主流科学范式。假如印度选择创造和创新路线，就必须鼓励观点和讨论。应该鼓励激进的年轻人挑战陈规陋习，当然别采用暴力方式，而且尽量在大学里而不是到街头，总之不要因为他们敢于直言而予以封杀。

与之类似，创业会在和平的包容性环境下繁荣起来。而如果某些社群被仇恨势力所针对，事情就不妙了。印度人不能沉迷在WhatsApp（瓦次普，一款跨平台的即时通讯应用程序）的各个聊天群里无休止地围绕历史争吵，而应该为迎接未来做好准备。印度人民不能因禁在历史枷锁中。

为应对未来的艰巨挑战，印度走上一条需要举国努力的新发展道路。到目前为止，还没有哪个发展中国家通过专注于提升人力资本而走向富裕，至少在本书面向的这代人仍是如此。没有哪个政府能独立完成这一任务，因为这条全新的道路还没有蓝图可供参考。这也意味着我们需要数据、分析和讨论，当然也需要批评意见。这是一条威权主义政府无法通行的道路，即便认识到变革的必要性，也会因为怀疑专业人士、掩饰不利消息、孤立和骚扰异议人士而失败。在推出最终结论之前，我们还与一位笃信印度当前发展路线的虚构人物展开深入讨论。

本书因何而生？

本书的两位作者都是大学教授，罗希特尚在职业生涯早期阶段，拉詹的年龄则要大得多，也希望他比年轻时更具智慧。我们都曾在印度政府任职，并高度关心印度的命运。我们相信印度能够大有作为，无论是促进自身发展，还是给全世界传递信号。

随着印度的经济地位和形象在世界舞台上持续提升，上层的印度人在过去10年过得还算不错。新闻媒体一边倒地支持印度政府的政策，让他们很容易以为事情确实尽在掌握。然而现实情况是，经济增长速度依旧太慢，无法给民众提供急需的大量工作岗位。

更下层民众面对的经济环境则变得越发不稳定，让子女进入优秀中小学和公立大学需要经历激烈竞争，之后能找到的优质工作岗位却十分稀缺。他们能获得的社会扶持很有限，尤其是在某些大城市，仅一次紧急医疗服务就会将他们拖入贫困。印度的大多数国民目前即属于这种类型，默默忍受现状，期待事情有所改善。

许多领导人对如何缓解更广泛民众的经济焦虑没有主意，于是采取了转移公众注意力的策略，想让人们忘记今天的糟糕现实。例如，关于穷人的工作岗位增长状况的少量数据被就职典礼和政府公告的海量消息淹没，以维持就业增长势头强劲的幻象。这让求职者把困境归咎于自身，而不是追究政府的责任。印度依然可以做出补救，但为此必须摒弃"目前的发展道路没有问题"的集体意识。

如果印度能另辟蹊径，走真正有自身特色的道路，它在未来二三十年里很可能会有极其出色的表现。如果印度的思路继续受限于其他国家的历史经验，不考虑自身的特殊性和世界的变化，后人将只能为其本可以实现的成就而惋惜。

印度不能成为中国的翻版，这种模仿者在全球已经太多。印度需要的是建设一个不迷信、多元化和鼓励争辩的社会，在充满活力的混沌中和谐共处，由此产生可以改变世界的创造性思想。印度不应将之前的经历视为异常，把民主制度当作软肋，而需要发现其中的优势，找到能够激发所有国民的潜力、以兼容并包的传统文化作为依靠的未来发展道路。这条道路不会一帆风顺，但可以成为改变的基础。写作本书时，印度独立已超过75年，我们相信属于印度的最光明时代仍在前方。

第一篇
有印度特色的发展道路

引　言

　　印度如何能够加速增长，给民众创造更多工作岗位？在接下来的第1章，我们将解释一个国家如何能发展起来、走向富裕。我们将重点介绍中国和韩国这样的亚洲经济体，它们在过去几十年里利用制造业出口导向战略得以快速腾飞。在第2章，我们将解释为什么印度即便从20世纪90年代早期就推出自由化改革，却没有追随中国的发展战略。这里将强调印度的某些缺陷，使其难以在低技能制造业做到出类拔萃。在历史上，服务业出口的难度更大，有关原因将在第3章解释。但在全球范围内，制造业出口导向增长战略的追随难度越来越大，而直接服务出口以及内嵌于制造业的服务出口却变得更加容易，尤其是在2020—2022年全球新冠疫情之后。印度在此类出口产业拥有强大优势，并在全球出口市场中占据了相当重要的份额。在第4章，我们将指出把制造业当作凌驾于其他所有产业之上的促进印度增长的方式，乃是一种错误的思路。发展服务业同样能促进印度增长，无论是直接服务还是内嵌于制造业的服务，无论是面向出口还是面向国内市场。更关键的是，政府必须通过提升印度民众的人力资本，给所有产业的增长构筑基础。政府还需要营造鼓励民众创新和创业的友好环境，让新兴企业能茁壮成长，并创造国家迫切需要的工作岗位。所有这些都要求反思印度目前的发展路线并对之再定位。我们将在本书第二篇阐述新发展道路的建议，它能够更好地发挥印度的优势，同时更少依赖印度能力较为薄弱的领域。

第 1 章　国家如何走向富裕？

一个国家走向富裕意味着什么？泛泛地讲，富裕国家的人均经济产出更高，有更多的食品（谷物和牛奶等），更多的商品（汽车、服装、电器、石油和天然气等），也提供更多的服务（理发、医疗问诊、餐饮、住宿、电影和软件等）。一个国家每个人的产出越多，其收入水平也就越高。因此，提升收入的关键在于提高人均产出，也就是所谓的生产率水平。

显然，必须有人购买各种产品和服务并为此付款，即对于所有的供给，必须有相应的需求。这里补充一句，"供给"和"需求"是经济学中最重要的两个术语——如果你讲话比较快，并且随意插入这些词汇，听众们就会认为你是货真价实的经济学家。有位名叫让-巴蒂斯特·萨伊的法国经济学家指出，所有产品出售所得的收入将成为购买这些产品的资金来源。例如农民出售蔬菜，用收入支付洗衣店的服务，洗衣店老板则用农民支付的洗衣费购买自己消费的蔬菜。虽然实际情况要复杂一些，但生产仍是关键所在。

更高的收入来自哪里？

如何让一位劳动者产出更多？首先，利用工具或者机器。在为建筑物打地基的时候，使用铲子的工人，其进度会慢于驾驶推土机的操作员，后者的工作有强大的机器作为辅助，既更加轻松，也更具效率。用经济学家的术语来讲，推土机操作员的劳动得到了资本（即推土机）的加持。当然，不知道如何驾驶推土机或者如何操作铲斗的人反而可能给生产造成破坏，因此劳动者的技能或者说人力资本也影响产出的数量或产品的价值。

还有哪些因素会促进生产率的提高？生产组织有重要影响。如果这位操作员要负责把土铲到一个手推车里，将后者推到填埋处，然后用沉重的压路机把土压实，再开始铺设建筑物的地基，这里的每个生产环节都可能需要独特的技能，却没有一个人能面面俱到。而如果让推土机操作员把土铲到卡车里，让卡车司机把土运到填埋处，由其他人驾驶压路机将其压实，最后再由砖瓦匠负责构筑地基呢？采用后面这种组织方式会大大提升生产效率，不仅因为人们有机器帮忙，还源于劳动者有专业分工，而专家在特定任务方面往往比通才做得更好。伟大的苏格兰经济学家亚当·斯密就注意到了劳动分工对提高生产效率的好处。当然，这种劳动分工的必要前提是业务量或者说生产规模足够大。如果我们只是在一个小菜园里搬运泥土，这种分工链条将失去意义，因为人太多反而会互相碍手碍脚。

与资本和生产组织方式同等关键的是作为其支撑的技术。例如，燃烧效率更高或者动力更强的推土机能让操作员的劳动创造更大的价值。这里的技术是指增进劳动效率的资本的质量。

最后，如何激励劳动者以及如何让产品在经济体中发挥作用，也是需要考虑的重要方面。经济学家把这些问题归入一个包罗万象的术语：制度。其中包括给劳动者的激励性合同、所有权的性质、物流组织、市场状况、合同执行、监管乃至独立司法体系等。在富裕国家，操作员可能是推土机的所有者，由此具备尽量又快又多地挖土的激励。此外，负责运输的卡车可以通过高速公路把挖出的泥土送到海边，那里的地产开发商利用在线拍卖购买了这些泥土，准备用它们来填海造陆，然后修造一家豪华酒店，大赚一笔。事实上，这里形成了一条通过可执行的合同构成的供应链，能够高效率地利用各种产品。

相反在贫困国家，这些泥土的现实用途可能很有限。挖出的泥土被堆积在工地旁边，经常随风吹散，给周围地区造成严重的粉尘污染，有些还洒落回原来被挖的地方。从掘土挖坑这样平凡的事情上，就能看到富裕国家的运行效率远远超出贫困国家。

那么，绝大多数国民都是农民、牧民或渔民，或者是这些从业者家属的贫困国家又如何能发展起来呢？如何能变得更加富裕？从上述例子来看，答案似乎很清楚。劳动者需要获得教育或培训，使人力资本有所改善；需要有更多设备或者资本的支持；机器设备需要通过技术进步变得越来越好；还需要创立和巩固各种制度，所有这些的目标都是提升产出和生产率，即单位劳动者的产出价值。

然而不幸的是，要提升农业这类部门的生产率，能做的事情比较有限。化肥、灌溉、拖拉机乃至大型联合收割机等确实能提高产出，可是归根结底，土地的数量只有这么多。印度每名农业劳动力在2020年拥有的平均耕地面积仅为0.67公顷，而美国的对应数字为46.6公顷。[1] 即便采用最先进的农业技术，印度劳动者也无法从过于狭小的土地面积上生产出太多产品。他们还可以设法提升产品的价值，例如用新鲜蔬菜制作泡菜，或者饲养家禽和山羊等，许多人也的确这样做了，但与美国人的富裕程度相比仍遥不可及。

在历史上，劳动者必须从农业向制造业转移，才能显著提高生产率。对当今世界的大部分发达国家而言，这曾是个很漫长的过程。有人估计，英格兰的农业劳动力占比在16世纪50年代是63%，到18世纪50年代才下降至35%。[2] 离开农业的大多数劳动者是在自己家里从事纺纱、织布、缝纫、木匠或铁匠的工作。工业革命加速了转化进程，随着工业体系的进步、蒸汽动力机器的日益普及以及制造业组织的改进，生产效率得以提高。

增长起飞源自良性循环的形成。在许多人脱离农业的同时，留下的居民可以把土地合并为更大的农场。耕作机械化、种子质量改良、灌溉体系和作物轮作等新技术使劳动力人均产出显著增加。结果表明，之前雇用的许多农场工人并不是必需的，尤其是随着寻找劳动力变得越来越困难，农场主会发现更富效率的土地利用办法。

较为富裕的农场主获得了更多收入，他们用以添置更精美的服装、时髦的帽子和鞋子、更好的家具和更大的住房，并消费由城市工厂推出的各类产品。当工厂主变得富裕起来以后，他们把利润投资于更先进的机器，让单位雇员生产更多的产品。而当劳动者的生产效率提高以后，他们的薪酬得以增加，也开始为扩大需求做出贡献。

新的需求在涌现。例如，各地的小酒馆让工厂员工在一天的辛苦劳动后有地方放松，甚至寻欢作乐。于是兴起了相应的产业——发酵谷物，蒸馏酿造，然后把啤酒输送到城市的各个角落。调酒师和女招待的就业岗位也随之增加。

起初，离开农业、迁入工厂的劳动者没受过多少教育，也不太需要教育。但随着机器变得日益先进和复杂，工人们需要接受更多培训，甚至需要掌握数理化领域的一些知识，才能操作、维护和修理那些机器。还有一些聪明的工人在生产现场开展创新，采用随机应变的手段来提升机器运行的效率。

此外，随着工厂规模扩大，经理人、工程师和会计师等新型职位也必须有人来担任。在服装形成批量生产之后，消费者要求在样式上有更多的选择，于是企业主开始招募服装设计师。许多原有的工作岗位和新的工作岗位都需要更高的技能及教育水平，由于高素质劳动者较为稀缺，这些岗位的工资节节上涨。

看到教育会带来更高的生产率和工资回报后，城市居民开始要求给子女提供更多和更好的学校教育，企业主也乐见其成。学校原先只被视为给孩童传授文明和宗教教义的工具，此时被列入经济上的要务，成为培训未来劳动者的重要方式。[3] 换句话说，在物质资本扩张的同时，国民的人力资本也在提升，进一步推高了生产率水平。

对长期增长而言，最重要的因素或许是技术进步。科学家、工程师和工人们一起改进现有机器，发明新的产品，詹姆斯·瓦特和托马斯·爱迪生就是其中的典型代表。经理人则优化生产流程，提升运行效率，这方面的著名人物有亨利·福特等。

若干国家因此走向了富裕。在1820—1870年，西欧和美国的人均收入年增长率达到了1%~1.3%。与中国和印度在近年来的人均收入增速相比，这非常有限，但与之前5 000年左右的人类历史相比，却是波澜壮阔的高速跃升。

近年来发展中国家的增长速度为何能够大大加快？

为什么早期的工业化国家不能增长得更快一些？尽管过去也可能实现与如今现代化工厂类似的大规模生产，企业主却会面临许多现实约束。例如，他或许没有足够的自有资金或融资手段来完成巨额投资，也不敢让产量大幅超出现有的需求数量，更不敢奢望能够全部卖出。他必须为需求的逐步增长做好规划，这来自本国民众持续的收入提高和支出扩大。而收入和支出的增长则源于投入的物质资本和人力资本的持续扩张。当然，像英国这样的早期工业化国家在当时拥有印度等殖民地，可以吸收其制成品。

然而贫困的殖民地民众购买殖民者产品的能力从一开始就很小，而随着机器制造的进口产品排挤本地手工产品，殖民地民众变得越发贫困，购买力进一步缩小。所以从长期看，帝国主义并非可持续的需求增长的源泉。

技术进步可以显著提高产出和收入增长的速度，依靠更先进的缝纫机，制衣工人的劳动生产率得以提高，收入随之增加，并能够把更多资金用于食品和娱乐消费。但由于这些国家使用的已经是当时最好的技术，更先进的技术还有待发明创造，因此处于知识前沿的创新速度则相对较慢。

然而近年来，我们看到部分经济体取得了极其出色的增长成就。最令人印象深刻的是若干亚洲经济体，以日本为首，之后有韩国、马来西亚、新加坡和中国台湾，更近一些的则是中国大陆（印度的情况稍后再做讨论）。

记者兼作家乔·史塔威尔（Joe Studwell）撰写的颇具启发性的著作《亚洲大趋势》（*How Asia Works*）试图解释：在20世纪下半叶，亚洲各经济体怎样以不同于传统的方式实现了从农业向制造业的转型，尤其是政府在其中发挥了相当积极的作用。[4]

转型的起点是土地改革，把土地所有权（或者中国采用的承包经营权）分配给耕种者。这让小农户得以实现繁荣，生产出能够用于制造业的剩余产品。但政府意识到，如果制造业必须等待国内产品需求的积累，则会在较长时间里局限于较小的规模和较低的生产率。

不妨设想下，有个擅长制造高顶礼帽的国家。如果想通过国内需求来实现较大的规模，就需要收入水平有很大提升，让上层社会的人举办大量舞会和赛马之类的活动，并把礼帽作为标配。这要等待很长的时间。但如果这个国家把目标瞄准富裕国家，则可以满足对高顶礼帽大量现成的需求。

因此，制造业的规模经济可以借助发展中国家拥有的初始比较优势，例如较为富裕的工业化国家已经失去的廉价劳动力，再通过占领世界市场来实现。政府可以鼓励生产商专注于出口部门，尤其是需要大量低技能或中等技能的产业，包括纺织品、皮革制品、玩具和电子产品组装等。在此类部门，来自富裕国家的需求会弥补本地需求的不足，让增长和生产规模不再受制于本地的低水平需求。

这些经济体也不会受到技术水平的拖累。由于发展中的亚洲经济体并没有处在技术前沿，它们可以购买、模仿、租用甚至窃取先进技术，无须开展创新。例如在一开始给制衣工人购买基础缝纫机，然后再引入更为先进的类型。由于工业化国家已经完成了必要的创新，所有这些技术都是现成可用的。所以，相比前沿国家的增长，追赶型增长更容易，速度也更快。

制造业的生产率不会保持不变。随着反复练习，工人的技能将提高，每小时产出的数量会增加，差错率和浪费率会减少，经济学家将这种现象称作干中学。另外，随着规模扩大，自动化水平会提高，例如用机器来缝制纽扣以取代人工，这会降低成本，提高生产率。经理人也在干中学，寻找激励员工的更好办法，调整生产线，改善供应和运输的物流管理。外国生产商来本地建设基地，会把它们的生产实践带进来，让国内企业通过模仿来学习提高。

随着工人的技能和教育水平提升，制造商会转而生产更复杂的产品，例如照相机、摩托车、汽车和机械等，把低技能制造业交给发展阶梯上后来的其他国家。[5]逐渐靠近技术前沿的国家将开始启动自己的研究开发，与工业化国家的技术差距将被缩小，像日本的照相机、韩国的电视机和中国的电动汽车还在世界上占据了领先地位。

最后，有竞争力的出口导向型产业获得的先进操作经验会被推广到整个制造业部门，乃至经济中的其他部门。需要即时库存与可靠交付的出口商会要求改善物流和运输服务（例如要求更好的卡车维护），以减少意外延误等。随着物流和运输的改善，各地的房地产开发商就能更有效地采购原材料，加快住房建设。用专业术语来讲就是，生产率的进步不会停留在出口导向产业，而是会扩散到建筑业等其他经济领域。制造业确实会成为通向富裕的阶梯。

亚洲的出口导向型增长加快了劳动力在产业部门之间的转移，但这一转型与富裕国家过去经历的情形依然类似。首先是制造业的扩张，吸引了农业劳动力，制造业在国家经济总产出中所占的份额越来越大。制造业的强劲生产率增长会提高劳动者的收入，而随着民众变得更加富裕，他们开始要求更多的服务。对贫困国家而言，大部分服务是在家庭内部发生的，人们准备自家的饮食，让家人帮忙理发等。当某些人发财致富之后，他们会聘用厨师，找理发师给自己服务。当整个国家变得更富裕之后，家庭用人会变得较为昂贵。当人们不想自己做饭的时候，他们可以去餐厅享受美食。简单地说，制造业的生产率进步会提升对服务的需求，并最终减少制造业对劳动力的需求。

服务业的增长将随之加速，并把劳动者从农业和制造业中吸引过来，减少它们所占的劳动力份额。服务业最终将成为整个经济中占主导地位的就业领域。如果把制造业在经济中所占的就业比重当作人均收入的函数，它起初会上升，此时劳动力从农业转向制造业，之后则会下降，此时劳动力从制造业转向服务业。通常来说制造业的劳动力占比只有在一个国家变得相当富裕之后才会下降，而且鉴于制造业岗位的生产率水平较高，它在经济产出中的占比不会下降得那么快。

印度的表现如何？

把一个国家为商品和服务支付的所有收入累加起来，我们就能得到该国的 GDP（国内生产总值）。再将 GDP 除以这个国家的全部人口，我们就能得到该国的人均收入水平，在专业术语中是人均 GDP。

1961 年，印度的人均收入水平为 86 美元，韩国为 94 美元，中国为 76 美元。印度处在这一批极端贫困国家的中间位置。如今，印度人均收入水平约为 2 300 美元，中国约为 12 500 美元，韩国约为 35 000 美元。[6] 印度不再居于中流，而是远远落在后面。印度人对上述统计数据可能有三种直接反应。第一种当然是：这样的对比不公平，我们选择了人类历史上两个最成功的经济增长案例来跟印度做对比。第二种反应是沮丧：印度怎么会搞得这样糟糕？第三种反应是辩护：印度选择了不同的道路，把维持多元化国家的稳定和民主作为优先事务，而非不计代价地追求经济增长。这三种反应都有某些合理之处。

例如，我们确实选择了两个增长速度最快的国家来做对比，如果是与其他国家相比较，印度的表现并没有那么糟糕。在 1980—2018 年，印度人均 GDP 的年均增速约为 4.6%，十年期平均增速也从未低于 3%。如果在这 38 年中筛选年均增长率不低于 4.5% 且任何连续十年期平均增速不低于 2.9% 的国家，会发现只有 9 个国家符合标准。并且除印度之外，其中只有博茨瓦纳基本上维持着民主制度。[7]

增长故事中还有一个侧面值得关注。我们之前提到，制造业的劳动力占比通常会在一个国家发展的某个时点见顶，然后下降。不过美国哈佛大学的丹尼·罗德里克（Dani Rodrik）指出，自1990年起，在若干非洲和拉美国家，制造业的劳动力和总产出占比已开始下降。该现象的出现远远早于这些国家的人均收入达到历史上制造业份额开始走低的通常水平。罗德里克认为，印度的情形同样如此，制造业的劳动力占比自2002年起已开始下降。[8] 尽管人们对于印度是否已出现去工业化仍存在争议，但毫无疑问，与发展中国家的典型情况相比，印度的服务业吸收了更多脱离农业的劳动力，而制造业的劳动力占比维持相对平稳的状态。对印度这样的后发工业化国家而言，这到底是一种缺陷还是一种特色，我们将在之后的几章中展开讨论。

但无论怎样选取数据，很明显的一点是，印度是制造业出口游戏中的迟到者，直至20世纪90年代早期才启动相应的改革。印度在此之后的经济增长显然受益于出口的扩张，其中既有制造业，也有服务业。可是，印度为什么还没有建立起更大的制造业部门？它更擅长何种类型的制造业？这是下面我们要探究的问题。

第 2 章　印度为何没有建立起全球制造业基地？

如上一章所述，印度在改善民众生活水平方面不如东亚增长领跑经济体做得那样出色，这或许是因为它没有建立起强大的全球制造业基地。最合适的比较对象可能是中国，两国在 20 世纪 60 年代的人均收入水平相当，人口规模也相近。

为什么印度的工业化程度远逊于中国？

简单地说，中国在 20 世纪 70 年代后期开始推动经济现代化，比印度领先 10 年左右，速度也更快。从数学学习中我们可以知道，剩下的就是复利计算：印度在今天的经济产出相当于中国在 2007 年的水平，即便在未来实现与中国过去相同的增长速度，也落后 16 年之久（截至该书英文版 2023 年出版时）。当然，印度如今可能无法实现如此高的增速，即便各方面条件良好，印度的追赶也需要更长时间，因为中国不会原地踏步。

中印两国有着很多的不同，包括历史进程、族裔多样性、政治制度乃至人口结构等。所以，对任何几个关键差异的强调都有可能忽略其他许多方面，就像佛教经书中讲述的六个盲人摸象的故事所示。[1] 但无论如何，我们仍要做些尝试。

基础教育

20世纪的共产党政权通常会大力投资基础教育，部分原因是他们强调平等，也或许是因为文化普及可以让普通民众熟悉共产主义经典。中国亦不例外。印度人在1950年的平均受教育年限为1年，中国则是1.8年，此时距离中国共产党建立全国政权刚过去1年。[2] 到1980年，中国已进入改革开放早期阶段，民众的平均受教育年限达到5.7年，而印度只有2.5年。印度在20世纪90年代早期启动改革时，也只把教育水平提高到了3.6年。

这个差距为何至关重要？麻省理工学院的黄亚生指出，中国的增长故事具有自下而上的特征，20世纪80年代，在廉价信贷和放松营商环境的支持下，有无数小企业在农村地区成长起来。许多这些小型乡镇企业在特定产品——从门把手到机械螺丝——生产领域形成集群，并成为中国极具竞争力的产业链的关键组成部分。黄亚生认为，印度没有以类似方式起飞的原因就在于国民的平均受教育程度远逊于中国，特别是在农村地区。经营一家小企业需要识字、算数和基本的会计知识。在经济放开的时候，掌握这些技能的中国人更多。而印度只是在自由化改革逐渐凸显了对受教育劳动者的需求之后，才开始增加对教育的投资。[3]

为什么印度在大众教育的早期阶段表现不佳？在经典作品《儿童与国家》(*The Child and the State*)中，麻省理工学院教授迈伦·维纳（Myron Weiner）认为印度在独立之后的40年里没能把大多数孩童送进义务性质的小学教育体系，其根源在于种姓制度和经济等级制度。精英群体完全没有兴趣给下层种姓和贫困人群提供教育。除提高农业工人的地位，增加他们对自身命运的不满之外，教育对他们还能有什么好处呢？

奇特之处在于，民主制度也没有推动政客增加对初级公共教育和医疗的公共支出。或许是因为以种姓制度为背景的农村等级制度剥夺了穷人的权利，印度宪法的缔造者安贝德卡尔（B. R. Ambedkar）就持这种观点。或许是因为国民需要首先获得最起码的教育，才会有意识和能力去要求享受公共服务的权利。又或许是因为在自由化改革创造出更多工作岗位，凸显教育水平缺口之前，民众并未认识到教育等公共服务的重要性。与许多情形类似，真实情况可能是上述各种因素综合作用的结果。

当印度在20世纪90年代推行经济自由化以后，民众的平均受教育年限开始快速增加。到2015年，印度与中国的差距已缩小至1.5年。这一成就不同寻常，但印度中小学教育的内部质量差距依然很大。对许多孩童来说，他们所处年级的学习要求与他们实际掌握的知识仍有相当大的缺口。印度已实现了让绝大多数孩童入学的任务，接下来必须要做的是改善学习的质量。

政府的分权化与扶持策略

中国实现工业化的第二个关键要素是地方政府之间的竞争体系。与大部分发展中国家类似，中国在营商环境指标上的评分并不特别突出，例如开办企业要完成的各种手续花费的天数。世界银行反映企业监管及执行情况的数据库显示，中国在2006年排名全球第91位，位居塞尔维亚和黑山之前，略微落后于也门。[4] 中国在2013年依然排名第91位，位居所罗门群岛之前，牙买加之后。印度在这两个时点则分别排名第116位和第132位。简而言之，中印两国在营商指数方面的表现都不尽如人意。

那么，营商环境便利度不重要吗？它是重要的，但中国人用特殊的方式解决这个问题。虽然外界认为中国的权力高度集中在最高层，促进经济增长的政策权力却被分散到了各级地方政府手里。在邓小平于20世纪70年代后期推动中国经济脱离传统经典模式之后，最高领导层就只负责制定总体政策，而让各级地方政府站到增长洪流的前线。

芝加哥大学教授谢长泰认为，中国的市长有很多办法扶持特定的企业。他们有权撤销或忽略自己负责的监管规定，还可以劝说上层官员放松超出自己管辖范围的监管规定。他们可以提供低于市场价格的土地和优惠利率的贷款，有时以政府获得企业的部分股权作为回报。他们甚至可以阻碍外来企业在自己辖区内的正常竞争。能够成功促进地方经济增长的地方官员可望得到晋升，因此市长既有权力也有激励推动增长。

谢长泰描述了2013年对某个中国城市的访问，当地有7位副市长主要负责招商引资，并处理若干特惠企业遇到的问题。每位副市长对接30家左右的企业。在通用汽车公司上海合资企业的案例中，政府的支持包括确保本地的全部出租车都使用该企业生产的汽车。

某些时候，受到地方政府支持的企业创造的部分利润也喂肥了帮忙的官员。然而腐败只能作为润滑剂，难以构成主要的发动机。事实上，各地方之间的竞争还有助于限制地方官员们的索贿要求。英国《金融时报》分社前社长理查德·麦格雷戈（Richard McGregor）如是描述这种现象："在这个国家各地旅行的任何人都很容易看到，经济行为在很大程度上被另一种因素推动，即让各个地方相互角逐的达尔文式内部竞争……中国的每个省份、城市、县和村都在疯狂竞赛，占据所有能够争取到的经济优势。"[5]

我们采用过去时来描述以上情况，因为最近的权力集中化以及某些反腐行动已经遏制了这种达尔文式的扭曲规则的行为。为了避免让自己成为反腐对象，地方政府官员不再愿意突破规则。中国的增长速度也有所放缓，这或许并非完全巧合，表明特惠式的商业环境对经济增长确实意义重大。

相反，印度始终采取的是更为集中化的治理体系。印度宪法只把治理权力分散到邦一级，而且在之前几十年中，各邦的政府还很容易被联邦政府解散。城市、乡镇或村级地方政府在初期没有被赋予权力和资金，人员也严重短缺。原因我们稍后再述。即便通过宪法修订创建起第三层级政府之后，到目前为止下放的权力仍非常有限。

所以，印度各邦政府如今在为招商引资而竞争的同时，它们还管辖着数量极为庞大的民众。印度某个邦首府的工业部长并不像中国的副市长那样有着明确的职权范围和广泛的权力，而联邦政府委派的地方税务官又没有什么动力去推动增长。偶然会出现用发展业绩打破常规的印度官员，但只是这一规律的例外。我们在中国的高速发展时期看到的竞争性政企裙带关系——既促进了增长，又制约了过分的任人唯亲和腐败泛滥——尚未在印度扎根。

压制市场和社会的力量

中国还需要给企业，尤其是出口部门的企业提供优势，它为此采取了很多办法。自20世纪90年代开始，尽管出口和贸易顺差持续增长，中国仍努力避免其货币升值。这会有什么影响？

中国的产品是以人民币计价的，市场汇率则决定着单位人民币可以购买多少美元。中国的策略是把汇率保持在低水平，通常是让中央银行在市场上买入美元，使公众能够用人民币购买的美元数量减少，由此导致单位美元能购买更多人民币。这种操作确保中国的出口在以美元计价时较为便宜，并可以在与其他国家商品的竞争中胜出。许多在中国设立生产机构的外国企业利用了这一汇率优势，中国自己的出口商也受益匪浅。当然，这种操作同时让中国居民家庭购买的进口产品的价格更为昂贵，从而限制了进口，促使他们主要购买本国产品。

此外，中国还给企业提供优惠信贷，维持低工资水平，并大兴基础设施建设。政府要求银行维持对居民家庭的低存款利率，使得主要为国有性质的银行在给企业提供低息贷款的同时，不会导致自身亏损。工会所受的制约较多，使得工资水平无法随劳动生产率同步提高。这给企业带来了额外利润。政府还根据需要从民众手里征地，并修建完善的基础设施，为企业提供了电力供应稳定和运输便利的工厂，这些工厂还靠近员工的居住地和市场。

最终付出代价的是中国的居民家庭，因为他们的工资水平和储蓄回报被人为压低。与收入水平相当的其他国家相比，中国居民消费在 GDP 中所占的份额要低得多。例如在 2010 年，中国居民消费占 GDP 的份额仅有 34%，更为贫穷的印度的相应份额为 54%，更为富裕的美国为 68%，更具可比性的韩国和泰国的份额则都在 50% 左右。[6]

在印度的社会制度下，以上情形都不可能发生，甚至不被认可。较为富裕的印度人不希望卢比被低估，因为那不利于他们购买进口产品，还会增加他们去外国度假及其子女在海外求学的费用。低估卢比汇率或许也无法做到，因为要防止外国资本涌入及抬高卢比汇率，印度将必须长期维持低利率，而这会让本国的中产阶级储蓄者感到不满。工人和工会还会组织抗议，因为工资最终会显著落后于和生产率相对应的水平。

另外在人口密集的印度，为修建基础设施征用土地是极其昂贵和困难的：土地所有权在某些地区依然模糊混沌，没有清晰划定的边界，某些土地实际上归属何人也不明确。如果有任何胁迫的迹象，各个政党和司法系统都愿意站在被征地者的一边，知名人士也会积极为受害方发声。一个很自然的现象是，没有人喜欢让高速公路穿越自家的土地或者从家门口经过，尽管修路会给社会带来显著的收益。这方面的典型案例是印度20世纪最出名、最受尊崇的歌手之一拉塔·曼吉茜卡（Lata Mangeshkar），在迫使孟买市取消建设一座缓解拥堵的立交桥的过程中，她发挥了关键作用，因为这座桥会经过她的公寓附近。[7]

这里的核心点是，政府对国民所关切问题的任何疏忽大意都容易激起抗议。实行民主制度却仍处于发展中阶段的印度拥有第一世界的民间社会组织，却没有第一世界的政府能力来解决社会问题。由此导致，与欧洲各国政府为修建高速公路和电站而征地经常要花费的时间相比，印度需要的周期甚至更长。

印度是否在发展道路上过早地成了民主国家？美国和英国自19世纪早期起实现了持续的经济增长，也伴随着持续的民主化进程，直至它们达到如今的中等收入水平之后，才实行全民普选权。亚洲四小龙——新加坡、韩国、中国香港和中国台湾——在二战后的几十年里进入快速发展阶段，但韩国在比较长的发展时期中维持着威权统治，直至其富裕程度超过美国和英国的历史水平后才转型为完全的民主国家。

中国和印度以截然不同的方式成为明显的例外。中国在20世纪80年代的经济市场化改革之后获得了爆发式增长，其一党领导的政治体制则没有什么改变。印度从相当贫困的时候就作为民主国家创立起来，这点很不寻常。有理由认为，印度的民主化或许的确太早，早期阶段的强劲制造业增长可能确实需要强制权力来帮助去除发展道路上的各种障碍。

当然，民主制度也有内在优势，许多专制国家同样没有摆脱贫困，还受制于裙带主义和腐败泛滥。因此我们不能简单总结说，民主是印度早期的错误选择，而只能说它具有独特性。我们还将指出，印度未来应该选择的发展道路需要民主制度的更多支持，而非相反。

印度未能建成制造业基地的其他原因？

在20世纪90年代之前，与其他许多发展中国家一样，印度尝试过进口替代发展战略，利用高关税来削弱进口，把国内市场完全留给本土厂商。但问题在于，本国市场对于追求规模和效率的厂商来说通常太小。缺乏竞争又导致厂商的创新或改进激励不足，例如在汽车制造业，仅有四家企业拥有生产执照。于是印度的经济增长率停滞不前。有种名为许可证制度的特许政策尤其弄巧成拙，它要求企业的进入和扩张须得到政府的批准，且程序拖沓。印度深陷贫困，同时还腐败盛行。

印度在20世纪90年代初启动改革，最终解放了高关税保护的非竞争经济，转向更为开放的出口导向政策。平均关税率从1991年的125%下降至2014年的13%左右，产业准入限制也被放宽。[8] 这些政策调整都有助于增强竞争并提升生产率，例如随着外国汽车生产商的进入，三家国内厂商被淘汰，剩下的第四家马鲁蒂公司实施重组，与日本企业合作生产适销对路的车型。印度的其他制造商也得以进入汽车市场。然而即使在自由化改革后，印度依然没能充分利用全球市场对制成品的需求。印度仍未能克服之前提到的诸多障碍，有时也无力克服，并且还有其他类型的障碍。

有些障碍属于咎由自取。在企业要扩大规模的时候，印度的劳动法规和监管制度会给它们带来沉重负担。这使劳动法规变成了对企业规模和效率的一种税收，导致太多制造企业保持在小规模和低效率的状态。[9] 例如，员工在受雇一段时间之后会被法律赋予长期职位，或者用本地人的说法叫作终身雇佣，对他们的激励和解雇将因此变得更困难。于是，这样的劳动法规变相激励雇主用临时合同来对待大部分员工，定期解雇他们，使他们失去拥有终身职位的资格。大多数员工的临时性职位缺乏保障，企业由于要很快解雇他们，不愿意投资提升其技能。

还有一个障碍是印度的贸易协定谈判杂乱无章，并经常但难以预料地动用关税来保护重要的中间产品生产商。这让印度的制造业对最终产品进口保持高度开放，但中间产品的高关税却使本国的制造成本过分昂贵。例如，全球服装市场（最终产品）非常依赖聚酯纤维等人造材料（中间产品），而生产聚酯纤维的一种关键原料是精对苯二甲酸（PTA）。2014年，印度国内的两家大厂商的产量下降，此时印度却严格限制精对苯二甲酸的进口。[10] 该产品的国内价格随之上涨，使印度的聚酯纤维纺织品厂商的投入成本增加，在国际市场上失去竞争力。由于这些措施，当中国向价值链上游攀升，释放出纺织业和服装业的全球市场份额时，孟加拉国、越南，甚至荷兰和德国都获得了比印度更多的收益。

制造业面临上述诸多障碍，但印度仍在若干领域取得了成功，且拥有全球范围的竞争优势，其中包括汽车配件、廉价两轮摩托车以及仿制药等。我们稍后将指出，印度在渐进式创新和工程方面的实力帮助它在这些产业站稳了脚跟。可是让制造业成为增长基石所需的更广泛环境始终没有完全形成，让我们谈谈一度充满希望的旁遮普邦的故事。

旁遮普邦怎么了？

在印度各邦之中，旁遮普邦是出现过早去工业化现象的典型案例。这个地区丰富的小麦产量使它在20世纪后半叶成为印度的粮仓。20世纪60年代的所谓绿色革命依靠种子改良、灌溉、化肥和农业信贷，让小麦和稻米的产量大幅提升。这一显著的生产率进步让旁遮普邦的稻米产量也显著增加，同时使它变成印度的大粮仓。旁遮普邦的影响力在流行文化上或许最为突出，诗歌、音乐、舞蹈和电影不仅在全印度走红，而且通过当地外迁的侨民传播到世界各地。

旁遮普邦的农业成就是多种因素共同作用的结果。独立之后兴建的运河和水坝让灌溉系统遍布这片历史上就以肥沃著称的土地，其中的巴克拉南加尔坝被贾瓦哈拉尔·尼赫鲁赞誉为"现代印度的神殿"之一。由邦首席部长普拉塔普·辛格·凯隆（Pratap Singh Kairon）创建的旁遮普农业大学在育种和耕作方法等领域做出了世界领先的研究成果，并将其推广给农民。农业信贷逐渐增加，以支持农民的必要投资支出。政府按照预先公布的最低价格收购谷物，让小麦和稻米生产中原本不高的风险进一步降低，给农民吃了定心丸。

政治因素也在其中发挥了作用。在美国总统林登·约翰逊为报复印度对越南战争的批评，开始拖延食品运输后，农业部长苏布拉马尼亚姆（C. Subramaniam）等政策制定者认识到保证食品安全的重要性。如果食品依赖进口，印度的地位将变得非常脆弱，国家领导人决心改变这种局面。有意思的是，正是得到美国大量技术援助的绿色革命让旁遮普邦发展了起来。

随着农民的收入增长，其剩余产品推动了一场小型的工业革命。卢迪亚纳市在当地被称作"东方的曼彻斯特"，20世纪80年代早期生产农业用具、袜子、液压发动机、缝纫机、纺织品、汽车配件、自行车等多种制成品。贾朗达尔市则生产运动装备，本书作者拉詹记得，自己在十多岁玩板球时就有一套那里生产的精美板球装备。这些产品不仅是为国内市场制造的，还有很多用于出口。

旁遮普邦的一个巨大成功案例是英雄自行车公司（Hero Cycles），它生产可靠、坚固、广受欢迎的自行车。该公司的所有者穆贾尔兄弟专注于改进型的工程设计和生产率提升，而非创造开创性的产品。他们无比重视控制成本，并尽可能减少库存。这是日本式的制造风格，远在其成为普遍做法之前即被他们采用，其中一个关键是与经销商和供应商建立密切联系。英雄自行车公司很早就这样做了，当第一批次的自行车出现裂纹时，该公司将其全部回收，给经销商全额补偿。他们还在每周六及时给供应商付款，这在印度并不寻常，那里的货款回收往往是痛苦的磨难。

当然，英雄自行车公司在自由化改革实施前的印度得以兴盛是个奇迹。它得到了邦首席部长凯隆的支持，此人在很多方面类似于中国的地方官员，积极游说联邦政府放松压制性的产量限制。英雄自行车公司在国内实现了充分的规模化生产，因为较为贫困的国家对自行车依然有旺盛的需求。当该公司与阿特拉斯（Atlas）和图博投资（Tube Investments）等企业展开激烈竞争时，印度出现了欣欣向荣的自行车产业。本书作者拉詹的第一辆自行车是阿特拉斯，第二辆是英雄；罗希特的第一辆自行车是英雄，并由此成为该品牌的忠实顾客。

到1975年，英雄自行车公司成为印度最大的自行车生产商，并且开始向世界许多地区出口。该公司的业绩反映了旁遮普邦的工业成就。到世纪之交，以人均收入水平测算，旁遮普邦在全印度各邦中占据榜首。但不幸的是，它今天连前15位都进不去。到底发生了什么？

不出意料，这是各种因素综合作用的结果。或许最关键的是竞争，既有来自印度其他各邦的竞争，又包括在20世纪90年代早期削减关税、开放经济之后来自外国产品的竞争。由于印度与周边国家的关系不佳，旁遮普邦在生产选址方面存在一个根本的劣势。我们知道，加入更大的市场将有助于提高销售额、生产率和收入水平。旁遮普邦最重要的城市之一阿姆利则距离巴基斯坦的拉合尔只有50千米，而卢迪亚纳到阿富汗的喀布尔的距离仅为它到印度中部的博帕尔的三分之二。旁遮普邦位于印度北部边境的内陆地区，跨境贸易又极为有限，且与其他市场相距遥远。因此随着竞争的加剧，该邦较高的运输成本逐渐成为制约发展的重要因素。

还有一个问题是水稻种植占据主导地位，其中的利益固化了现有政治格局。农业补贴人为地抬高了种植水稻和小麦的经济价值，阻碍了把小农户和边缘农户挤出农业的自然过渡。邦政府赋予农户自由抽取地下水的权利，导致水位下降，并进一步扭曲了经济选择。最终，随着水位继续下降，付不起更大功率抽水泵费用的较小农户还是受到了伤害。农业产生的剩余开始消失。农民们本来应该转而种植其他作物，但栽种水稻的风险较低，加上政府的大额补贴，使他们依然被困在这个陷阱里。

政府对农业的重视和补贴加重了工业的成本。脱离农业的农民较少，让企业更难寻找劳动力，另外电力也较为昂贵。由于农业用电基本免费，政府必须在其他地方收取更高的电价，以弥补亏损，于是工业便首当其冲。[11] 为支持对农业的资金转移，与周边地区相比，旁遮普邦的增值税等其他税收负担也更为沉重。随着进口产品以及周边地区制造商的竞争加剧，加上本地企业面临的成本较高，它们的利润率开始下降，继而削弱了从事研究开发、保持竞争优势的能力。当地政界对发展工业缺乏兴趣，这表现在1960—2010年，仅有10%的邦议会讨论的话题聚焦于工业，而农业依旧是大家的主要关注点。[12] 英雄集团在设立摩托车生产厂时决定搬迁到邻近的哈里亚纳邦，这或许并非偶然，它如今已成为全球第二大两轮机动车制造商。

旁遮普邦的运气也相当不佳。印巴分治让次大陆悲惨而血腥地分裂为印度和巴基斯坦两个国家，接下来双方又在1965年和1971年爆发战争，政治和宗教极端主义则在20世纪80年代甚嚣尘上，这些背景对任何邦来说都是大麻烦。然而，旁遮普邦的历届政府都没有能够针对形势变化做出调整，这也加剧了当地的衰败。在邻近的哈里亚纳邦和喜马偕尔邦积极支持工业发展的同时，相关报道指出，旁遮普邦掌握大权的政客对企业施压，要求给自己的党派提供大笔献金。[13]

工业企业要么关门，要么搬迁到其他地区，旁遮普邦政府的财政日趋恶化，使之越发依赖对剩下工厂的税收。根据印度央行一份关于各邦情况的报告，旁遮普邦的债务与当地总产值之比在全印度高居榜首。有位高层官员对我们抱怨："我们没有钱给年轻人的教育和技能做投资，但如果没有掌握工作技能的劳动力，又如何引来相关的产业？"

近年来，无法在农业之外找到发展机遇的旁遮普邦的年轻人开始向海外移民。而在留下来的人之中，滥用药物的情况已越发普遍，衰败的恶性循环仍在延续。

旁遮普邦需要在形势变得无法补救之前力挽狂澜。当地有想法的农学专家告诉我们，应该通过改善政府补贴的配置，促进作物种植从小麦和水稻走向多样化，并投入资源去支持其他经济部门。的确，随着气候波动加剧，旁遮普邦得天独厚的雪山融水河流与地下水储备可能再次成为确保印度粮食安全的关键要素，只是这些水资源不能被水稻种植大量消耗。该地区能否恢复过去的工业支配地位或许存在争议，但它完全可以做得更好。

政治上的利益集团因素在旁遮普邦去工业化进程中产生了重大影响。最开始用以扶持大农户的经济政策在形势改变之后难以做出调整，因为政策受益者已在政治上变得有权有势。普拉塔普·辛格·凯隆那样有远见的人属于凤毛麟角。要想重现该邦在历史上的辉煌，第一步应该是由这些年里遭受损失的群体借助民主制度来推动变革。

第 2 章 印度为何没有建立起全球制造业基地？

旁遮普邦的故事在印度其他地方也或多或少存在，例如制造业的就业份额已在数十年中停滞不前。然而，令人焦虑的不只是总数。2016—2017年的印度经济普查估计，在制造业内部，每10万卢比（约1 200美元）投资在服装业能创造24个就业岗位，在皮革和制鞋业能创造7个，汽车业是0.3个，钢铁业仅为0.1个。令人震惊的是，在线新闻杂志Moneycontrol报道说，在工业生产指数（Index of Industrial Production）包含的23个制造业产品类别中，有12个类别在2023年6月的产出低于2016年6月的水平。[14] 生产萎缩最突出的是资本投入少、低技能工人较多的类别，如纺织业、服装业和皮革业等。

服务业的情况又如何呢？它能否成为印度发展的另一条出路？

第3章　贸易转型与服务引领型发展道路

　　传统上，人们认为服务业对经济发展的促进不如制造业有力，这是源于若干重要的考虑。像玩具之类的制成品可以出口到需求庞大且更容易持续的发达国家，从而加快本地的增长。相反，理发或零售等服务业高度集中在当地，德里的理发师至今依然不可能实现给洛杉矶人服务。理发师也难以保留存货，他的服务都是实时提供的。很多服务的供给和需求必须发生在相同的时间和地点，这意味着某个国家的服务提供商无法满足世界各地的需求。它们受制于本地经济的需求水平，而我们之前已经提到，本地需求在缺乏出口产业的发展中国家增长缓慢。

　　服务业的生产率通常提升缓慢，部分原因是规模化和创新均不易实现。美国理发师采用的工具和技巧与印度理发师的基本相同，都是电推子、梳子和剪刀等。由于人们的脑袋并非整齐划一，理发师至今还难以同时给许多人剃头，那很可能对顾客的头和脸造成严重伤害。我们还没有发明能在这种行业显著提升生产效率、节约劳动力的工具。不过，世界在其他领域已发生改变。

　　产品的生产和贸易与服务大不相同，尤其是在远距离廉价运输和通信技术得到长足进步之后。有趣的是，这也给许多服务的可贸易性带来了影响，下面我们将转入具体讨论。

全球供应链与贸易转型

便于在轮船、火车和卡车之间上下搬运的标准化集装箱，以及物流管理和追踪技术的改进，都降低了货物运输的成本，提高了时效。低关税则减少了产品的跨境费用。与此同时，通信技术让印度金奈的企业管理层能够实时查看泰国生产车间的部件制造进展，并预见和处理意外情况。

这些意味着产品的供应链不再需要集中在一个区域，而是可以分拆并布局到全球各地，把每个环节安排在生产成本最低的地方。当我们从头到尾顺着供应链观察时，经常能发现代表各个环节的附加值水平的微笑曲线。产品的大量价值是在初期阶段创造，即通过研究开发和设计将产品概念化的阶段。接下来是产品的制造阶段，每个部件都被安排在最具成本竞争力的地方，各种部件在各国之间来回运输。然后，最终产品送到目标市场上销售，伴随着一系列高价值服务，包括相关的各种广告、营销、融资和内容提供等。微笑曲线隐含的理念是，产品的大部分附加值是在供应链的开头和结尾部分，即产品内嵌服务的环节。如今的制造环节则是由各个新兴市场的普通技能工人完成，通过他们的相互竞争来压低成本，这里产生的附加值远低于历史上的水平。

本书前言中提到过苹果手机的例子。其实，更为传统的产品同样内嵌着面向企业的各种服务，例如软件编程、研发或产品设计等。有人估计，通用汽车公司2010款雪佛兰沃蓝达轿车包含了1 000多万条代码，占其总价值的40%以上。软件在附加值中所占的份额一直在增加。要知道在20世纪80年代，软件在产品价值中的份额仅有5%。[1] 另外，随着电动汽车变得越来越像手机，即便是汽车这类最传统的可出口制成品也将包含大量内嵌的中间服务。

如今的服务已成为可贸易品。首先，它们更多地内嵌于可贸易产品。其次，它们可以直接从远距离提供。这两个特征结合起来，实现了传统上只有制造业才享有的可贸易优势。此外，较为宽松的国际竞争环境意味着，可贸易的高附加值服务在当前和未来一段时间内将比低技能制造业的盈利水平高得多。

服务的远程提供与规模经济

我们在本书前言中提到，西印度卓越管理学院的埃拉利教授以实时方式向全球市场提供自己的服务，协助他的技术员萨米亚以及其他做支持工作的教学助理同样如此。还有开发软件的程序员，他们的工作让学生能在课前阅读和观看预备材料。还有人负责训练聊天机器人，给学生提供指导，以及设计和批改作业。这些人基本上都在课程开始之前把自己的服务内嵌其中，并不需要实时提供。

目前，许多高技能服务不再受时间和空间的束缚。例如，咨询顾问虽然还需要实时给客户做最终报告演示，却可以通过视频会议来远程操作。另外咨询团队的分析可以在线下进行，他们的工作内嵌在提交给客户的最终建议之中，不需要在客户所在地展开，也无须实时操作。

某些高技能企业服务还能利用规模经济，在产出增长的时候降低成本，提高生产率。雪佛兰沃蓝达轿车的程序代码是一项固定成本，因此通用汽车公司销售的该型号轿车越多，每辆车分摊的代码成本就越低，实现的利润就越高。这种成本固定的现象很普遍。例如协助埃拉利教授的技术员萨米亚不只是为一个教授提供支持，还帮助西印度卓越管理学院的其他许多教授面向全球授课。这些教授也都会利用同一间教室里昂贵的技术设备,他们的人数越多,分摊的人工助理和技术设备的固定成本就越少,授课服务的成本也随之降低。所以,即便服务业中也存在规模经济效应,服务提供者可以通过降低生产成本,从不断扩大的全球市场中获益。

服务企业还可以通过开设分支机构或授权来扩大规模,即大量复制成功的小型机构。麦当劳和星巴克的触手能延伸到许多国家,是因为这些企业依靠多年的经验积累,在特许经营方面发展出了通行的有效运营模式,并能通过共同的采购、融资和营销平台提高效率。例如,意大利深度烘焙美式咖啡在全世界每家星巴克连锁店都有几乎相同的口味,因为它们用同样的办法调制,采用共同的配方、原料和设备。这让国际上的客户群体知道,无论自己走进世界上哪个地方的星巴克连锁店,都会有类似的消费期待,同时也让星巴克的营销宣传能适用于所有连锁店。有趣的是,本书作者罗希特喜欢喝印度北方的马萨拉茶,拉詹则喜欢印度南方的过滤咖啡,我们都无法在国际连锁咖啡店里找到自己最中意的饮品——星巴克店里那款命名欠妥的印度拿铁茶的味道并不理想。这表明在规模化推广消费品时仍会遇到各国的口味差异,也显示被广泛消费的其他产品存在扩大规模、开拓新市场的机遇。印度的连锁企业走向国际市场将大有可为!

总之,无论是通过内嵌于产品,还是远程提供,服务都可以加入国际贸易。某些服务还可以实现巨大的规模经济,从而激励企业、特许经营、网络和平台依靠出口业务迅速成长起来,并在此过程中创造就业岗位。这种规模效应还会刺激创新。如果发现某种星巴克咖啡能用更少的能耗来制作,并把该技术推广到每一家连锁店,那么合起来就会产生巨大的成本节约。[2]

规模对服务业而言是不是必要条件？

话又说回来，对服务业的生产率而言，规模或许不像对制造业那样重要。如果固定成本和资本投入要求较低，规模将不属于必要条件。在近期，不需要规模就能提高生产率的最重要案例或许与云计算的出现有关。

伦敦帝国学院的拉马纳·南达（Ramana Nanda）指出，亚马逊公司于2006年启动云计算服务，立刻就降低了众多小型创业公司提供互联网服务的成本。这些公司不再需要在起步之前购买数量庞大的硬件和软件，而可以直接从亚马逊购买自己所需的在线资源。果不其然，这引发了互联网服务公司的爆炸式增长，包括多尔达什（DoorDash，美国外卖送餐平台）和优步（Uber）等，也助力了亚马逊公司的迅猛崛起，使它成为当今市值最高的企业之一。许多人并不清楚，亚马逊公司当前最主要的利润来源是网络服务，而非零售业务。

网络和平台还给小企业提供了其他出路，让它们在自身没有成长壮大前也能获得某些规模收益。例如，印度的小银行可以让客户在任何地方通过RuPay卡（或万事达卡、维萨卡）网络或统一支付接口（Unified Payments Interface，UPI）付款，而无须到每个城市开设自己的分行。

与之相似，数字平台的兴起让自由职业服务提供者和小制造商不需要到各个本地市场做广告，也能联系到全球各地的客户。我们稍后将看到Moglix公司的案例，它给企业客户提供仓储、物流和采购服务。下面先谈谈蒂尔菲公司，它在世界各地销售瓦拉纳西纱丽，推广和提升了这一传统手工艺制品的价值。

蒂尔菲公司：面向全球销售瓦拉纳西纱丽

印度生产各种高品质的艺术品和工艺品，其中许多是在千百年里由一代代手艺人传承至今。尽管它们精美绝伦，政府也建立了许多手工艺协会与合作社，这些产品仍没有占据较大的市场份额。由于手艺人的生计带有风险和不确定性，它们对年轻人的吸引力逐渐消失。新兴的蒂尔菲品牌联合创始人阿迪提·昌德、乌迪特·康纳与乌吉瓦尔·康纳于是提出了一个时常困扰我们的问题：为什么在高档服装、配饰、家具和其他奢侈工艺品领域，印度没有意大利和法国那样的知名品牌？

纱丽是许多印度女性的传统服饰，来自贝拿勒斯的手工编织丝绸纱丽尤其令人称道。自2016年起，蒂尔菲公司就推出了经典的瓦拉纳西纱丽作为自己的旗舰产品。乌迪特的家族已经在贝拿勒斯从事纱丽产业五代之久。但与任何跑到城里的小镇青年一样，乌迪特曾发誓再也不会回老家卖纱丽。乌迪特在德里的大学里遇到来自军队的男孩阿迪提，坠入爱河并结婚，然后在各自的职业轨道上发展。阿迪提从事投资银行业务，乌迪特在英国开办一家给外国人教英语的创业机构。

在频繁返回家乡贝拿勒斯的旅程中，他们遇到一些手艺人，后者对自己的精美产品面临的需求衰减和财源枯竭大加抱怨。乌迪特鼓励对方不要放弃，把手艺传承下去。对方则反问说：你自己为什么也放弃了这个行业呢？这个问题引发了他们的深思。在欧洲读完商学院课程后，他们决定全职创业，给贝拿勒斯的精美工艺品创造一个知名品牌，培育深度市场。

阿迪提与乌迪特发现了两个关键问题。首先，编织工和其他手艺人承担着很大的风险。通常情况下，手艺人需要把最终产品交给批发商，后者再将其卖给零售商。如果产品没有卖掉，就会通过供应链回到手艺人那里。这使得他们缺乏创新和尝试新样式的激励。于是在设计上存在雷同和单调的弊病，大量价格便宜但品质缺乏保证的抄袭产品充斥市场。因此他们的第一步行动应该是让编织工摆脱产品滞销的风险。

其次，如何能让顾客充分信任产品的质量？如何保证这真的是花费三个月时间用手工织布机完成的瓦拉纳西纱丽？如何能让一流的手艺人始终掌控这些产品的合理要价？如果人们愿意花3 000美元来购买法国品牌路易威登的精致（但还算不上最好的）提包，那是否应该有一个被国际认可的印度品牌，在全球市场上为做工精美的纱丽和头巾制定配得上的价格？

阿迪提与乌迪特相信，解决办法是给贝拿勒斯的精美纱丽及其他工艺品创造一个名为蒂尔菲的共同品牌。他们将组织一个协作网络，包含设计师、绘图师（负责把设计式样复制到方格纸上，作为中间步骤）、打孔工（负责把蓝图制作成编织工使用的纸片模板）和编织工，不仅生产传统式样，还要尝试新设计。他们自己负责提供原材料，并替编织工承担风险——产品一经完成，风险就由蒂尔菲品牌来承担，即使产品存在缺陷或者没有卖掉，手艺人也会得到报酬。当然，他们的公司必须检查产品质量，确保产品控制，建立起市场声誉，让顾客不再怀疑买到的是真正手工编织的丝绸制品。随着销售额的增加，顾客的信心也在增强。到新冠疫情暴发时，他们产品的预售暴增，使整个业务的风险显著降低。疫情过去之后，蒂尔菲公司惊喜地发现，这种按设计图预定生产的模式仍在持续。

品牌打造是一项长期工程，他们必须保持耐心，并在过程中不断学习。阿迪提很快提出，他们的产品不能出现在亚马逊或其他在线零售商那里，而应该用自己的网页和社交媒体工具来控制品牌叙事。借助网页和社交媒体，他们建立起对自己销售的产品以及背后故事的认知度，这是奢侈品的市场培育秘诀，尤其是对正在富裕起来却对印度传统缺乏了解的年轻一代。乌迪特补充说，他们不搞特价促销，也没有婚礼季优惠活动，因为顾客要购买的是高品质产品，就是这么简单。他们还充满感情地宣传说，自己公司的编织工不是寻求施舍的苦力，而是创造美好事物的艺术家。

在线营销让他们能很快把市场反馈内部化：不仅知道顾客想要什么，而且可以试探和影响顾客的品位。该公司已经培养出一批狂热的追随者。从 2016 年的 300 名合作手艺人，如今已增至 2 000 余人，一半的产品发往海外。他们在贝拿勒斯开设了一家名为蒂尔菲体验中心的店铺，并正在德里和班加罗尔为新店铺挑选地址。有意思的是，他们能够在店铺里销售设计更为精致和复杂的纱丽，因为顾客如果能在购买之前看到、触摸和感受产品，他们会愿意为此支付溢价。与后文要介绍的 Lenskart 眼镜一样，蒂尔菲公司认识到线上业务支持、网络品牌宣传以及通过实体店锁定交易等操作的价值。

蒂尔菲公司的经营结合了传统的学徒制，通常由一位编织师傅带年轻学徒。师傅必须接受设计复杂样式的挑战，这对蒂尔菲公司来说或许不是最有利可图的安排，却有助于保持师傅的创造活力。另外，公司会引入年轻设计师，把新鲜的观念与古老的手艺结合在一起。该公司还在思想观念较为开放的城市郊区培训和雇用了第一位女性编织工。

蒂尔菲公司如今已着手向贝拿勒斯的其他产品扩展，服装自然位列其中，另外也包括家具和雕塑。贝拿勒斯的寺庙艺术蕴藏着精湛的技艺，如在金属加工领域，这很容易移植到豪华家具产业中。蒂尔菲公司希望打造真正的印度奢侈品牌，既有本土的根基和气质，又具备全球吸引力。这种模式有可能被推广到印度各地琳琅满目的各种工艺美术产品上。

规模效应不那么重要的领域

要知道，规模固然可以促进某些服务业的发展，但在另一些服务业，生产率的提升未必需要规模的支持，这与制造业截然不同。生产率提升与规模无关的现象之所以值得重视，是因为在印度这样的国家，服务业企业在初期的平均规模很小，例如当地人俗称的基拉纳商店，即百货店，一开始通常只有两三名员工，到6年后员工人数才会翻倍。与之相比，制造业企业在初期的规模更大（平均为13名员工左右），到6年后会增加至原先的3倍。由于规模大小对服务业影响不那么显著，最小和最大的服务业企业之间的生产率差距比制造业小得多。[3] 事实上在发达国家，不同规模服务业企业的生产率也相差无几。[4] 换句话说，一位独立设计咨询师的收入同设计咨询公司的众多合伙人可能差不多，他并不需要很庞大的业务，也能过上体面的生活。

此外，除 Smart Bazaar（之前名为 Big Bazaar）之类的跨国零售巨头和本书两位作者就读过的德里公立学校等特许机构之外，印度服务业企业的增长速度通常较慢，但这并不代表服务业总体上创造就业的速度缓慢。服务业企业更替更为频繁，新创的企业相当多，坚持下来的较少。[5] 大家可以想想，自家周边最近有多少家餐厅开张，又有多少家关门。以净增加数量来看，服务业创造的就业数量可能非常可观，但其中很多就业在中小企业，甚至是非正式的自由职业。

总之，由于规模经济并不是每个服务业领域提高生产率的必要条件，所以某些服务业未必需要通过出口导向型路径才能提升效率，只满足国内需求也可以推动发展。

服务业的分类

印度已经在某些高附加值服务业中占据重要地位，包括直接提供服务的类型（看看软件产业，以及越来越多从印度提供服务的咨询师、律师和会计师），还有内嵌于制造类或服务类产品，然后销售给全球客户的类型。例如，全球性投资银行高盛公司在纽约之外的最大办公室设立在印度的班加罗尔，有8 000多名员工，负责搭建从交易到风险管理的各种系统。[6]印度的工程师给高盛公司的量化投资客户开发了名为"阿特拉斯"（Atlas）的交易系统，还有能提供数据分析的名为"杰纳斯"（Janus）的大宗商品交易平台。有趣的是，航空发动机制造商劳斯莱斯和涡轮机制造商通用电气之类的公司都在各自以印度为基地的全球能力中心开展原创研究，作为对美国和欧洲其他研究中心的补充。其他企业的全球能力中心同样在给印度之外的市场提供金融、广告和营销业务支持，新冠疫情的暴发推动了此类业务的分包。

从印度的视角看，一个让人顾虑的问题是，本地员工创造的附加值中有相当大的部分会被雇用他们的企业拿走，成为普遍由外资掌握的公司的利润。高盛公司的投资银行家熟悉外国客户，能预见客户需求，然后设计服务项目，提供各种前台服务的功能，在此基础上形成由印度工程师完成的业务。由于高盛公司是客户与工程师之间可靠的中介，它得以占有很大部分附加值作为利润。假以时日，印度工程师会认识到自己可以绕过高盛的中介服务，直接面向客户，就像印度软件公司塔塔咨询服务公司（TCS）和印孚瑟斯技术有限公司（Infosys）已经做到的那样。某些初创企业目前也在走这条道路，我们稍后将做介绍。到那时，更多的利润将流向印度。这会是一个共赢的结果，因为富裕起来的印度也会从海外进口更多的产品与服务。

另一个顾虑是，印度对高技能劳动力的需求非常大，但供给却存在限制，后文将对此展开讨论。例如西门子医疗公司的一位高管提到，新毕业生的就业能力仍将面临挑战，"在得到培训、再培训、多次培训之前，都难以适应工作"。[7] 因此，能够达到要求的少数人的工资水平被抬高，而更多大学毕业生只有在得到更高质量的教育之后才能找到合适的岗位。我们稍后将详细讨论高等教育和广泛的技能提升面临的挑战以及如何应对。

服务业的贸易潜力不只集中在高技能一端。中等技能的劳动力也能为国际贸易做出贡献，例如支持产品贸易的卡车司机、铁路员工、轮船水手和码头工人，还有接待游客的餐厅服务生、酒店职员和导游等。由于这些服务能出售给外国人，它们都可以被划分到"可贸易"类别，受益于外来需求，并创造宝贵的外汇。

最后，人数最多的就业岗位或许还是来自面向国内市场的服务业，从教授和医生等高技能岗位，到家政服务、司机、保安、导购、洗衣店员工、建筑工人等普通技能的职业，还包括地方政府的雇员，例如负责经营农村托儿所的员工等。

敏锐的读者可以把大多数工作岗位按此分门别类。例如，在全球赢得广泛追捧的奥斯卡获奖影片《RRR》的导演拉贾穆里（S. S. Rajamouli）就可以算作一位富有创造力的、技能卓绝的劳动者，向印度和全世界出售他创作的内容。通常来说，服务业的工作岗位可以覆盖从极高技能到极低技能的非常广泛的范围，其中大多数能够为出口做出贡献，尽管高收入往往是由高技能群体创造，同时也有大量主要面向国内市场的服务业岗位。

各种服务业就业岗位对发展的不同促进作用

当然，把一位农业劳动者变成基拉纳商店的店员或建筑工人，要比培养成软件程序员或者埃拉利教授那样的人更加容易。但深刻转型带来的生产率增长则要大得多，劳动者的收入增幅同样如此。不幸的是，除非那位农业劳动者曾经受过良好的教育或者超级聪明，足以弥补教育储备的不足，否则更可能发生的将是选择较为容易的就业转型。

如果印度不能从脱离农业的劳动者中培养出足够多的软件程序员，并给他们创造足够多的就业岗位，那么它应该放弃发展服务业吗？当然不！

由于太多劳动者集中在日渐减少的耕地上，印度的农业生产率很低。因此把富余劳动力转移到哪怕报酬不高的服务业岗位上，例如建筑业或城市废品处理行业，也会增加价值。每个城市里无处不在的街道清洁工，或许比他们作为农业剩余劳动力有更高的生产率。的确也有一项研究认为，大约三分之一的经济增长来自农业与更现代产业之间的资源重新配置。[8]

收入增长不会停留在清洁工用扫帚打扫大街的层次上，借助机械化的真空清扫车，一名清洁工可以完成过去很多人的任务，并减少自身的健康风险。与此类似的是，各种应用软件可以显著提升低技能劳动者的生产率，例如把埃拉利教授送到西印度卓越管理学院的奥拉出租车司机是共享打车平台的组成部分，该平台把普通汽车司机同广大的客户市场连接起来，使司机临时成为企业家。有的平台负责提供各种服务，从给司机提供驾车指导，到向顾客收款以及给司机的银行账户转账。在某些情况下，平台公司还可以给车辆提供融资，甚至成为车辆的业主。司机只需要把车开好就够了。

收入提高会带来更多的服务需求。西印度卓越管理学院的保安负责维护校园安全，后勤人员则要打理埃拉利教授非常喜欢的花园。教授本人还在家里请了私人厨师和清洁工。每个瞄准全球市场的高收入服务业岗位，即可贸易服务业岗位都会创造若干支持性的国内服务业岗位。近期有一项研究表明，印度某地区的可贸易服务业岗位每增长10%，就会带来其他服务业岗位增长4.2%，包括司机、清洁工和零售店员等岗位。由于其他服务业岗位的总数显著多于可贸易服务业岗位，这些可贸易服务业岗位带来的就业岗位创造的乘数效应非常突出。[9]

还有一些其他方面的动态更加令人鼓舞。虽然许多新创造的服务业岗位要求的技能不高，只能让劳动者的家庭摆脱贫困，跨入下层中产阶级行列，但这样的就业通常位于城市地区，有着比农村地区更好的公立学校。孩子们有了更好的学校教育，将有助于未来从事更好的工作。当拉詹担任印度央行行长时，他最愉快的经历就是每年在自己家中为行里的司机、厨师、后勤人员及其家人举办聚会。员工们会非常骄傲地给大家介绍自己的子女，有的是软件工程师，还有的是跨国银行的职员。这些家庭在一代人的时间里从下层中产阶级提升到上层中产阶级，部分原因是印度央行给他们提供了虽然工资不高，但较为稳定并有良好住房和医疗福利的工作岗位。

当然，不是所有城市工作岗位都能像印度央行那样提供保障。因此，以男性为主的大量城市移民会将他们的家人留在农村。通过增强劳动合同稳定性、建设廉价的城市住房，以及给农村迁入城市的人提供社会安全网之类的改革，将鼓励更多家庭迁居城市，并实现我们在印度央行雇员的子女身上看到的那种社会流动性。

前文已经提到，我们绝不能低估高质量就业岗位可能激发的自我提升的愿望。找到好工作的诱惑力在社会的每个收入阶层中都清晰可见。有研究发现，开设一家呼叫中心之类的由信息技术支持的全球市场服务中心，会使采用英语授课的学校的入学人数增加7%。[10] 有意思的是，采用当地语言授课的学校入学人数并未受到影响，这表明父母所受到的激励是让孩子上英语授课的学校，以争取如今可能获得的面向世界市场的工作岗位。

另一项研究则揭示，如果有人给村里的年轻女性介绍如何争取呼叫中心的就业岗位，那么很自然地，这些女士将有更大机会在那里找到工作。有趣的是，她们中学习计算机或英语课程的人数会显著增加，健康状态会得到改善，较早生育子女的现象会减少。[11] 关键还在于，有安全环境保证的白领服务岗位的出现能大大增加印度女性的就业人数。本书后续章节还将对此做深入讨论。

以服务驱动制造：Lenskart 眼镜公司

下面我们来看一家初创企业，它专注于视力问题，以满足印度人的迫切需求。我们还可以将这种模式称作"服务驱动制造"。如今，有大约5亿印度人面临需要用眼镜来矫正的视力问题。[12] Lenskart公司的创立就是想让印度人乃至全世界的公民能较为廉价且便利地获得自己所需的眼镜。在此过程中，该公司还进入了隐形眼镜和太阳镜市场。

Lenskart公司的联合创始人兼CEO佩尤什·班萨尔（Peyush Bansal）在德里度过少年时期，之后去加拿大的麦吉尔大学学习工程学，接下来到美国西雅图为微软公司工作。他回忆说，因为工作表现出色，他曾被邀请到比尔·盖茨的湖畔豪宅做客。听完盖茨关于即将设立的基金会的构想之后，佩尤什深受鼓舞：自己要做点能够深刻影响人们生活的事情，就像创立微软公司或盖茨基金会那样。

使用过微软公司的 Word 软件的读者可能会注意到，有一个指令是"另存为 Adobe PDF"。佩尤什当时很辛苦地与 PDF 技术的拥有方奥多比公司（Adobe）合作，以实现这种功能。他回顾说："在外人看来这个功能可能很不起眼，但它帮助顾客省略了很多操作，让大家能便捷地把 Word 文档保存为 PDF 格式。"在这种利用技术为消费者简化操作的观念启发下，佩尤什回到了印度，因为"这是我的祖国，也是需要推动伟大变革的地方"。

他首先开办了一家为大学生匹配校园周边租赁住房的公司，结果相当成功，覆盖了 1 500 多所大学。但佩尤什很快意识到，无论在潜在规模和可能解决的问题上，该业务的发展潜力都是有限的。于是他把关注点转向视力问题，由于受视力困扰的印度人数量庞大，这似乎是一个值得攻克的方向。

与手表或手机不同，眼镜在购买时需要经历更多步骤。首先，顾客必须做视力检查。许多人并未意识到自己有视力缺陷，哪怕身体在电视机和显示屏前越靠越近。因此，首要问题是人们缺乏相关意识。其次是便利性，印度全国仅有大约 5 万家眼镜店，距离大多数人的住所较远。最后一个问题则是眼镜的价格。

Lenskart 针对每个问题逐一采取行动。它向公众普及知识：应该尽早为儿童做视力检测，成年人由于观看屏幕时间增加，也需要更频繁地做视力检测。该公司尝试通过网络辅助商务模式，让购买眼镜变得更加便利。他们的网站让人们虚拟试戴镜框，但就此在网上购买矫正眼镜的人还是很少。于是他们开设了实体店（名为 fun，目前已达 1 500 多家），为人们免费检测视力，并试戴网站上展示的镜框。另外，Lenskart 公司还派员工拜访潜在客户，做视力检测并展示样品镜框。客户下订单之后，眼镜在两天之内就能送达客户手中,当然兑现这个承诺需要强大的物流管理来做支撑。

最开始,Lenskart 让一家中国工厂生产镜框。佩尤什谈到,那是相当自然的选择,"中国那边有些小镇全部从事眼镜生产"。他认为在批量制造方面,中国的供应链已实现了令人咋舌的高效率,其他国家鲜有匹敌。

但随着 Lenskart 公司对自身产品信心的提升,以及从标准镜框转向面对不同场合的多种样式选择,他们把更多制造业务转移到位于印度古尔冈的自家工厂。在佩尤什看来,印度可以在更多客户定制、需要频繁工艺改进或创新的制造领域开展竞争。丰富的工程技术人才使这条道路在印度走得通。他充满激情地宣称:"我们有各种各样的点子(解决办法),关键是弄清楚印度人擅长什么。"他接着解释说,这不是说高水平的印度工程技术人才的价格低廉,而是指他们已经积累了多年的构造大型系统的经验,能跨越许多层级的软件和硬件,懂得利用自动化技术克服各种障碍。

事实上,Lenskart 公司不只是把从中国制造中学到的东西移植到印度,还采用了更多的自动化。毕竟,面对每天 5 万个镜框的庞大订单规模,公司的所有业务都必须以自动化作为支撑。印度的劳动力已经接受操作机器的培训,这能够提高生产率,并且比中国的劳动力更为便宜——佩尤什对此的看法与我们接触的其他制造商有所不同。因此,Lenskart 公司选择在中国的工厂生产高度标准化的镜片,但在印度古尔冈的工厂生产大部分定制化的眼镜,这无疑也是实现快速配送的需要。除印度市场外,该公司如今还在东南亚和中东地区开展业务,并开始谨慎涉水美国。

Lenskart 公司代表服务驱动的制造业类型,服务对最终产品有巨大贡献。首先是让 50 名设计师分别开发镜框模型,目前已有 5 000 余种。接下来是由大约 1 万名店员中的某位给客户检测视力,并帮助其挑选镜框。然后有若干员工参与物流运输,把镜框从工厂送到商店，再由一组员工负责安装和检验，确保眼镜状况一切正常。还有一个小组尝试改善客户体验，开始是远程验光，现在已经把视力检测加入手机功能中。眼镜制造过程的直接参与人员则有2 000名左右。

佩尤什认为，尽管Lenskart公司的年销售额已达到约6亿美元，但仍处在起步阶段，还需要努力挖掘市场需求，增强客户意识，改善服务便利性。该公司希望让高端消费者把眼镜当作时尚配饰，在办公、运动、度假、居家和夜间活动等不同场合配备不同的眼镜，但都价廉物美。要做的事情还很多，但佩尤什已经开始深刻影响人们的生活。

人工智能与服务业

我们已经强调了服务业就业岗位的重要性。不过，近期出现的一个担忧是生成式人工智能等新技术是否会取代服务岗位。支持生成式人工智能的大语言模型（如ChatGPT）本质上是一个封装了某种语言（英语或某种计算机语言）的算法，通过演算数量庞大的文字页面，找出哪些文字最互相匹配，并按照某种顺序搭配起来。然后，根据某个提示，人工智能就可以基于其已经处理过的亿万页文本来给出一句话、一个段落甚至一篇文章作为回应。有趣的是，在经过足够大的数据库训练，并配以足够多的参数集合的支持后，这些回应会表现出合理性与逻辑性，仿佛人工智能真的是在思考，但实际上它仍然只是根据已吸收的文本来构建句子而已。从本质上看，这些人工智能模型似乎在以文本补全为基础来做推理，却表现出了某些惊人的特性。

例如，GPT-4通过了旨在测试律师技能的美国统一律师资格考试（American Uniform Bar Examination），排在所有考生的第90百分位的水平。这引发了许多人的担忧：生成式人工智能能否替代律师？更普遍地说，生成式人工智能能否编写代码，替代程序员？能否替代客户服务员、外语翻译，乃至我们这样的大学教授（真令人不寒而栗）？

幸运的是，目前还不能，至少不能完全替代。有位律师在针对阿维安卡航空公司（Avianca Airlines）的诉讼中试图利用ChatGPT为客户服务——那位客户被该航空公司的手推车撞倒，伤到了膝盖。阿维安卡航空公司要求法官驳回这起诉讼，该律师则提交一份10页纸的辩护状，援引了多项相关的法院判决，其中包括马丁内斯诉达美航空公司（Martinez v. Delta Airlines）等案件。[13]但问题是，那些法院判决实际上都不存在，而是由ChatGPT自己杜撰的！

生成式人工智能还有其他一些问题，它提交的结果来自人们并不真正了解的过程——用电脑极客的术语来说，属于人工智能的可解释性问题。这可能导致人类本身不会有的内在偏见，也可能在事实上加深人类已有的偏见。例如，假设在输入人工智能算法的文本中，对某个社群的描述经常带有贬损性质的语言，那么在人工智能遇到此类社群的客户时，它就可能不公平地对待他们，这被称作"算法偏见"。与之相关的是，由于习俗和道德没有被编入人工智能，它可能选择违背社会规范、监管乃至法律的路径。

生成式人工智能的应用目前仍在早期阶段，尽管它显然还不能完全取代人类，但以上某些缺陷会逐渐得到改善。可以明确的是，人工智能可以成为服务提供者的得力助手。例如，有一项针对某家提供业务处理软件的《财富》500强公司的客户服务员的研究显示，在得到人工智能支持以后，每名服务员能在一小时内成功解决的问题数量提高了14%左右。通常来说，人工智能会对服务员该如何应对问题提出实时建议，或者提供相关内部技术文件的链接。[14] 人工智能对新聘服务员的帮助最大。由于这个产业每年的员工流失率高达 60% 左右，人工智能对改进服务质量、帮助员工学习会有显著的促进作用。但对于更有经验的服务员而言，它的助益就比较有限。

那么，印度应该为此感到担忧吗？显然，印度不能在人工智能应用的竞赛中落后，因为这项技术可能会大幅提升服务业的生产率。但如果生产率提高，价格相应下降（例如人工智能的主要受益领域软件编程的单位代码收费降低），对相关服务的需求会进一步增加。因此，在软件编程成本下降的同时，对软件服务的总需求很可能显著提升。按照相似的逻辑，我们认为人工智能不太会大范围取代服务业员工，而是会给他们带来一种新的生活方式，就像上述研究中的新入门客户服务员那样，有了更好的设备支持，他们可以从零开始，很快学会妥善处理客户的问题。许多记者提到，可以先让人工智能准备文章初稿，然后由人类来充实完善，特别是让人工智能负责其中的某些苦差事，与之前的表格软件帮助我们完成枯燥的计算工作一样。本书作者也借助人工智能软件为本书提供不同版本的书名建议，当然不管读者喜欢与否，最终版本仍然是我们自己决定的。

的确，人工智能可以大大改善现有的服务品质。例如，埃拉利教授的助教就借助聊天机器人，让它们成为个性化的指导者，帮助每名学生快速跟上进度。我们可以设想此类工具如何提升印度的中小学教育，用聊天机器人识别跟不上课程的学生，然后分别提供个性化辅导。

当然，人工智能确实会替代一些工作岗位，但技术变革带来的岗位流失速度可能被夸大了。2013 年有两位牛津大学教授估计，47% 的美国就业岗位面临被计算机取代的风险。[15] 而到我们撰写本书的 2023 年，美国的劳动参与率却达到 20 年以来的峰值，失业率则达到这段时期的低谷。因此那两位教授显然失算了，至少没有猜对变革的速度。实际的变革速度通常比人们设想的更慢，从早期的原型到大规模应用需要相当长的时间，部分原因在于技术的应用需要简化，同时也源于包括监管方在内的大多数人希望看到新技术的差错率下降。即便在变革真正发生时，人们也会找到如何给技术增加价值的办法，使得人与机器的结合能带来比他们各自为战要好得多的结果。这意味着技术取代的人工数量会比人们想象的要少。最后，技术应用会提高生产率、降低成本，从而促进需求增加，这也会缓和技术变革对就业的直接冲击。

无论如何，人工智能的进步使提升印度劳动力的人力资本变得越加紧迫，以便让更多劳动者能够胜任有创造力的高端工作岗位。此类工作岗位处在前沿位置，还没有足够多的数据用来训练人工智能，可能属于受人工智能威胁最小的类型。而幸运的是，如前文所述，人工智能还会给我们提供改进教育及其他服务的新工具，印度应该将它们都充分利用起来。

印度未来的增长模式

我们绝不能把出口引领的制造业增长当作快速发展的唯一路径。服务业如今提供了促进出口的另外一条出路，无论是直接提供，还是内嵌在制成品中。服务业有可能实现规模效应，尽管规模未必是提升生产率的必要条件。在全球范围内，服务业受到的竞争压力相对较小，仍可能有很高的盈利性。此外，印度已经在这些领域占据相当大的份额，这可以作为现实的佐证。对许多服务业企业而言，印度还有一个庞大的国内市场，尤其是在教育和医疗等领域，这可以促进人力资本改善，让国家在服务业附加值阶梯上进一步攀升。

印度是否需要在制造业和服务业之间二选一？其实如 Lenskart 公司的案例所示，这两者如今已高度交织。服务已成为制造过程中日益重要的投入，反之亦然，因此它们之间的区别在今天已不像过去那样明显。我们想指出，印度不应该过分强调制造业的地位，而忽略服务业带来的机遇。然而，印度其实不必做强制选择，只需让民众和企业自由选择即可。当然印度政府仍需要考虑把稀缺的财政资源投到哪些地方，是发展人力，还是投资实物。

第4章 印度的希望该寄于何方？

印度如今的人均收入约为2 300美元，处在中等收入国家的门槛位置。即便以每年4%这相当不错的增长率来测算，人均收入也要到2060年才能达到1万美元，还不及中国当前的水平。

印度必须更加有所作为。在下一个10年中，印度可能迎来"人口红利"，即劳动年龄人口占比将提高（当然与其他国家类似，之后会走向老龄化）。如果印度能给所有的年轻人创造良好的就业机会，其增长率就会加速，并有很大机会在人口结构开始老龄化之前成为较为舒适的上中等收入国家。那么，印度能够在人口老龄化之前致富吗？

要做到这一点，印度必须有紧迫感。不幸的现实情况是，很少有快速增长的发展中经济体顺利避免中等收入陷阱。韩国和中国台湾属于罕见的例外，巴西、马来西亚、墨西哥和泰国尚未取得成功。要想更快实现人均收入1万美元的目标，并在我们的有生之年继续向3万美元的高阶俱乐部迈进，印度需要做些什么？如果印度人希望缩短这一旅程，那他们首先得清楚前进的方向。

为什么攀登制造业阶梯在如今变得更加艰难？

印度能否缩小与全世界先进制造业国家的差距？外国制造商目前正在印度设立某些生产基地，至少是为了进入这片不断扩大的市场。例如，丹麦的风力涡轮机制造商维斯塔斯（Vestas）公司如今就在印度南方的斯里佩鲁姆布杜尔组装部件。该公司被吸引到那里的部分原因是，它兴奋地预测印度将很快成为自己生产的涡轮机的第二大市场。[1] 还有些重型工业制造商也准备进军印度，因为从其他地方到印度市场的运输成本表明它们更适合在印度当地建厂，例如美国复合材料生产商TPI公司生产的长达260英尺（约79.25米）的巨型复合材料风力发电涡轮机叶片。[2]

如今，大多数产品在全球供应链上生产，在多个国家之间来回穿梭。供应链有效利用了劳动力套利，让工业化国家较为昂贵的劳动力很少参与制造产品，除非有大量自动化设备的支持。反之，印度的劳动力则需要与来自越南或中国的工人展开竞争，中国还没有耗尽廉价劳动力的供给，尤其是在欠发达的西部省份。与几十年前更早启动发展的国家不同，在综合考虑技能和效率后，印度的劳动者并不比竞争对手有太多价格优势。因此，印度的劳动力成本优势充其量说也非常有限，容易被其他效率损失所抵消。

同时，印度还存在其他重大效率缺陷。例如，要想在印度有竞争力地组装风力电机之类的产品，就必须把关税降到极低水平。关键在于，不仅进口到印度的电机部件等中间产品的关税需要降低，而且印度组装的风力电机出口到供应链经过的周边国家的关税也需要降低。此外，像安全标准差异和边境检查等非关税壁垒也需要妥善解决，才能让出口实现无缝衔接。这要求印度成为区域贸易协定的参与国，但糟糕的是，印度对签署此类协定一直颇为抵触。

事实上，瑞银集团的一份报告指出，如果不考虑关税因素，印度、中国和越南在低技能风力发电设备组装和运输上的成本相差无几。[3] 然而，越南签署的区域贸易协定要多得多，几乎可以完全免税地实现产品进出口。因此全球供应链集中到越南的程度远远超过印度，也就不足为奇了。在2007—2021年，与全球价值链有关的制造业产出在印度所占的份额只从14%略微提升至16%，而同一时期在越南则从35%大幅提升至56%。[4]

我们之后将深入探讨为什么印度对签署区域贸易协定如此不积极，但同时也需要提醒，历史上签署国际协定的行动也并不总对印度的工业发展有利。

西普拉公司与知识产权

让我们看看非常成功的印度仿制药产业的例子，该产业在2022—2023年的出口额达到约250亿美元。该产业的一位重量级人物是西普拉（Cipla）公司的优素福·哈米德（Yusuf Hamied）博士。

哈米德的家族起初拥有一家小型制药企业，在进口遇到困难的二战时期开始为印度生产药品。但战争结束后，西方跨国企业重新恢复了在印度的支配地位，因为它们的药品专利禁止任何人制造相应药品，除非购买昂贵的许可证。而印度沿用了1911年制定的严格的《英国专利法》。

哈米德于20世纪50年代后期在剑桥大学攻读化学博士学位，受教于后来获得诺贝尔化学奖的亚历山大·托德（Alexander Todd）。[5] 在完成学业、返回印度加入家族企业之后，哈米德发起了反专利法运动，认为印度需要在制造药品方面掌握更大的自由。

该运动于1972年在机缘巧合的背景下取得了成果。西普拉公司在印度推出了一种名为普萘洛尔（Propranolol）的仿制药，拥有专利权的跨国公司帝国化学工业公司（ICI）随即提起诉讼。哈米德向当时的印度总理英迪拉·甘地报告说，这种仿制药可以挽救千百万民众的生命，不应该让印度人无缘使用。接下来，印度政府修订了专利法律，使作为最终产品的药品无法获得专利保护，只有制造药品的生产工艺可以。因此，如果某家印度企业发现了制造最终药品的新方法，就可以合法地开展生产。西普拉公司就此摆脱了专利法的束缚。

许多跨国企业在此时离开了印度，因为与西普拉或兰伯西（Ranbaxy）等仿制药企业的竞争让它们无利可图。这就给印度仿制药产业的发展敞开了大门，很多企业开始生产药品所需的活性成分（APIs）以及药品本身。

新版专利法看准了印度制药企业的实力。寻找新的药品制造工艺属于渐进式创新，印度科学家在这方面做得很好，正如印度工程师也擅长利用渐进方式提高生产率。事实上哈米德还指出，即便是美国的大型跨国企业在制药业的基础创新或概念创新上的贡献也不大，这方面的许多工作是在美国政府资助的大学里开展的，跨国企业则获取专利权，进行增量研究，实现量产和商业化。因此从某种意义上讲，印度新版专利法只不过是让美国政府资助的研究成果可广泛应用于另一个政府并非如此慷慨的国家。

这个例子包含更广泛的启示。发展中国家的本土企业在追赶阶段主要依靠消化现有的专利知识，知识产权保护不足对它们的学习能力和渐进创新能力有利。哈佛大学的乔希·勒纳（Josh Lerner）考察了60个国家在150年中的专利政策，发现一个国家的专利保护增强伴随着外国企业的专利申请增加，而本土企业专利申请减少。[6]并且该现象在发展中国家尤为突出。

当然，西普拉公司在国际上声名鹊起源自艾滋病的治疗。2001年初，以三种抗逆转录病毒药物混合的鸡尾酒疗法被认定是抗击艾滋病的最有效办法。跨国制药公司当时推出的鸡尾酒疗法的价格普遍在 1.2 万美元左右，远远超出艾滋病猖獗的许多非洲贫困国家的承受能力。哈米德博士则向非政府组织"无国界医生"提出了每年仅 350 美元的报价，也就是每天不到 1 美元的价格。这一行动登上了《纽约时报》的头版，西普拉公司就此成为抗击艾滋病战争的领导者，使该疾病的致命性大大降低。

在此期间，若干跨国制药企业开始认识到仿制药给自身利润带来的威胁，并与美国政府和世界贸易组织合作，试图修订各国的专利法。印度也签署了 1994 年在世界贸易组织主持下谈判达成的《与贸易有关的知识产权协定》（TRIPS），同意实施长期专利保护，尽管这可能损害某些本国企业的利益。

哈米德博士认为，印度政府此举不仅是放弃仿制药领域天然优势的糟糕交易，还因为同意在 1995 年加速实施（没有像他主张的那样要求推迟至 2005 年），而出卖了本国的制药产业。如今，印度的制药公司不得不在药品生产上支付高昂的专利费，成长空间被大大压缩。

大多数国家在初期都剥夺过知识产权，要么是直接剽窃，要么是像印度这样在专利执行方面打折扣。然而，当一个国家建立起研究开发基础之后，它最终会开始严格执行专利法，为本国企业研究和生产原创产品提供激励。那么 1995 年是不是印度开始严格执行专利法规的恰当时机呢？目前下结论还为时尚早，但我们没有看到印度制药企业的研发活动在那之后出现喷涌。哈米德博士指出，以现有的盈利水平，他根本没有投入前沿开发的能力。或许假以时日，印度的制药企业将参与概念研究，不仅与本国大学合作，还会联合美国的大学，并开始出售有自己专利权的药品。相比于回归专利保护薄弱的过去，这似乎是更光明的出路。为实现该目标，印度大学院校的研究必须得到加强，我们后续也将对此提出具体的建议。但从目前来看，仿制药的增长路径的回报将被显著削减。

逆全球化浪潮

西方国家目前的向内转弯是全球化的倒退，主要源自中国在制造业领域的支配地位以及由此造成的西方中等收入制造业岗位的流失。另外，中国在5G、人工智能、电池和电动汽车、无人机等朝阳产业可能占据优势，还引发了地缘政治方面的担忧，因为这些领域兼具民用和军用。事实上，特朗普和拜登两任美国总统尽管在其他议题上鲜有共识，却都主张在自由贸易上倒退。

近岸外包能否给印度提供搭上制造业班车的良机？

美国和中国争夺地缘经济优势地位的冲突加剧，可能给印度带来机遇。鉴于这两个超级大国可能相互实施广泛的制裁，或者爆发直接冲突，西方企业担心途经中国的供应链中断，导致生产瘫痪，于是转向分散化策略。许多西方跨国企业正在制定所谓的"中国+1"战略，也就是说，对供应链上位于中国的每个环节，都要在其他国家寻找一家备用厂商。某些全球供应链正考虑把印度作为"中国+1"战略的替代者，尤其是考虑到印度国内市场的吸引力也与日俱增。

然而这些企业在做选择时也看到了印度没有成为当然选项的若干原因，其中自然包括我们之前罗列的制造业在印度举步维艰的各项因素，如对投入品的关税依然居高不下。

即便此类问题都得到解决，也要考虑物理距离的影响。对一个国家而言，区域贸易的重要性始终远高于与遥远地区的贸易。大致来说，当今世界有三个大型区域性贸易集团。欧洲国家大约70%的贸易发生在欧洲内部，东亚大约50%的贸易和北美大约40%的贸易也分别发生在各自区域内部。[7] 经济学家把邻近国家之间贸易占据主导地位的这一规律称作贸易引力模型。印度被若干相对贫困的国家包围,只有中国除外。如果一家美国公司打算寻找不太受到中国扰动风险冲击的地点,它可能选择墨西哥,而一家欧洲公司可能偏好罗马尼亚。这样的"近岸外包"替代地点有各种陆路通道相连,且距离较近,更不容易受到战争、气候变化或瘟疫等灾难的干扰。另外,这些国家还是若干低关税区域贸易协定的组成部分。

对工业化国家而言,完全消除供应链扰动和应对创造制造业工作岗位的政治压力的最保险办法是把整个供应链带回国内,即所谓的生产回流。[8]但富裕国家深知,这样做会失去利用其他国家廉价劳动力的机会。因此,生产回流往往伴随着尽可能实现生产链条自动化、减少利用人工的疯狂努力。当然,机器永远不会撂挑子或者抗议。

总之,在目前的格局下,印度并不必然会在友岸外包和近岸外包的全球潮流中大获其利,除了引进某些试图开辟印度市场或者运输费用占比不大的企业。

印度能否通过新型保护主义取得成功?

如果出口的最终产品在目的地国家不需要缴纳关税,印度或许可以不考虑全球供应链,而在国内完成一切生产。但这要求它在供应链的每个环节同世界上效率最高的厂商开展竞争,也就是说印度必须在研发上超过美国,在设计上胜过意大利,在制造上压倒德国、中国和越南,如此等等。换言之,目前的全球供应链已得到优化,促使制成品的价格在多年来持续下降。在供应链的某个环节占据主导地位的各个国家不仅拥有某些天然优势,而且经历了多年学习与技能培训的磨炼。因此,让一个完全依靠国内供应链的国家在世界市场上同整个全球供应链开展正面竞争,将是极其困难的。

印度的国内市场如今有所扩大。只面向印度国内市场的制造商有可能达到一定规模,在相对熟悉和接近的市场中干中学,无须借助出口,也能达到合理的生产率水平。假设如此,印度应该可以利用保护主义关税来封闭自己的市场,给缺乏竞争力的国内厂商提供机会。事实也似乎如此,自2014年以来,印度的平均进口关税持续提升,从初期的13.5%增至2022年的近18.1%。[9] 受益的行业之一是国内钢铁业。尽管这些措施显著增强了国内市场对企业的吸引力,但受到高关税保护的企业依然普遍缺乏全球竞争力。更明智的政策方案,例如宣布在某个产业获得足够复苏空间之后将取消关税保护,很少能起作用,因为一旦习惯于关税保护,产业界就会为持续获得保护而积极游说。此外,如果制造商发现政府会屈从于压力,那么每家厂商都会大力鼓吹关税保护,以便让自己的经营变得更加轻松。

另外,印度拥有庞大国内市场的说法只对每个人都能消费的大众产品(例如自行车)才适用。人均购买力与工业化国家中产阶级接近的印度上层中产阶级的人数依旧较少,为了在电动汽车或高端电器等领域实现较大市场规模,出口仍是唯一选择。如果印度厂商只依靠国内市场,它们将因为规模不足而承担更高的生产成本。可见,保护主义兴起将拖累印度的经济增长率,迫使居民家庭为粗制滥造的产品支付高价,这只会利好那些效率低下却政治人脉深厚的企业,而让全国民众继续在贫困中挣扎。

所有这些都不是空洞的理论,而是印度在上一轮保护主义时期发生的事实,这段时期直至20世纪90年代初的自由化改革才被终结。当时的世界竞争还不算激烈,印度有机会在经济自由化进程中改正过去的错误。今天的情况将更为艰难。

制造业补贴加保护措施能否弥补印度的缺陷？

印度能否放弃本国企业已发展成熟的观点，而回到本国产业依然处于幼稚阶段、需要用补贴来保护的立场？印度政府并非不清楚本国制造业面临的困难，它曾指出，因为基础设施落后、融资成本偏高、高质量能源供给不足、工业设计能力有限、忽视研究开发以及工人技能欠缺等因素的影响，本国电子产业面临8.5%~11%的竞争劣势。[10]

由于补齐这些短板需要时间，政府希望通过生产补贴来抵消劣势。于是出现了与生产挂钩的激励计划，最早在手机生产中采用，具体做法如下。

自2016年起，印度政府开始提高进口手机部件的关税，到2018年4月，又对手机整机进口征收20%的关税。在关税保护之外，从2020年初开始，印度政府实际上还给位于本国的制造商——无论是印度企业还是外资企业——新生产的所有手机提供相当于出厂价格6%的补贴（到第五年降至4%）。此外，各邦政府还会给设立在本邦的工厂提供税收优惠、能源和土地补贴等。

从表面上看，该计划似乎行之有效。在2017年4月至2018年3月，手机进口额接近36亿美元，而出口额仅为3.34亿美元，净出口额约为-33亿美元。然而到2022—2023财年结束时，印度的手机进口额下降至16亿美元，而出口额增至近110亿美元，净出口额达到94亿美元，相比2017—2018财年大幅提升了约127亿美元。

可是，这一成就从细节来看远没有那样辉煌。如果我们仍在向制造商提供补贴以推动出口，那么最终产品的出口额就不是很有用的衡量指标。对制造业的实力而言，关键在于有多少附加值是在印度创造的。显而易见，非常少！印度已经成为手机组装的大国，但这是供应链中附加值最少的环节，仅占手机全部价值的几个百分点。包括逻辑芯片等最复杂元器件在内的大多数部件依赖进口，而且我们甚至不清楚在印度创造的附加值是否超过政府提供的各项补贴。

政府的部长们也承认，印度只是在组装上实现了起步，但他们辩称这是制造更高附加值部件的基础。显然，某些国家在过去确实是沿着这一路径前进。但如今还能走得通吗？如果运输成本不高，尤其是对于体积微小的手机部件，那么当小米公司能在其他地方实现更廉价的制造时，为何要扩大在印度的部件制造规模呢？印度政府是否打算把与生产挂钩的激励计划推广到各种部件上？或者说，部长们的观点隐含地假设，大规模组装将带来大规模生产。这在物流管理更为困难的过去可能是成立的，但未来能否延续难以判断。

经常有人把韩国视作通过保护主义和补贴措施扶持本国幼稚产业在全球市场实现规模效应的典范。[11] 但我们必须弄清楚其中的关键所在。韩国在 20 世纪六七十年代的早期产业政策几乎都属于出口驱动型，并且不针对特定部门，无论哪个部门的出口商都可以获得补贴。由于政府并不挑选"赢家"，韩国的产业界就面临压力，需要找准在世界市场拥有竞争力的领域。后来韩国的产业政策变得更有指向性，更针对特定部门，以优惠利率向 6 个重点产业提供信贷，但也仅限于 20 世纪 70 年代的一个较短时期。

那时的韩国总统朴正熙是产业政策的极力拥护者。当他在 1979 年被刺杀后，这些面向特定部门的优惠措施被取消，经济活动基本恢复自由化。韩国企业不得不与市场力量相竞争。因此，韩国的产业政策是以分阶段相对聚焦的方式实施的：最先是明确的出口激励，继而是在短期内给若干重点产业提供补贴，然后采用自由化政策来鼓励竞争。即便是从蔬菜贸易业务起家的三星公司希望在电子产业大显身手时,韩国各家银行也只能通过低息贷款助一臂之力,而该公司从一开始就需要在全球市场上经受考验。

韩国式产业政策要想取得成功,必须冷酷无情,保持不偏不倚,不可以偏袒某一部门或采取保护主义。与之相反,印度与生产挂钩的激励计划从起步时就用不透明的方式挑选特惠部门,对于具体选项及其扶持理由,均缺乏公开的讨论和披露。只有一部分企业获得政府补贴,这让其他企业处于不利地位。我们不清楚这些补贴是推动企业投资的必要条件,还是来自国家的赠礼。我们也不清楚有哪些衡量成功的具体标准,甚至不知道这些补贴将在何时取消。例如在某些产业,由于受益群体的积极游说,补贴的预定持续时间已被延长。

与生产挂钩的激励计划的真正问题是打算走捷径,以回避消除印度制造业面临的各种障碍的更艰巨任务。我们甚至不清楚它是不是能够吸引初始投资的有效短期政策工具,因为从2021财年到2023财年,流入印度的外国直接投资净额从440亿美元下跌到280亿美元。该计划也不能替代真正的改革,因为归根到底,如果印度没有补齐短板,当补贴结束时,谁能保证已经到这里生产的企业不会迅速撤离呢?

另有迹象显示,随着基础设施的兴建,包括公路和港口的改善、铁路货运效率的提高等,印度的物流运输费用正在下降,接近具有全球竞争力的水平。尽管如此,印度依然认为必须提供补贴,才能吸引全球供应链中竞争最激烈的环节——低技能的制造业。但如果全球供应链的每个环节都实现了最优化,这是否意味着印度为本土低技能组装工厂付出代价并无太大意义,因为它对印度发展更高附加值的生产环节并无多少助益。

我们难道是在追逐幻想？

还有哪些替代方案呢？印度如何才能打破固有模式？为什么不努力在制造业或服务业，又或者同时在两个产业消除束缚就业增长的障碍，以便让印度能够在不提供巨额补贴的情况下获得投资，并创造就业岗位？

能力提升

如今，尽管印度拥有规模极为庞大的年轻人口，但我们从雇主那里经常听到的一个抱怨是：现有的员工还不错，但不容易找到受过充分培训的新员工。印度必须大力提升劳动者的能力，以吸引全球的制造商，并让员工能够顺着职业发展阶梯拾级而上。这要求从各个层面改善民众的营养、教育和医疗水平。

服务业与制造业相关的服务业

历史赋予印度一项中国和越南并不具备的优势：讲全球语言的能力。印度人采用了过去的殖民统治者的语言——英语——并将其本土化。这一现实目前正在以有趣的方式发挥作用。例如，全球近60%的网站采用英语，这使得基于英语的人工智能算法有更为庞大的数据库来开展训练。[12] 世界上大多数教材和科学论文是用英语出版的，不专业的译作往往读起来费劲。更普遍地说，尽管机器实时翻译或许很快就能实现，但在未来几年，采用通行语言与世界对话的能力依然会在实时服务和商务活动中给人们带来优势。

印度还需要增加受过顶级教育和培训的专业人士的数量，如医生、工程师、咨询专家、律师和大学教授等，这些人可以在服务国内市场的同时，直接向全球拓展业务，还可以创造许多技能要求更低的辅助性工作岗位。

这样的专业人士也能够为制成品提供服务，正如跨国企业全球能力中心的雇员已经在做的那样。由于他们能远程提供服务，因此可以跨越妨碍产品流动的关税和其他壁垒。鉴于服务业尚未成为区域贸易协定的核心内容，印度在此类协定中的缺位造成的影响也更小。这方面的市场机遇巨大且仍在增加，例如数字化的服务出口在2005—2022年几乎翻了两番，在如今的全球贸易额中的比重达到约12%，而同期商品出口总额仅增长了约2.5倍，尽管这一时期中国的商品出口大幅扩张。[13]

当然，所有这些都要求印度人提高自己的期望水平。印度不仅要引入手机组装生产线，还应该参与未来的手机和芯片设计，开发相关的软件和应用平台，从全球供应链中真正有高附加值的环节获利。引入手机生产线也可以是好事，是附加值蛋糕上作为点缀的樱桃，但如果必须为此支付巨额补贴就得不偿失了。

企业家精神

印度还必须为受过良好教育的劳动者参与创业提供条件，帮助他们开办各种类型的中小型企业。有人以为，创业只涉及高科技创新，其实大量新企业并不需要特别的创新，包括某些成长速度很快的企业。成功的关键在于发现市场需求，并有解决问题的勇敢态度，包括放弃现有的工作岗位和相应收入，还有创办能正常运营的企业的组织能力。我们已经看到，即便是向印度各地的居民出售新鲜米糕面糊的创意也可以招募众多员工，获得不菲的利润。繁荣的印度需要成千上万家类似的成功初创企业。

印度在成本为王的商业化制造领域做得不算很成功，如果你想要廉价的雨伞或者迦尼萨（印度教中有着大象脑袋的神）陶塑，印度不是理想的供应方。在要求产品突破式创新的业务领域，印度目前也不占优势。没有哪种全球畅销的药品或者推特、脸书等社交媒体出自印度。然而，印度在需要渐进式创新和工程管理来确保产品可靠性、产品定制化和产品可负担性的业务中发现了自身的优势。印度企业充分利用名牌大学培养的众多科技工程人才来克服此类应用的挑战。就目前而言，这种渐进改善方式更多地在软件等出口服务业中发挥了作用。随着制造业越来越多地把服务作为中间投入品，印度如果能做好准备，将有望在新时代的工业革命中占据先机。

敢于想象

印度不能满足于现状，而必须走向真正志向远大的发展道路：创造出世界一流的创意和产品，再依靠出众的企业或组织将其推广到全球。没有哪个发展中国家曾走过这条道路，但印度可以一试。我们知道，没有其他哪个发展中大国曾跳出标准路径，从农业直接跃进到高技能服务业，但印度做到了。如今它必须再次实现自我重塑。

除制造仿制药以外，印度还应该为困扰民众的疾病寻找新的治疗方法，并将这些新药品销售到全世界。印度要做的不是从工业化国家的厂商那里购买昂贵的 5G 技术，而应该开发更廉价的 5G 版本，再将其出售到新兴国家，同时向购买方保证不会留有用于监控对方的后门。这里的关键是要认识到印度拥有实现所有这些愿景的基础，尽管目前尚未做到。

例如，印度只有少数世界一流的研究机构，包括印度理工学院的多家机构、塔塔基础研究院和印度科学学院等。要想从渐进式创新走向突破式创新，印度必须把众多大学提升至国际水平，鼓励和资助创新研究，并且推动企业界与学术界的合作。

总之，虽然印度应该为促进本国制造业发展创造条件，但出口导向的低技能制造业已经不再是成长为中等收入国家的最有效路径。印度不应延续东亚国家的经验模式，试图占领附加值链条中最底端的部分，然后再向上攀登，而是可以立志直接夺取价值链中较高端的部分。在某些情形下，低技能生产环节也会自然而然地迁移到印度。服务业的扩张固然可以给印度提供迫切需要的外汇和工作岗位，但重点应该放在可以激发国家跨越式发展的新企业、新创意和新产品上，无论是在制造业还是服务业。

印度民主制度的优势

民主制度本身可以让国民获益，例如投票权带来的尊严感、通过民主表达意见的权利、更普遍的思想和言论自由、得到平等待遇以及享有法治保障等。当然，印度应该继续强化民主制度还有另外一个实用性原因。

如前文所述，在发展的早期阶段，重点是追赶式增长。发展所需的创意和经验是现成的，已经被其他国家和企业发掘出来，只需模仿或者得到授权即可。

我们倡导的发展道路则更多依赖印度人自己的创新思想和创造精神，自己去拓展知识边界。前沿增长要求辩论和论证，这是威权主义政府很少能够容忍的。这样的国家并非不能在一定程度上开展创新，例如苏联就有过欣欣向荣的军事—工业综合体组织。然而威权主义政府喜欢直接指导研究和创新，确保其不超出负责人的设想。如果这些人是政府委派的官员，研究和创新就会严重受限，尤其是在官员由于担心发展方向不符合最高领导人的看法而频繁干预的时候。

与之相反，民主国家的创新并不需要服从现有的权力架构及其信念，因此能够实现真正的突破。苏联的芯片技术之所以落后于美国，是因为它在这个领域完全无法开展创新。[14] 它总是在某种技术普遍推广之后再试图盗用知识产权，因此始终处于落后的境地。

中国的制度对追赶式的基础设施引领型增长或许非常有利，但在靠近技术前沿的时候，情况很可能大不相同。例如，中国要求人工智能的发展尊重现有的社会架构，这可能给企业带来跨越监管边界的顾虑，从而束缚对人工智能应用领域的探索。[15] 有学者指出，中国实现重大科技突破的能力将取决于"科研人员是否有开展批判性和创造性思考的充分空间"。[16]

经济史学家通过深入研究，考察了创造性与经济自由和政治自由的长期关系。有一项研究分析了1789年法国大革命后，法国对德意志城市的占领造成的后果。法国人在占领时期推出了若干重要改革，其中包括废除地方行会——早期的商业裙带主义或者说许可证制度。法国人还引入了自己的民法制度，要求法官独立于地方行政机构，并且实施所有公民在法律面前一律平等的原则。该研究发现，在一个多世纪之后的1900年，相比没有被占领的德意志城市，占领时间最长、法国式改革推进最彻底的城市的人均专利数量几乎是前者的2.5倍。[17]

另一项相关研究考察的是，在11—19世纪，哪些欧洲城市的创造性人才的出生和迁入数量增加最多。学者们发现，在能确保公民政治自由的独立城邦最容易看到此类人才的大量涌现，因为这种环境能培育创造性，也能吸引卓尔不群的创造性人才。[18] 该研究结果表明，某些印度人关于万事俱备，只欠一位铁腕领导人的说法是何等荒唐。这样的威权主义领导人在今天只能兴建更多的公路和纪念碑，践踏民众的权利，却无法培育出开发创新思想及产品所需的自由思考和讨论的环境，因为自由气氛将给批判各种权威打开大门。威权主义领导人试图控制言论,这会束缚印度科研人员的创造性,难以吸引海外人才回归或留住对现状不满的本国年轻人。这种类型的领导人显然不是印度当前所需要的。

制造业对国家安全是否必不可少?

在结束本章之前,我们还必须提出一个重要问题:如果印度没有强大的制造业基础,国家安全会不会受到损害?

以制造先进逻辑芯片的全球竞争为例,美国和欧洲都试图将更多的高端芯片制造引入本地,而随着美国的管制措施加强,中国也在升级现有制造能力。那么印度是否也应该参与芯片生产?

我们先从简单的情形说起,如果像新冠疫情中经历的那样,印度担心芯片供应出现短期扰动,那解决方案就比较简单。印度可以扩大重要芯片的库存,甚至考虑建立国家储备。印度可以向多个国家和企业采购芯片。印度的企业应该围绕生产流程增强灵活性,以便可以调整产品设计,用现有的芯片替代供给短缺的芯片。所有这些措施的成本都比在国内制造芯片要低得多,尤其是考虑到即便兴建落后于当下前沿技术几代的芯片制造工厂也需要数百亿美元。

针对印度可能遭遇潜在敌对经济体制裁的长期顾虑,解决方案是争取更广泛、更多样性的盟友。我们很难想象,作为民主国家的印度会走上某条道路,导致欧元区国家、美国、韩国、日本和中国台湾全都想对印度实施制裁。但如果真发生这种不可思议的情形,主要芯片生产基地都与印度为敌,又该怎么办?

假设如此,只拥有能制造落后芯片的工厂是不够的。印度将需要生产顶尖水平的芯片,即手机和人工智能处理器采用的芯片;印度将需要用于制造芯片的各种机器,但荷兰企业阿斯麦等提供此类机器的企业也会参与制裁；印度还必须建设从硅晶圆开始的芯片供应链上的所有环节，而它们都需要印度目前并不具备的特殊工艺和原材料。也就是说，除非印度把芯片制造的全部过程都带到国内，否则总会出现某些依赖其他经济体的阻塞环节。完全的自给自足基本上不可能，哪怕印度打算为此投入数千亿美元。另外，如果遭遇全面制裁，逻辑芯片也只是印度所需物品的一小部分而已。

简而言之，印度无法凭借在芯片制造业中立足而获得国家安全。如果没有经过深思熟虑的安排，芯片制造很可能会像印度过去的许多面子工程那样，成为昂贵而无用的"白象"。当全球芯片供应处于周期性过剩的时候，印度还应该拿出数百亿美元资金去补贴其制造吗？用这些钱兴办数万家高质量小学、数千家高质量中学和数百家顶尖大学，是否更有效益？哪条路径对印度更有利，是效仿中国，并充分利用与芯片制造国家的友好关系，还是通过培养成千上万的工程师和科学家去主导芯片设计，以及培育像英伟达、高通或博通那样并不亲自生产芯片的创业企业？我们在此重申，印度需要的是找准自身的优势，而非盲目跟从他人。

有人认为，印度之所以需要芯片制造业，是因为借此可以培育芯片设计或参与供应链其他环节的能力。这一主张并无证据的支持，美国的英伟达或荷兰的阿斯麦就是明证。其他国家或地区争先恐后地为芯片制造提供补贴，这对印度是一件好事，即便自己不生产，也可以增加选择范围，特别是在周期性过剩出现时。

我们不是说，印度永远都不应该加入芯片制造业。在当前的补贴热潮逐渐退却之后，对这个产业的投资最终将变得物有所值。印度训练有素的工程师和设计师将拥有必要的人力资本，以参与对该产业至关重要的创新。到那时候，印度不应该有任何犹豫。如果有人愿意在没有巨额补贴的情况下来印度投资，印度也不应该有任何犹豫。但目前参与这场破坏性的补贴大战似乎并不明智，印度的更好选择是投资于能产生创意和创造的人力资本。

顺应当前的政治经济形势

虽然创意和创造应该成为印度经济增长的主要动力，但还有一个理由表明，相比制造业，服务业和制造相关服务业更容易在印度得到发展壮大。中国在制造业的主导地位及其导致的工业化国家中等收入工作岗位流失的后果，让西方国家非常不愿意给其他国家的崛起开辟类似的道路，以避免带来下一个竞争对手。对日渐萎缩的残余蛋糕的争夺加剧，让保护主义在制造业盛行。相反，服务业依然是相对开发不足的领域。例如，印度咨询师的成本仅为美国同行的一小部分，而他们的能力基本相当，尽管有着略微不同的背景经历。这正是许多全球服务业企业在没有任何补贴的情况下仍高度重视印度的原因。

随着世界变得更加富裕和更加老龄化，对服务的利用还将扩张，气候变化则强化了这种转变的紧迫性。要想减缓气候变化的步伐，我们的世界必须放慢产品消费的增速。这给印度优先发展服务业及制造相关服务业提供了又一个理由，当然无论把发展重点放在何种产业，都应该强调创意和创造。总的来说，哈佛大学的丹尼·罗德里克教授担忧的过早去工业化依然可能是印度增长道路的一个关键特征，却未必是缺陷。

第二篇
治理、能力及其他

引　言　治理和结构

真正的印度道路必须从改善治理做起，这对引导国家走向非同寻常的发展道路来说不可或缺。为什么要先解决治理问题？因为这关系到其他的一切。新冠疫情危机考验了全世界各国的治理体系，表明没有哪种体系完美无缺。但从某些方面来看，印度的体系相比其他国家暴露出了更多缺陷。

新冠疫情及其后果

第二波新冠疫情在2021年2月至5月横扫印度，造成极具灾难性的后果。死者的尸体在恒河中顺流而下，这样的可怕照片登上世界各国媒体的头条。火葬场和其他火化场所拥挤不堪，木柴耗尽，这说明印度各级政府都严重准备不足。

哪里出了问题？几乎可以肯定的是，过分自信的政府机构自欺欺人地认为疫情已经过去，因为他们据以做出判断的数据和分析存在重大缺陷。莫迪总理还在2021年1月的达沃斯世界经济论坛上宣布，通过精心准备，"我们国家有效控制了新冠疫情的蔓延，把人类从重大灾难中挽救了回来"。[1] 2022年2月，执政的印度人民党通过了一项决议，感谢总理"击败"了疫情，颂扬他在疫情期间展现了"机敏能干、意志坚定和高瞻远瞩的领导力"。[2] 其中某些说法或许可以被忽略为寻常的政治作秀，但不可否认的是，这些来自高层并被各地政府内化的观点最终导致印度在恐怖的第二波疫情袭来时措手不及。

正当其他国家继续采取谨慎措施，以防范病毒可能变异为更致命的类型时，印度却不仅拆除了先前建立的防疫设施，还允许举办板球比赛和选举集会，还有全国各地朝圣者参加的规模宏大的大壶节（Kumbh Mela）活动。当其他许多国家提前与疫苗生产商签订供货合同，并提供资金，让厂商扩大生产规模的时候，坐拥全球最大疫苗厂商印度血清研究所（Serum Institute of India，SII）的印度却无所作为。[3] 由此导致在第二波疫情来袭时，只有很少一部分民众完成了两针疫苗的完整接种。

为什么印度表现得如此自以为是？部分原因在于，印度低报了在2020年9月中旬达到顶峰的第一波疫情的死亡人数，实际死亡人数比官方通报数字高2~3倍。[4] 此外，由于领导层强调印度的特殊国情——宣称在高效的医疗体系支持下，印度人更不容易感染新冠病毒——对此表示怀疑的研究受到打击和压制。[5] 但也有例外情形，孟买市政委员会等地方政府机构抵制了上述说法，因此对疾病暴发的准备更为充分。另外鞠躬尽瘁的众多医疗工作者、志愿组织和个人填补了政府留下的漏洞。与其他国家一样，无私的地方社区成员与医生、护士及其他医疗工作者一起克服了难以想象的困难，同病毒斗争。最终，第二波疫情逐渐消退。

接下来，印度政府采取了紧急措施来推动疫苗接种运动。这中间并非没有波折，但印度拥有疫苗接种的经验。2021年10月，印度完成了第10亿支疫苗的注射。[6] 疫苗的最终快速推广意味着，从过去的疫苗接种运动中多年积累的行政经验和制度性记忆产生了回报，特别是当政府决心按照专家的建议来开展行动时。当然不幸的是，疫苗的成功推广再度点燃了骄傲自满的情绪。

官方数据显示，印度因为新冠疫情死亡大约53万人，从人口比例上看，相比美国的死亡率要低得多。世界卫生组织的估计则表明，印度的超额死亡人数（相比正常水平）可能接近500万，使印度成为迄今为止被低估死亡人数最多的国家。[7]其他学者的研究也得出了类似的结果。[8]当然，某些人的死亡可能只是因为医疗服务在疫情期间变得更为困难，但这些依然是与疫情和医疗有关的死亡。

至今，印度依然不愿意修订有缺陷的官方死亡数据，因为这会暴露政府在疫情管理上的无能，但这样做不利于国家从失误中吸取教训。印度尚未对疫情处理过程开展正式调查，当官方数据显示他们做得那么好的时候，还有什么必要做这种调查呢？事实上，印度财政部《2021—2022年印度经济调查报告》还把2020年突然实施且具有破坏性的全面封控措施当作（官方）疫情死亡率极低的主要原因，树立了用虚假数据为错误政策辩护的典型，让人目瞪口呆。[9]

公共治理及其他

人们很容易把领导层视为问题所在。其他国家的领导层也会犯错误，但他们的制度约束了某些最糟糕的本能。那么，印度要想实现21世纪所需的治理和成果，无论什么人上台执政，必须做哪些体制性的变革呢？

在后续的第5章和第6章，我们将描述印度需要什么样的政府：分权化运作，愿意尝试和学习，最终是一个确保公平选举、给公民们赋权并保证信息透明的民主政府。为此需要推行艰难的政府改革，这会深化印度的民主精神，因此是顺势而为（anukool）而不是逆势而动（pratikool）。

接下来我们将探讨民众能力的提升。第7章讨论儿童的早期营养和教育，第 8 章讨论高等教育，第 9 章讨论医疗问题。我们还将在第 10 章分析经济和社会不平等，探讨如何缩小不平等，使发展更具包容性和公平性。我们的建议将借鉴之前讨论的治理改革，借助普通印度人的力量来推动变革，同时也分析数字化的作用。我们还将专门讨论如何利用新技术来制订比过去更好的解决方案，而不局限于公共服务应该由公共部门还是私人部门来提供的乏味讨论。这里的关键在于通过内在的激励去实现期望的结果，就像邓小平的名言所说，不管黑猫白猫，捉到老鼠就是好猫。

最后，我们将转向如何为能力得到提升的印度人扩大成功机遇的话题。第 11 章将聚焦于印度与世界的交往，第 12 章将探讨印度如何获得成为创新国家所需的创造力和催化剂、活力与激情。

第 5 章　面向 21 世纪的治理：结构

政府的目标应该是在长期实现良治，以最大化民众的利益。这在印度传统中被称为"罗摩之治"（Ram Rayja），即由传说中的罗摩神实施的理想类型的良治*。持续执掌权力应该是良治的结果，而非首要目标。但不幸的是，这是对政府不切实际的看法。很多时候，我们并不清楚何种政策是最优选择，被治理者对最佳替代方案没有共识，因此政治便利性考量往往主导决策进程。

要想实现合理决策，好的政府必须清楚自己的欠缺之处，并且愿意学习。政府必须向形形色色的政治家、技术专家、公务人员、商界人士和民间组织等征求意见，以勾画出可行方案的轮廓。政府应该在必要时下放决策权，在制定政策时对受决策影响的群体怀有深刻的同情，围绕最终决策达成共识，并且利用数据、公共讨论和批评意见来定期纠正路线。相反，如果领导层对自身能力过度自信，大搞决策权集中化，蔑视社会共识，喜欢压制不利的数据和意见，那么看似强大而果断的领导层也可能很快暴露出准备不足、制造灾难的本相。这正是自由社会中政府会受到制衡的原因，使他们不至于过分偏离合理的路径。在改善治理之外，这些约束还能让社会保持活力，让创新和创造力兴旺繁荣。

定期选举是否足以带来审慎而富有同情心的公共决策？很遗

---

* 罗摩是印度史诗《罗摩衍那》的主人公，民间对他非常崇拜。——译者注

憾做不到。民主制度有各种变体，并非所有民主国家都对冲动型或压迫型领导人有足够的约束。俄罗斯、委内瑞拉以及土耳其都号称民主国家，但没有多少人认为他们的制度给领导人施加了足够的制衡。这些国家的状况警示我们：对于民主选举出来的领导人不可随意放任。

经济学家阿贾伊·奇伯（Ajay Chhibber）和萨尔曼·阿尼斯·索兹（Salman Anees Soz）在其精彩著作《解放印度》（*Unshackling India*）中提出疑问：印度是否应该被理解为"选举国家"（electocracy），而非民主国家？也就是说，印度有定期举办的自由选举，可一旦当选，占据明显多数席位的政府对其领导人施加的制衡却很少。为什么印度的民主制度会沿着这条道路演化，尤其是考虑到在两次选举之间发生的事情也同样关系重大？

印度何以至此？

当印度走向独立时，建国先驱们决定赋予每个成年人选举权，而对处在与印度同等收入水平的国家而言，这在当时是史无前例的、极其勇敢的选择。在印巴分治后的动荡时期，人们不清楚印度作为一个国家能否延续，遑论建设一个民主国家。人们不清楚英属印度的各个省份以及众多有限自治的土邦* 能否合并到一起，民众是否会产生团结精神和奋斗目标，以克服宗教、种姓、语言和收入等各个维度的差异。甘地因此有理由担心，印度有可能形成本土精英版的政治自由，由棕色皮肤的老爷取代白色皮肤的老爷，继续对贫困落后的大众实施统治。

---

* princely state，英国殖民统治时期名义上独立的邦，由王公（摩诃罗阇）、王侯（罗阇）和行政长官（纳瓦布）统治，各土邦领主必须接受条约，并接受英王的共主地位，承认英王为领地的最高统治者。——译者注

尽管困难重重，印度还是发展出了一个稳健民主国家的许多传统和制度。民众成长为选民，选民进步为公民。幸运之处在于，印度早期的领导人普遍是坚定的民主主义者，制定并巩固了民主的传统及实践。因此，他们能够纠正方向并反复调整。民主对话发挥了安全阀的作用，控制和缓解了庞大国家内部产生的各种压力。一个附带好处是，新兴的民主制度赋予印度可以在国际舞台上发挥的软实力。尽管经济实力有限，印度却被尊崇为发展中国家的理想代言人。

随着时间的流逝，人们确实对印度早期的国家设计方案表达了忧虑。首先，或许是受当时执政者能力的影响，宪政架构过于信任政府拥有良好意图。当国家的统一前景不够确定，政府行使权力的工具未经过检验时，这种倾向可能确有必要。反叛和分裂的威胁始终存在，例如，泰米尔地区的领导人安纳杜拉伊（C. N. Annadurai）直到1962年的边境冲突爆发之后，才放弃建立独立的达罗毗荼纳德国的要求。所以，当时可能认为一个过于孱弱的联邦政府会比过于强势的联邦政府更加糟糕。

然而，让政府有很大的余地来利用权力对付国民是有隐患的，尤其是当整个政府机器可能被某个不惜任何代价希望把持权力的强势个人收买时。印度制宪会议起草委员会主席安贝德卡尔博士（Dr. Ambedkar）就承认："如果在新的宪法下出现问题，原因不在于宪法本身，而必然源自人类的邪恶。"[1] 当然对于这样的可能性，宪法并没有足够的防范措施。

类似的担心在1975年变成了现实，时任总理英迪拉·甘地在司法部门发现她于选举期间滥用政府机构权力之后暂停了民主权利的行使，宣布国家进入紧急状态，而这是宪法允许的。在意志坚定且广受拥护的领导人面前，对政府权力的所有宪法制衡都退避三舍，总统批准了紧急状态的实施，内阁和议会同样表示支持，连最高法院也罕见地屈服了。印度宪法第42修正案赋予议会（当时被甘地夫人的国民大会党控制）事实上不受制约的大权，自此之后可以随心所欲地修订宪法。

当时的印度完全可能蜕变为一个独裁政权，但由于至今仍云山雾罩的某些历史原因，英迪拉·甘地在1977年结束了紧急状态，要求举行大选。甘地夫人及其政党输掉了选举，随后通过的宪法第43和第44修正案纠正了第42修正案的许多措施。不过，这一事件已经表明，印度的重要国家制度可能难以抵挡强势的政府领导人。印度人民党领袖阿德瓦尼（L.K. Advani）曾严厉斥责国内媒体在紧急状态时期的表现："她只是要求你们弯腰，你们却跪下了。"[2] 不幸的是，这种情况至今仍没有太大的改观。

如今，印度内部并不存在生死存亡的严重威胁。任何时候，国内都有数不清的小规模叛乱，但都不至于造成国家分崩离析。实际上，一个不容许任何异议、挥舞着又长又重的警棍去镇压不守规矩者的专制政府，或许才是更大的威胁来源，因为它经常挑起更多的反抗。印度已经通过覆盖全国的公务员体系、司法体系、国防和准军事体系实现了行政上的统一，通过共同的法律规范实现了法律上的统一，通过全国性政党、议会和选举实现了政治上的统一，通过利率、投资、就业流动和全国性企业实现了经济上的统一，通过国家福利体系和全国招生的教育机构实现了社会上的统一，通过国家体育代表队和全国性文娱传媒实现了民族情感的统一，还通过跨地区移民和相互通婚实现了一体化。

宪法创立者对印度作为一个国家可能分裂的担忧，如今已不再那么突出。因此综合来看，如今的印度必须强化对政府的制衡，并由此促使政府更多地为国民服务。要想走上前文提到的雄心勃勃的发展道路，这种转向不可或缺。目前执掌政权并习惯利用各种国家机器为自身政治利益服务的威权主义政府不会轻易撒手，因此，一条潜在的出路是由反对派政党结成联盟,他们在了解任何单一政党掌握不受约束的权力所造成的后果后,会在宣言中承诺改变这种现状。从历史上看,20世纪70年代紧急状态结束后选举上台的人民党政府,通过宪法第43和第44修正案就完成过类似的任务。

专栏1 商界和媒体的"柔软身段"

印度的私人企业很少站起来反抗政府,这是一个系统性问题,因此不太可能是源于企业领导人的人格缺陷,而是因为政府自国家独立以来稳步掌握了任命、奖励和惩罚的巨大权力,使之可以左右那些能发挥系统性制衡作用的人。

例如,政府在顺从的报纸上刊登大量公共广告,从而让发表批评意见的出版商在经济上损失惨重。卡兰·塔帕尔(Karan Thapar)是一位曾供职于多家顶级媒体机构的知名独立记者,他指出还有很多可以施加压力的地方。例如媒体公司有大量收入来自会务,政府可以拒绝向不顺从的媒体机构组织的会议派遣代表,以削弱其影响力。

另外,政府还可以直接给媒体赞助商做工作。塔帕尔有场活动的赞助商去会见一位政府高官时,对方就暗示说,政府不喜欢这个赞助活动。不久后,当那位赞助商在某次商务活动中再次遇到该官员时,对方一见面就问起赞助活动,这个信号让他最终不再支持塔帕尔的活动。

当然,政府还拥有更强悍的武器。杰克·多尔西(Jack Dorsey)在2023年6月的一次采访中被问及他担任推特公司CEO的时候,是否遇到过外国政府施加的压力。他回答说:"印度就给我们提了很多要求,涉及农民抗议行动、某些批评政府的记者,并威胁说'我们可以关闭推特在印度的业务',那可是一个非常大的市场;'我们将搜查你们雇员的住所',后来确实那样做了;'如果不听话,我们会关掉你们的办公室'。这就是印度,一个民主国家!"印度政府则声称多尔西在撒谎。[3]

更普遍地说,即便是那些对政府没有特别好感的企业,也可以被说服在媒体运营中遵守规矩,因为政府手里有各种各样的胡萝卜加大棒可用,包括合同、许可证和税收稽查等。企业界很少对政府的预算或政策发表批评意见,就很好地证明了他们当前对政府的顺从态度。

如果某家出版商傻到不约束勇于批评的记者,与政府关系密切的企业可能会被说服去收购该出版商。在这些权力的阴影下,主流媒体中坚持批评态度的人遭到解雇,沦落到以小众网站为生,也就不足为奇了,毫无疑问,某些政府机构在滥用权力方面肯定更为过分。要想在印度成为政府的批评者,你必须勇敢无畏并有独立的收入来源,或者愿意忍受经济上的窘迫。于是许多人很自然地选择为政府叫好,而抛弃自己的信仰。

用立法来解决这一问题是不可能的。在以追求独立为社会常态的国家,政府对批评者的惩罚行动会被自由媒体曝光,以维护言论自由。但在以圆滑顺从为社会常态的国家,独立的批评者会被送上断头台,并且没有人敢于关注或至少敢于公开讨论。

印度能采取的行动,除了鼓励那些展示自身独立精神的人,就是把政府的奖惩操作空间限制在真正必需的范围内,并要求显著提升透明度。例如,很少有发达国家让政府出资刊登大量的头版广告,以称颂全国和各邦政治领导人取得的成就。这些具有政治造势性质的行动是由纳税人出资,却把大量好处交给了执政党。为什么不能要求所有的政府广告都必须具有公益目的(如劝告民众接种疫苗),并且不刊登现任领导的照片或姓名?此外,为什么不能要求政府广告按照媒体销量成比例地投放？这样可以消除由政府掌握的扭曲性的庞大利益输送机制。

当然，无论是谁掌权，现任者都没有激励改变这一状况。推动变革需要一场同心协力并坚持不懈的社会运动，以揭发现有的媒体俘获模式，让那些浪费纳税人的钱财为自己贴金的领导人名誉扫地。

审议权、任命权、奖惩权

印度人在族裔、种姓、语言、宗教和文化上呈现高度的多样化。当一个国家的民众之间存在巨大差异时，决策必须高度重视不同的利益群体，并在其间居中调和。民主制度有利于开展协商，让愤懑不平的人发泄怨气，得到安抚。印度每天都发生一些小打小闹，总比让这些不满情绪汇聚成集体愤怒要好。为此，印度需要一个运转良好的议会和发挥实质作用的反对派，使各方可以发表意见，开展辩论。近年来，占据压倒性多数席位的政府压制了批评性的讨论，而心有不甘的反对派则阻碍了议会的正常运转。

正如法学家塔鲁纳布·凯坦（Tarunabh Khaitan）所说的，尽管反对派领导人不能被当作政府的组成部分，却应该被视为国家的组成部分。[4] 反对派领导人应该随时了解政府的运转状况，并有权要求国防部门、情报部门和行政部门的负责人及官员提供简报。这样做会强化国防队伍和官僚机构忠于国家的意识，而不是只对执政的个人或党派负责。凯坦提出的另一项重要建议是，在议会召开期间，反对派领导人应该在每周的某一天掌握议程主导权，让来自反对派的副议长主持会议，此时将不举行或者不允许举行投票，但可以发表批评意见，以避免过分忠心的议长偏袒政府。

印度的政府机构还需要有更强的独立性。其中一种制衡政府的安排是司法体系，尤其是最高法院。宪法专家格兰维尔·奥斯汀（Granville Austin）指出，为印度制定宪法的制宪会议认识到了独立司法体系的重要性，并在这个议题上花了比其他任何议题更多的讨论时间。可是，印度的历任法律委员会都发现，宪法规定的法官任命程序并不能杜绝政府的影响。[5] 最知名的政府干预案例或许是康纳（H. R. Khanna）法官的例子，当政府在1975年的紧急状态期间独揽大权时，印度最高法院在贾巴尔普尔案（ADM Jabalpur）中支持了政府的立场，允许在紧急状态下压制公民的基本权利。康纳法官是唯一勇敢站出来反对最高法院多数派意见的成员。接下来当首席大法官的职位出现空缺时，他被绕过未获晋升，此举给法官传递了明确的信号。

随后，通过一系列判决，法官从政府手里夺回了任命权，详细情况这里不做赘述。如今的任命程序是由首席大法官为首的法官合议庭负责，首席大法官职位空缺时则由最资深的在职法官接替。

印度政府曾尝试通过立法夺回部分任命权，但最高法院捍卫了自己的特权。有理由认为，如今的最高法院掌握了太大的权力，并且不对任何人负责。这在民主国家中从来不是好事。但除非建立一套不会被政府破坏的透明的任命程序，否则印度只能接受当前的次优安排。

当然，独立的人事任命程序并不能确保机构的独立性。首席大法官一经任命，就掌握了巨大的权力。[6] 最高法院在满额时共有34名法官，其受理的案件根据涉宪重要性的不同，安排2~9位法官来审理。法官们有各自的倾向，例如有人始终支持死刑，有人一向主张减刑。因此，决定由哪些法官负责哪些案件（所谓值勤表）的首席大法官在某些时候能有效影响案件判决。

首席大法官还掌握着其他许多权力。鉴于此，政府很想用各种好处来拉拢和影响他们，例如退休后在印度联邦院（上议院）

第5章 面向21世纪的治理：结构 79

的席位、某个委员会的主席职位等好处，当然也有报复措施作为威胁，如对过去可能的劣迹展开调查等。不是每一位首席大法官都能抵制这种压力，所以他们的大权独揽就成为最高法院的重要缺陷。

要想完全消除政府可能影响首席大法官的一切渠道是不可能的，关注点或许应该放在缩减大法官的自由裁量权方面。例如，前财政部长和最高法院律师奇丹巴拉姆（P. Chidambaram）曾建议，把最高法院分拆为一个只处理宪政问题的宪法法院以及五个处理下级法院事务的上诉法院。[7] 缩小最高法院职责的规定还可以减少其超越职权范围施加干预的激励，并减少案件的积压。另一种可行选择是通过抽签确定案件的负责法官，而非由首席大法官负责确定人选。

更广泛的观点是，增强政府行使任命和奖惩权力的透明度以及大大压缩自由裁量权可以提升国家机构的独立性，让它们保持对政府的制衡。与此同时，印度还应该防范机构内部不受约束的权力集中。

在这里需要区别对待一些机构。某些机构在运作中必须保持独立，如印度央行，应该允许它采取一切必要措施来履行控制通胀和金融不稳定风险的使命。但在若干发展议题上，印度央行也必须配合政府的行动，如扩大面向贫困人群的金融服务覆盖面等。在此类议题上，完全的独立性既非必要，也未必可取。政府在任命此类机构的高层领导上可以发挥合理的作用。

然而，针对可能经常被现任政府当作工具的中央调查局或执法局，还有中央信息委员会（发挥制衡政府的作用）之类的机构，高层官员的任命应该由更加独立于政府的委员会负责。这样的委员会可以吸纳具有专业背景的独立知名人士，以平等的方式由政府和反对派领导人分别提名。此外，民间组织还应该审查政府提出的降低独立机构负责人级别的提议,因为级别更低的负责人发挥的影响力往往会减弱,自身也更容易受到影响和压力。

最后,一个充满活力的社会需要各种政府以外的机构来帮助分配权力。各个政党可以对自己的威权型领导人形成制衡,而党内民主的缺失会妨碍这种机制。我们或许应该要求在选举委员会登记的每个政党都举行正规的内部选举,才能推出参选代表。一个合理的目标应该是避免政治领导人把权力过分集中在自己手中,导致他们长期控制自己的政党,而不顾实际支持率。

非政府组织等民间机构同样能发挥作用,包括在政府孱弱或缺位的情况下发挥替代作用,正如我们在 2021 年 3—5 月的第二波新冠疫情中所见的情形。在印度,此类组织需要得到更好的法律保护,以防范政府的肆意打击,例如针对不听话的机构,断绝其资金流或者实施税收突击检查等。民间组织能够丰富民主生活的内容,加强对现任政府的制衡,尽管会给当政者带来麻烦,却有助于国家的长远利益。站在政府的对立面应该受到保护,而站在国家的对立面(这种说法在印度被用来暗示叛国行为)则不受保护,如何区分它们至关重要。

分权化

一般原则

印度尽管有联邦架构,却是高度分权化的国家。关于联邦政府与各邦之间的相对权力归属,依然存在争议,有时甚至涉及宪法,例如关于联邦政府任命邦长的权力、德里以及查谟和克什米尔地区的地位等。联邦政府还有权在全国紧急状态下替代邦政府的职能。因此,独立的最高法院再度成为确保威权主义联邦政府不至于压倒各邦的关键。

印度今天虽然有强势的地方政党，但占据支配地位的联邦领导人仍掌握着众多正常途径的权力杠杆，不仅可以操纵联邦政府和自身党派控制的各邦，还能压倒反对派控制的各邦。这些机制包括联邦政府任命的邦长、联邦控制的调查机构以及联邦向各邦提供或收回财政转移支付和担保的大权等。因此，威权主义政府可能导致决策向联邦集中，而对联邦决策过程的制衡严重不足。

在早期发展阶段，最优的政府政策选项相对比较清晰，也更多带有普遍适用的特征，例如修建公路和铁路，取消进口投入品的关税等。即便如此，正如中国的经验所示，可能还需要地方政府灵活解释中央制定的规则，才能促进当地的创业活动。而印度现有的联邦集权式官僚机构并不允许根据各地情况做足够因地制宜的治理调整。

随着经济的发展，集权的问题会越来越突出，因为复杂的大规模经济体面临的经济挑战很少有简单的答案。基础设施建设必须响应本地的需要，过度建设可能导致不可持续的过度开发。例如，喜马拉雅地区的焦希默特镇（Joshimath）的许多地方正出现沉降，当地居民指责这是若干开发项目导致的后果，包括公共部门企业印度国家电力公司（NTPC）的塔波万—毗湿奴加德（Tapovan Vishnugad）水电站项目，联邦政府的查尔达姆公路拓宽项目（Char Dham Pariyojana）等，后者在脆弱山区肆意开挖山体。[8] 在印度当前的发展水平上，相比自上而下抛出的一刀切解决方案，地方利益相关方之间通过更民主的协商完全可以得到更好的结果。

从联邦到各邦

印度的联邦架构使得联邦政府和各邦政府可以被不同党派把持，这有助于将权力从中央政府分散到更接近公民的地方政府。正如宪法设想的那样，某些治理机构（如警察、监狱，有趣的是还有基层政府）完全属于各邦的职权范围，更多的机构（例如国防部门）完全属于联邦政府，还有些（例如教育部门）处在并行的职能列表之中，联邦和各邦都可以制定法律法规。

如今的一个重要分歧是关于资金来源。每五年设立一次、负责在联邦政府与各邦政府之间分配税收收入的财政委员会（Finance Commission）通常把越来越多的资金划拨给各邦。尽管强势的联邦政府可以重新划分收入，把资金留在自己手里，并且有各种办法照顾执政党把持的各邦，却很难完全违背财政委员会建议的精神。这也是在展望未来的时候，必须确保财政委员会的成员任命真正独立于联邦政府或各邦政府的原因。

分权化不仅是权力的下放，还应该给予各邦尝试自己的政策、分享成功经验的操作空间。例如给公立学校的儿童提供一顿营养餐的午餐项目，起初被抨击为没有价值的民粹主义的免费附赠品，但实施后发现它非常有助于改善贫困家庭子女的健康和营养，并且鼓励父母把孩子留在学校。[9]第一个实施该项目的地区是泰米尔纳德邦，始于20世纪60年代中期。如今，该项目已普及到所有邦，并得到联邦政府的支持。类似地，广受欢迎的国家农村就业保障计划起初是马哈拉施特拉邦发起的，规模较小，后来发展为在国家层面提供安全网的有效措施。

计划委员会（Planning Commission）是负责起草印度五年发展规划的机构，过去经常遭到的批评便是给各邦制订一刀切方案，不鼓励开展实验。不过，计划委员会也一直是一个让联邦和各邦可以分享儿童营养午餐项目之类的政策措施实施经验的场所。在现任政府撤销该委员会之后，印度需要为开展此类对话寻找新的场所。由总理出任主席、各邦首席部长作为成员的邦际委员会（Inter-State Council）并不经常召开会议，而且层级过高，不适合推动有意义的对话。相比之下，由联邦财政部长担任主席并包含每个邦政府代表的商品与服务税委员会（Goods and Services Tax Council）之类的机构，则允许开展激烈讨论并分享经验。让此类机构在各种议题上更多协调联邦政府和邦政府之间的对话，对印度的发展将有利无害。

从邦到基层

印度宪法起初并没有明确规定村级或市级政府的权限、资金和人事。虽然甘地盛赞乡村共和体制的优越性，印度宪法的主要设计师安贝德卡尔博士却坚信乡村是"地方主义的深坑、愚昧、狭隘和社群主义的巢穴"，只有让更为开化的联邦政府和邦政府掌握权力，才能让印度步入现代化。安贝德卡尔的观点在制宪会议中占据上风。直至1993年的第73和第74宪法修正案开辟了设立村务委员会（panchayats）和市政委员会（municipalities）的可能性之后，印度才有了对第三层级政府的宪法要求。

经济学家拉贾·切利亚（Raja Chelliah）写道："每个人都喜欢分权化，但只希望分到自己所在的层级为止。"实际情况表明的确如此。宪法修正案迫使各邦建立第三层级政府，并确保对这些机构的定期选举，但没有要求各邦向该层级政府转移职能或者资金（或允许它们通过地方税来筹集资金）。[10] 喀拉拉邦等部分邦给基层政府授权，而其他一些邦普遍来说做得很有限，从而导致基层政府官员在胜选之后往往没有太多事可做，流行的网络连续剧《村委会》就描述了这种窘境。事实上，邦政府有时还会设立一些平行管理机构（如地区发展委员会或水务委员会等），而不是让基层政府承担相应的职能。印度许多城镇破旧不堪的部分原因就在于当地市长没有得到所在邦的足够授权，尽管国家的很大一部分收入来自那些地区。

权力过分集中到邦政府高层与权力过分集中到联邦几乎同样

令人担忧,把政府职能、资金和人员下放到基层政府已成为关键所在。各邦正变得越来越大,难以从首府实施有效治理。如今的北方邦有近 2.4 亿人口,约为美国人口的四分之三,而后者被划分为 50 个州,包含数千个县和市镇。勒克瑙(北方邦首府所在地)的政府官员如何为每个偏远村庄制定合适的政策?村民又如何要求这些官员对自己负责?

分权可以让公共治理灵活响应地方需求,让被治理对象有效影响治理方式。基层政府会采取传统办法,用蓄水池来储水,用土地斜坡来补充地下水位,而非寻找全国性承包商,让他们的工人负责修建大型水电站。传统办法可能更具环境可持续性,它借助当地的劳动力和小型承包商,工程质量也会处在受益群体——当地民众——的时刻监督之下。

在各个基层政府尝试不同的解决方案时,它们能从各自的经验中获益良多。从各种解决方案中找出优秀案例,让各基层政府借鉴并根据当地情况做出修订,可以显著改善治理效果,尤其是当政策制定以实操经验作为基础的时候。

拉吉夫·甘地总理不仅通过了扩大基层政府权限的宪法修正案,还坚信基层政府会让更多民众参与竞选和担任代表,从而成为民主制度的训练场。实际情况显然证明了这一点,数百万基层当选代表正在发出声音,表达自信,包括许多在过去未被充分代表的少数群体,如女性。与中国把业绩突出的基层公务员选拔到更高职位上类似,印度的公务员一旦有了充足的资金和职能要求,也可以借助自己的业绩去争取更高的职位。因此,基层政府确实可以成为培养更高政治官员的出色训练场。

反分权化人士提出的一类批评意见是,基层政府可能既无能,又腐败。这样的观点并不新鲜,也不限于印度。基层政府的公务员并不通过全国性考试招聘(那样会大大增加申请人数量,可能导致被选中的候选人有更高的素质），但他们对如何开展工作有丰富得多的本地经验和知识。另外，可以要求他们对当地的治理结果负责。这样一来，相比某位尽管聪明却未必能够在短暂任期内适应当地实际情况的公务员，基层公务员的决策通常会更加顺应当地民众的需要。

最后，没有理由认为基层公务员必然比睿智的外来者更加腐败。在一举一动都被邦政府和当地民众监督的情况下，基层公务员很可能更为廉洁。关键是要让当地民众重视此事，这要求公务员掌握能够帮助大家的一定的权力，并且让当地民众知晓情况，了解公务员的所作所为，包括其获得的资金数额与支出去向。

数据、透明度与民众的权力

行之有效的情形

俗话说，数得清才能管得好，例如中国的地方政府官员因促进了当地的经济增长而获得提拔，这会形成相应的发展激励。但如果地方经济增速没有被准确测算或者容易被操纵，这种机制就无法实现。

数据还能帮助我们校准航线。在经济发展普遍面临的复杂环境中，政策必须根据数据和反馈调适。有威权主义倾向的政府不喜欢可能暴露弱点的数据或者听起来像批评的反馈，因为这些信息表明他们也容易犯错误。那样的政府会拒绝收集一切不利于自己的信息，由此导致的不当后果是，他们只能在黑暗中摸索前进，难以校准航线。

更具自下而上属性的数据收集和使用必然需要向民众赋权：把有关政府作为或不作为的影响的数据公之于众后，包括独立专业人士在内的广大民众会做出反应。通过新闻媒体与其他渠道，他们可以就问题的原因与后果展开讨论。这些讨论可以得出改进意见,供政府借鉴施行。如果政府拒不理会,而相当多民众对问题感受强烈,那么他们就可以组织起来,向政府施加压力。民众发起的非暴力抗议行动,如我们时常在新德里的传统抗议场所简塔·曼塔天文台看到的,在民主国家并非异常现象,而是其本质表现,甘地甚至将此称颂为社会和民族国家的基石。

政府向民众赋权有助于减少腐败,这方面的一个案例来自乌干达。[11] 该国过去把薪酬之外的学校教育支出都划拨给地方政府处理,结果平均而言仅有 20% 的资金被分配给学校,其余的都被负责分配拨款的贪腐地方政府官员和政客所窃取。为打击这种风气,中央政府发起了一项媒体行动:公布每个月向每个地区划拨的经费数额。相关研究表明,结果不仅使学校平均获得的拨款占比提升到 80% 以上,而且对于更靠近新闻媒体且教师负责人对该行动了解更深入的学校,得到的拨款占比明显更高。学生的入学率和考试成绩也均有显著提高。由此可见,受益人(教师)掌握的信息增加,知道有多少资金流入自己所在地区,可以给地方政府官员造成压力。民众的权力确实发挥了作用。

技术手段使得这一巧妙方法中的各个环节变得更加可行。联邦政府或邦政府可以在网上发布和获取信息,基层社区则可以安排成员参与监督并与基层政府分享经验。与过去相比,今天的这些做法更有希望实现有效的分权。

班加罗尔有一个网站(IPaidaBribe.com),由社区活动家斯瓦蒂·拉马纳坦(Swati Ramanathan)创立。该网站鼓励民众披露他们不得不行贿的情形、拒绝行贿的情形,以及遇到的并不受贿的廉洁官员,另外还会发布最容易发生腐败现象的地域和社区的综合报告。他们有一个由退休政府高官组成的网络,通过分析民众的报告,来揭露和纠正民众所称的各种问题。

行之无效的情形

数据链、透明度和公开讨论形成的任何链条一旦断裂,就会让民众的权力难以发挥影响。如果没有治理业绩的准确数据,民众将难以判断政府的工作表现是好是坏。在许多时候,他们会给予政府无罪推定,从而让政府产生在所有不利情况下压制信息的激励。此时,由于政府内部了解真实情况的人也很少,政府还可能自我误导,例如由于误信本国民众更不容易感染病毒,印度各级政府在第一波新冠疫情后撤销了相关的医疗措施。

有时候,政府甚至不收集相关信息,也就没有必要隐瞒情况。例如,印度在过去六年中没有收集消费数据,2017年的最后一份报告则被扣发,或许是因为泄露的版本表明贫困率有所上升。[12] 印度最新一份普查数据来自2011年,新的十年期普查被搁置。非经常性收集的就业数据充满噪声,往往不符合民众的现实感受。所以,政府决策者与研究人员难以利用就业数据来分析经济的起伏,以及据此采取行动。我们再次看到,当民众的消费减少,就业岗位创造数量不足时,数据匮乏在政治上可能有用,却大大增加了政策制定的难度。

印度政府不仅控制数据的收集和发布,有时还找借口限制批评自由,例如以限制仇恨言论的名义。如今,印度警方经常对批评政府领导人(如总理或邦首席部长)的人提起诉讼,理由是某些人(通常来自领导人所属的党派)认为自己的情感受到了批评言论的伤害。尽管这些诉讼很少定罪,但追究过程本身形成了一种惩罚。把批评者关上几天再被保释出去,已经足以制造威慑。然而,政府领导人可以肆意批评其他人,丝毫不担忧因为造成伤害而被捕。印度司法系统在处理情感伤害案件中的问题在于当权者可以决定"伤害"的具体定义,由此导致不公正。除非言论实质上鼓动暴力，否则司法系统应完全不采取行动。

更常见的是，现有司法系统可能导致对国民滥用权力，而无有效制衡。例如《防范非法活动法》[Unlawful Activities（Prevention）Act] 授权政府不经过任何司法程序而把个人定性为恐怖分子，然后，被指控者几乎得不到保护（如假释）。《反洗钱法》（Prevention of Money Laundering Act）允许各邦在调查的任何阶段扣押嫌疑人的财产，这可能让无辜民众承受生计的艰难。在很多时候，人们尽管最终被判无罪，却可能在羁押状态下进进出出几十年。[13] 当然，政府由此可以实现打压一切抗议行动的目标。

在讨论和抗议受到压制时，公众的感受可以进一步压制异议。政治学家铁木尔·库兰（Timur Kuran）发明了"偏好伪造"（preference falsification）这一生动说法，用于描述人们在感知公共舆论压力时，刻意掩饰其真实认知的行为。例如，苏联有很大一部分民众对当时的状况不满，但许多人不敢公开表达自己的观点。直至苏联因为几十年治理不善和缺乏有效反馈而最终解体之后，民众才意识到其他人原来同样心怀不满。由于这些看法从未被公开表达，政府一直不清楚失望的普遍程度。[14]

改革者必须逐一考察链条上的每个环节，从获得独立和准确的数据，到表达抗议的空间，然后着手改进。警察和调查机构需要更好的培训，但并不需要借助殖民地时期的粗暴法律来对抗人民。许多给政府赋予严刑峻法大权的法律起到的作用弊大于利，应该予以废除。印度联邦政府最近启动了一项重新审查大量刑法条文的工作，但某些专家认为最终结果会导致更为严苛的法律。[15]

印度的法院已开始惩罚那些工作潦草、办事偏颇的政府官员和机构。如果法院举措得当，这会带来一个好的趋势。总而言之，要让公共治理有效运转，我们就必须弄清楚哪里出了问题，偶尔还要在政府拒绝响应时把问题公之于众。印度在未来迫切需要更为高效的公共治理，没有理由继续压制批评意见。

政府能力

这就把我们带入结构讨论中的最后一个议题：政府能力。政治学家德韦什·卡普尔（Devesh Kapur）曾指出，印度政府的规模过小，特别是基层政府。这个观点可能会让许多从小就坚信印度官僚机构臃肿不堪的人感到惊讶。印度官僚机构或许的确臃肿，但表现方式比较特殊。

卡普尔估计，2014年，包括铁路和银行等公共部门企业在内，印度联邦政府的雇员人数在全国人口中的占比约为每1 000人4.5名公共雇员，比1995年的8.47名显著下降。[16]美国在2014年的联邦政府雇员占比为每1 000人8.07名，比1995年的10.4名有所下降，但公共部门企业的就业人数较少。当然，富裕国家的政府规模往往更大，因为它们要提供更多服务，包括维护强大的社会安全网，但这也表明印度联邦政府从人事角度看并没有过分臃肿。

事实上，基层政府的人员不足尤其严重。卡普尔引用的数据显示，中国和美国有大约三分之二的公共雇员在基层政府，而印度的比例仅有12%。类似地，印度基层政府的支出仅占政府全部支出的3%，而美国是27%，中国达到51%。[17]虽然各国对支出的分类标准并不一致，但这样的差距已足够令人惊心。因此，如果把各个层级的政府都考虑在内，印度的政府雇员人数显得太少，即便相对目前的发展阶段来说也是如此，且雇员数量仍在萎缩。实际上，公共部门在全部雇佣就业中所占的比重从1999年的26%大幅下滑到2020年的11%。[18]

经济学家奇伯与索兹也认为印度的政府雇员人数较少，但他们发现，如果合并税收和非税收入，再加上巨额财政赤字的支持，那么印度的政府支出几乎与富裕国家比肩。从这一角度看，印度公共支出的效果不太好，有给政府雇员提供过高薪酬福利的倾向。例如在2019年，中国普通中学教师的工资与人均GDP的比值约为0.76，亚洲经济体的平均值约为1.1，而印度超过1.7，印度的公立学校更是接近3。[19] 也就是说，印度公立中学教师的收入是全国平均收入水平的3倍以上。与之类似，国际战略研究所（International Institute for Strategic Studies）报告说，印度2023年国防预算的53%用于发放薪酬和退休金，留给国防采购和基础设施投资的部分很有限。[20] 相比而言，按彼得森基金会（Peter G. Peterson Foundation）的估计，美国国防开支中的这一比例要低得多，2022年仅为24%左右。[21]

政府雇员的高薪同时意味着印度不存在缺乏高素质人才参与公共服务的问题，例如在2021—2022年，有近300万人参加联邦公务员考试，其中3 559人被录取，大约每850人有1人入选。而在1950—1951年，参加申请的仅有24 680人，其中2 780人被录用，差不多是每9人选拔1人。[22] 近期有一部恰如其名的网络连续剧《有志之士》（Aspirants）生动描述了公务员报考人的艰辛，他们该多么羡慕当年的录取比例！

然而令人惊奇的是，尽管有如此多的才俊慕名而来，每一层级政府中仍有大量职位空缺，尤其是在基层。例如近期对遍布全印度的160个地区的一项调查发现，主要的基层行政管理机构街区发展办公室（Block Development Offices）职位空缺率超过40%。[23] 部分原因可能是经费不足，因为政府优先考虑其他方面的开支（印度每个层级的政府都处于赤字运行状态）；还有部分原因可能是尽管申请人数众多，满足招聘要求的人却不够，尤其是对于发展管理人员、医生、教师和监管人员等职位。

所有这些情况造成的后果是，地方官员往往能力出众，却任务过于繁重，于是他们只把重心放在最急迫且最容易考核的事务上。显然，灾难事件往往既情况紧急又会被媒体密切追踪，所以政府在灾难控制和救助方面变得颇有效率。类似的还包括有时间限定的事件或计划，例如大壶节的庞大物流组织工作，在一个小地方密集接待数百万朝圣者，以及给多达10亿民众安排新冠疫苗接种；或者目标监督比较明确的某些项目，例如"清洁印度使命"项目要求的厕所修建，这些任务一旦启动，都能高效完成。可是，期限较长、业绩难以衡量的项目的实施情况就不理想，如提供优质的小学教育和医疗服务等，稍后我们还将对此展开讨论。

由此得出的一个结论是，印度在处理位于前沿位置的现代经济体面对的更复杂议题时，需要更多专业人才。贸易谈判最好交给熟悉贸易经济学、在实操中有多年经验并且了解世界贸易组织规则和贸易协定的人。公司欺诈调查最好交给有法务会计背景的调查员，当案子提交法院时，法官应该具有公司法规和金融领域的专长。刚开始专家的横向入职非常困难，因为在体制中沉浸多年的人往往会抵制外人的加入。本书作者拉詹在印度财政部和央行曾安排过横向人才引进，对此深有感触。但印度仍需尝试并持续推进这些工作，因为印度需要各个领域的专家。另一种办法是把现有体制内的人送去培训，作为他们下一步职业发展的准备，而非可有可无的走过场。

公共治理结构与经济发展之间通过错综复杂的作用机制形成因果联系。为提升政府能力，政府的组织形式和责任都需要与时俱进。印度的政府结构基本上是在20世纪中叶设计而成的，本章粗略地探讨了一些急需改进之处，下面将从政府结构转向对流程的分析。

第 6 章　面向 21 世纪的治理：流程

截至目前，我们讨论的是如何改变政府结构，使之能更好地引导印度在 21 世纪的走向这一话题。不过，政府在现实中又该做些什么？我们这里的目标不是列出一份百科全书式的完整改革清单，其他一些精彩著作已有过概述。[1] 我们希望为治理改善概括若干基本原则，这些原则至少能对绝大多数改革适用。

迫切需要的改变之一是把重点从补贴和转移支付转向提供公共服务，包括高质量的教育和医疗。印度还需要改善营商环境，建立能帮助企业繁荣发展的赋能框架，包括帮助前沿产业的初创企业。监管是营商环境的一个关键要素，如何在监管过度与监管不足的双重危险之间顺利前行将是一个挑战。在新时代，监管试点或许有助于在日益复杂的经济现实中找准合适的政策。竞争是一个需要时常关注的领域，以确保竞争环境能容纳新人与创新，防止私人部门或公共部门的在位者掌握不公平的优势。最后，为尽量减少裙带资本主义这一始终困扰印度的威胁，我们还需要让竞选筹资透明化。

公共服务与定向福利

印度在历史上高度重视有明确短期效果的定向干预。对民众而言，这意味着把资金、粮食、机器或者特定席位和岗位转移给目标受益群体。让我们用"定向福利"（targeted benefits）一词来描述给受益群体带来的即期好处。与之相比，改善教育和医疗服务等公共服务的努力会给国民和经济运行带来更长期的好处。对产业界而言，政府每次制定预算前都会与产业界代表会商，各个产业则会借此要求特殊优待、补贴及关税保护（或者作为进口商要求削减关税）。很少有人推动能够让所有产业部门获益的整体营商环境的改善。于是，政府预算往往侧重照顾在前几周的会商中最具游说力的产业，而不能反映更广泛的意见。无论政府是专注于帮助居民还是企业，它为什么会表现得如此短视和偏袒呢？

直接原因或许在于印度在很穷的时候已经成为一个民主国家。政治学家德韦什·卡普尔认为，印度这样"早熟"的民主国家会优先考虑定向福利，而非提供公共服务。[2] 迈伦·维纳则指出，在印度走向独立时，政治上占据优势的上层种姓的地主阶级或许不认为农业工人及其子女需要教育。由于当时在农业之外的就业岗位极为稀少，劳工自己也未必觉得受教育有什么用。初始的财政分配格局一旦确立，就会变得僵化，部分源自惯性，部分则是因为现有格局的受益群体的捍卫。加上早年的经济增长速度缓慢，政府预算有限，培养有文化的劳动者的需求不强烈，也就很难把政府资金配置到教育（特别是小学教育和职业技能培训）上。历史进程真是影响深远！

这就造成了恶性循环。由于政府的基本医疗服务在初期资金不足、质量低劣，中产阶级往往去私人诊所看病。假如这些有一定话语权的中产阶级使用公共服务，他们原本可以成为推动公共服务质量改进的重要力量。愤怒的企业家或会计可能严厉斥责没有按时到岗的公立卫生所的医生，这是贫困的农民不太敢做的事情。而在中产阶级放弃公共服务后，公共服务质量变得停滞不前，因为只面向穷人的服务不会有多高的品质，经济学家劳伦斯·萨默斯就讲过其中的道理。

此外，由于中产阶级看到自己从政府获得的好处很少，他们的纳税激励会随之减弱。在某些国家，逃税是可耻的事情，不能让邻居知道。然而当民众发现政府拿着征收得来的税不干正事的时候，逃税就会被社会普遍接受，甚至变成值得吹嘘的本事。由此造成的税收减少会制约支出，进一步削弱政府办事的能力。

可支配的资源有限，加上选民因为种姓和宗教而四分五裂，使得政客越发缺少提供公共服务的激励。在邦层面，资源的配置过于广泛和被摊薄，难以优待政客想照顾的选民，特别是在下次选举前的有限时期内。另外，所有的改进措施都必须穿透许多层级的政府，需要任务繁重的官员付出极大的精力。

教育和医疗服务在邦层面的质量改善不容易被测量，更难以被推广。例如，需要较长时间才能确认病人健康状况的改善。当然粉刷一新、环境清洁和库存充足的公立药店如果能按时开业并且有药剂师在场满足顾客的需求，会更加容易引人注意。但这些好处主要局限于当地，很难体现到邦和全国的统计数据中并被传播推广。

因此，印度的政客更喜欢给自己的选民提供即期和可见的好处，并希望借此得到承认和奖励，而非致力于改进公共服务。以高于市场定价收购谷物等优惠措施一经实行，对受益者会产生立竿见影的影响，于是这些做法在日后将很难改变。[3] 事实上，当印度农民在 2020 年发起抗议行动，反对重振谷物市场的农业法改革的时候，一个主要担忧就是在大批有政治影响力的农场主把收获的谷物卖给私人公司和商贩之后，政府可能终止以高于市场价格的支持价格收购谷物的做法。[4]

值得玩味的是，体制内的渐进式改革可能进一步固化了对定向福利的偏袒。过去的福利分配并没有做得很好，例如，政府配给站的负责人会从提供给穷人的粮食中揩油。感到绝望的穷人于是向当地政客求助，让后者给配给站负责人施压，以公平对待顾客。作为回报，政客希望获得当地民众的选票支持。但讽刺的是，随着技术进步改善了定向福利的发放，利用配送和销售数据能更好地监督配给站负责人，人们将不再需要当地政客来发挥作用。如今，各邦和联邦的高层领导可以借助定向福利发放（如现金转移、修建厕所、提供粮食和煤气罐、发放教育贷款等）来凸显自己的形象，与选民直接建立人际联络。新的印度福利国家制度由此变得更为廉洁，却也放大了高层政治领袖的光芒，因此他们减少公共服务供给并更多向定向福利倾斜的激励可能会加强。

然而，现有工作岗位要求的技能和教育提升也增加了公众对高质量公共服务的需求。一个获得授权的强大基层政府应该能发挥作用，村务委员会的民选领导人，即村长（sarpanch）可以通过改善当地基本医疗中心而获得赞誉，让选民亲眼看到和亲身经历其带来的好处，村长也能在下次选举中得到回报。让民众掌握更多关于公共服务质量的数据和信息，例如学校的考试成绩，也可以给当地政府施加压力，以改善服务质量。当然，尽管我们对诸如无限制免费电力供应之类的直接实物福利持怀疑态度，但直接发放现金可以给极端贫困人群赋权，例如让他们通过货币来选择私人部门的服务供给方，而非政府部门，由此可以通过竞争来约束公共服务供给方。把这些行动结合起来，将有望提升公共服务的品质，尤其是面向极端贫困人群的服务。

关注框架设计，而非直接干预结果

长期以来，印度政府试图决定应该推进哪些部门的发展，企业应该有多大规模，应该采用何种性质的资本装备以及应该如何安排所有权等。今天的干预则采取关税保护加与生产挂钩的激励，由联邦政府针对特定行业的大企业实施，对于哪些行业应该获得保护或补贴以及给予保护或补贴的原因则没有明确的阐述。印度过去的经历表明，政府并不擅长做此类选择。

政府与其通过给企业提供优惠去影响结果（尽管每个获益企业领导人都会信誓旦旦地表示自己值得奖励），不如致力于创建赋能框架。例如，政府可以提升现有劳动力的素质（通过教育和职业培训等公共服务），提供有价格竞争优势的电力、水资源、宽带、快速物流以及其他相关基础设施。企业还需要适度且可预测的关税等税收、相对稳定的监管和法规，最好不繁重但有效率。如果土地规划清晰，所有权明确，征地和规划调整能够公平、透明和高效地推进，平价住房等关键物质基础设施的开发将变得更加容易。把所有这些结合起来，我们可以给新企业的创业和公平竞争创造理想的条件，从而为提高生产率和增长率带来最大的激励。

这些工作不需要政府选择扶持制造业还是服务业，或者遴选制造业中的特定部门。虽然政府必须对稀缺资源的配置做出选择，但基本上应该不预设立场，而是让企业家来决定该重点拓展哪些部门。当然，某些部门或许需要只有政府才能提供的特定政策或基础设施，例如印度堆栈（India Stack）就是由政府创造的非常高效的公共基础设施项目。

印度堆栈

2009 年，印度联合进步联盟（United Progressive Alliance）重新胜选执政，本书作者之一拉詹在当时出任曼莫汉·辛格总理的经济顾问，他联合后来获得诺贝尔经济学奖的阿比吉特·班纳吉（Abhijit Banerjee）以及世界知名管理学大师普拉哈拉德（C. K.

Prahalad)撰写了一封信,提出新政府在首个百日执政期里可以采取的部分举措。其中一条建议是,政府应该推进讨论已久却被繁杂官僚程序阻滞的统一身份证项目。那封信是否发挥了作用,我们不得而知。但辛格总理确实灵机一动,说服了印度最大的软件服务公司之一印孚瑟斯的创始人及时任CEO南丹·尼勒卡尼(Nandan Nilekani)来主导这个项目。

尼勒卡尼并不满足于推进世界上最大的身份证项目,他和团队还希望借此来奠定印度数字革命的基础,试图设计出能够支持后续革新的赋能架构。这一点意义重大,因为政府项目在太多时候都过于狭隘和拘束,对激发印度民众的潜力没有多少帮助。事实上,政府项目往往会过分僵化地评估民众的反应,结果难以实现目标。当民众出于习惯而做出不同反应时,政府项目会因为没有适应性设计而措手不及。

印度堆栈这一框架的设计则有所不同,它包含三个层级。第一个层级是身份层级,该层级给每个人分配了唯一的数字代码。这个身份证号码还与每个人的生物特征数据相联系,包括指纹和虹膜扫描等。由于生物特征数据具有唯一性,并且可以对姓名、地址和护照号码等支持性数据做分层处理,这一身份层级能够实现许多用途。首先它可以验证个人身份,支持人们获取银行账户或手机账户,例如在身份证号码支持下,移动通信巨头信实Jio(Reliance Jio)在开业前6个月里就吸引了超过1亿用户。[5]印度堆栈能做的事情还很多,例如通过把个人税收代码与个人身份证号码挂钩这一简单要求,税务部门就可以消灭许多厚脸皮的人为了逃税而设立的大量欺诈性税收账户。

印度堆栈的第二个层级是支付层级。商业交易往往必须通过支付来完成,统一支付接口让任何人都能通过手机应用软件给其他任何人付款,只需要知道收款方选择的化名(比如rohit@econ)、二维码或者手机号码即可，实际付款则是发生在后台，从一个人的银行账户到另一个人的银行账户。该项目是拉詹在2016年担任印度央行行长时启动的，他完全没有预料到，有朝一日遍布印度街头的商贩都会用这个支付接口来收款，仅在2023年8月，就发生了超过100亿笔支付。[6]

第三个层级是数据层级，允许个人把与身份证号码捆绑的数据历史同他们自愿选择的任何人分享。借助"账户聚合器"（account aggregators）等中介工具，个人可以一次性查阅自己的全部账户信息，也可以授权其他人查看。例如，街头商贩可能想把自己的全部客户付款信息同银行分享，以便银行根据这些收入信息批准贷款。在过去，这些商贩的交易依靠现金，没有细致的记录，加上他们没有抵押品担保，因此难以获得贷款来拓展业务，如今则有了可能。有研究发现，在统一支付接口实施后，所在地主要银行较早采用该接口的地区相比采用时间较晚的地区，居民的收入要高出5.8%，成为企业业主的比例要高出1.45%，企业收入要多出19%。[7]依靠自雇收入的居民的受益幅度尤其明显。

很多企业从创办伊始就借助了印度堆栈技术。例如，Zerodha和Upstox是印度资本市场上份额最大的两家零费率经纪商，它们利用印度堆栈的身份层级和支付层级让客户快速登录，以便通过手机开展交易。[8]印度需要让更多的民众投资股票，给企业提供风险资本，也从企业的成功中获得回报。通过降低股票投资成本和进入门槛，印度堆栈给数量更多的民众提供了投资机遇。

支持印度堆栈平台的技术并不算复杂，新颖的地方在于，它在设计中强调了易于接入、模块化和交互操作。易于接入不仅指包括普通手机在内的所有设备都容易采用，而且考虑了接入的成本。在这里，竞争是控制客户成本的关键所在。拉詹在印度央行所做的关于统一支付接口的一项重要决策是，是否仅限于银行使用。银行在当时是主要支付供给方，也试图通过游说来维持现状。还有一个选项是同时向非银行金融机构开放接口，如金融科技企业。尼勒卡尼认为竞争是印度堆栈设计的关键，在他的劝说下印度央行决定允许非银行金融机构利用统一支付接口提供支付服务。如今，印度有大约95%的统一支付接口交易是通过PhonePe、Google Pay（谷歌支付）和Paytm等非银行平台，以至于印度目前正在考虑对它们加以限制，以便让银行能参与竞争！这还给我们带来了更普遍的启示，即框架建设应该着眼于创造公平竞争的环境，让最高效的企业脱颖而出，而不是偏袒某一方或另一方。

印度堆栈的模块化设计让各种各样的应用程序能够被开发出来，并嵌入不同的层级。后来开发的许多应用程序是印度堆栈在最初设计时没有预见的，例如可以储存和选择性分享的医疗病历。最后，对于交互操作性的要求和持续关注确保没有人能锁定客户。每个供应商的系统都必须能同其他供应商的系统以及堆栈平台协同运行。在其他许多国家，私人提供的数字生态系统使得客户无法把自己的业务和数据转移到其他供应商系统，这样就锁定了客户，让供应商能够在日后收取高额费用。印度堆栈则是一套精心设计的公共数字基础设施，让企业很难借助数字技术锁定客户，以促进迫切需要的竞争，刺激增长和提高效率。印度堆栈是赋能框架的绝好案例。

精简旧法规与创建新框架

印度有极其庞杂的法律法规，覆盖生活的方方面面，其中许多是从殖民地时代延续而来。关于精简这些法规、减少官僚程序和相关腐败的话题，已经出版过太多大部头著作，我们对此没能补充太多新鲜的内容。不过，在推动实施方面或许还有些其他办法可供参考。

印度央行采取过一种办法，把涉及某种业务的所有法规都汇集到一套"主循环"（master circular）之中，并且予以定期更新。这让监管者能掌握对被监管者的全部要求，消除其中的不一致之处，也让被监管者知道监管者对自己的全部要求，因此这不是一份轻松的任务。各种政府监管活动都可以采用类似主循环的做法。定期精简主循环的内容，去除不必要的规定，改用态度友好的语句，例如，如果您打算开一家餐厅，下面是必要的操作步骤，这将有效提升监管效率。

官僚机构的弊病之一在于，官员端坐在办公室里，由助理们提供支持，再找其他下属完成各种具体任务，他们从来不曾设想，自己制定的监管规定可能带来何等糟糕的实际结果。或许只有在他们退休后，助理们离他而去，因而不得不亲自经历各种官僚程序的时候，才能够切身感受。如果政策制定者了解不必要的政府监管重负，变革也许会来得容易一些。在印度央行工作时，拉詹认为如果安排高层官员每年有一天到商业银行办理业务，比如开设信托账户，并且不通过助理去做，也不暴露他们的官员身份，那么监管工作的用户友好程度将有望提高。他把该计划称为"一日退休体验"。然而，下属们始终没有安排出具体的实施日期，他至今也不清楚是怎么回事。

印度必须精简现行的大量法规，同时也需要制定新的法规。例如，印度堆栈平台收集的大量数据尽管有控制规范，但仍可能被滥用。在2017年里程碑式的普塔斯瓦米案（Puttaswamy case）中，印度最高法院否决了政府提出的没有基本隐私权的立场，而坚持认为根据宪法，隐私权是"生命和人身自由权的内在组成部分"。[9]之后，政府颁布了一部新的法律，要求企业尊重客户的隐私权。

印度有待改进的地方是，需要采取措施来防范强势政府滥用数据的可能性。政府可能要求企业提供它们收集的客户信息，这种风险会沉重打击密集使用数据的服务业出口。美国政府越来越反对外国人控股的企业在美国自由经营以及获取普通国民的庞大数据。[10] 美国政府担心，这些企业可能无力拒绝外国政府获取美国民众敏感数据的要求，而此类数据会被不正当使用。他们是否会担心，如果法律允许，印度政府同样可能给印度的企业施加压力？

假如没有强有力的数据保护法律，外国企业在利用印度的咨询、税收或法律服务中也可能感到不舒服。印度政府的税务部门认为其征税要求一贯正确且在征税时从不含糊，如果他们开展一次深入调查，从私人分享的数据中搜寻潜在的税收违法行为，会造成怎样的后果？在现有法律下，即便是非法收集的证据也可以被政府用来打击被告。

只有强有力的数据保护，加上对政府调查的限制——仅限于极特殊的案件，并要求法官等独立机构的事先批准——才能最终给予印度人应有的完全隐私权以及外国人所需的信心。就目前而言，调查行动只需要获得一个官员小组的批准，他们毫无动力去约束政府的行为。[11] 由于某些新型网络工具能够让政府机构轻松监控任何人，包括反对派领导人，这种现状尤其让人担心。即使具体执行机构能够抵制部长们实施政治监控（明显不同于国家安全之类的考虑）的压力，也难以约束无耻官员将此类工具用于腐败或任意妄为的目的。正如法学家高塔姆·巴蒂亚（Gautam Bhatia）所述，印度必须从权威文化（政府行动很少受到质疑）向正当文化（政府行动必须被证明是合理的）转型。[12] 只有这样，政府才能更好地为民众服务，印度未来的经济增长同样有赖于此。

监管的执行

从金融科技到人工智能的各个领域，除建立新的赋能式法律体系以外，印度还需要强化监管的执行。前文介绍过印度在仿制药生产方面的成就，2022—2023年印度仿制药出口额达到254亿美元，但目前的药品监管仍存在诸多漏洞。

监管任务部分归属联邦政府，如新药和进口的审批，部分归属各邦政府，它们负责具体监管执行。执行重点是对药品成品的测试，而非生产流程的监督。即便发现了违规，各个地区的数据仍不容易分享，处罚速度也不快。所以，违规者能找到继续经营的办法。

西方国家对此心知肚明。例如美国食品药品监督管理局（FDA）就不信任印度的监管流程，委派自己的调查员监督面向美国市场的印度出口商的工厂。制药商兰伯西在2011年因为违反生产流程，向美国司法部支付了巨额罚金，但麻烦仍在继续，2014年其产品出口被禁止。[13]印度需要改善监管工作，这说起来有些令人尴尬，因为无论如何，为了本国民众的健康也早该如此。

不幸的是，较为贫穷的其他发展中国家没有自身的有效监管来弥补印度的监管缺失。2022年，世界卫生组织警告称，印度一家企业生产的止咳糖浆造成了西非国家冈比亚的70名儿童死亡。[14]这种产品被发现含有过量的有毒二甘醇和乙二醇。令人忧心的是，该企业的产品之前已经在印度喀拉拉邦和越南被发现有质量低劣的问题，驻越南的总领事甚至强调这给国家声誉带来了损害。相反，印度药品管理局负责人对儿童死亡事件的最初反应却是回避责任，宣称该药品曾在政府实验室做过检测，并没有发现有毒成分。他甚至责怪世界媒体发布了不实报道。最终，印度的执法部门突袭了生产场所并将其关闭，但损失已经造成：一位悲痛的冈比亚父亲哀叹说女儿的双胞胎妹妹老是在问姐姐去哪里了。

更普遍地说，印度在精简各个领域的繁杂监管的同时，仍必须严格执行剩余部分的监管。当违规被证实，犯事者必须受到严肃惩罚。这也意味着需要考核监管者的业绩，要求他们对任务负责。否则，企业将承担监管的重负但没有获得任何好处，极少数违法乱纪者会毁掉整个体系的声誉。

试点

在我们建议的发展道路上，印度很有必要鼓励有创造力的新企业和新产业的涌现。对新产业来说有两种相伴的风险：过早的监管行动可能扼杀创新，过度的等待观望则可能导致系统内部风险积聚。例如在加密货币方面，印度的做法是很早就禁止加密货币，将它赶到了影子经济中，美国的做法则是坐视不管，直至其发展成为总值达3万亿美元的大问题。一种中间办法是允许小规模或在特定地区开展试点，由监管方批准或密切监督，这样既能容忍创新，又不至于让整个系统承受太大风险，有时这种做法被称作沙盘演习法。印度必须更多开展此类尝试。

在做出重大决策时，也需要类似的办法。某些决策是应该突然而大胆，还是更加缓慢且深思熟虑，参考各方意见和证据？突然的决策可以动摇既得利益，但会导致它们没有经过详细磋商，往往基于短期政治盘算，这可能带来意外后果，在大型的现代复杂经济体中尤其如此。有理由认为，1969年对大型私人银行的国有化以及2016年的去现金化改革都属于这种类型。

中国人用"摸着石头过河"来描述他们的改革。其含义是，在过河时先探明水中的石头，看看是否稳固，再把脚伸出去。换句话说，改革基本上是渐进式的，先试点后推广，而非迈出没有经过检验的大步子。中国的改革往往在少数地区或特定部门尝试，以了解可能的效果，并解决遇到的问题。等到当局对改革结果有信心之后，再将其推广到全国。

在印度，全国各地也在开展此类试点，因为印度有不同类型的邦政府在实施不同类型的改革方案。然而在任何可能的情况下，试点都应该成为改革建议的重要组成部分。如果印度的商品和服务税先在少数地区或邦开展试点，通过运行调适和修补漏洞，与原有制度做并行对比，或许在2017年全面推广时遇到的困难会小得多。随着经济生活变得越发复杂，治理变得越发困难，相比大胆却没有深思熟虑的行动，采用试点、评估、协商、设计修订与推广的办法或许会大大改善实际效果。

确保竞争

竞争是充满活力的现代经济的命脉所在，公平的环境则是确保竞争的关键：政府应该平等地支持每个人，不可忽略小企业而偏袒大企业，不可忽略私人企业而偏袒公共部门企业或者反向操作，也不可以创造领军企业的名义鼓励国内市场垄断。

在评估竞争状况时，不能重形式而轻内容。例如，人们有时设想举行公开拍卖就足以确保中标结果的竞争性，但拍卖可能被操纵，比如利用有时并不必要的关于拍卖参与资质的详细规定，就会把许多不错的投标方排除在外，而这经常是蓄意所为。在宣布赢得竞标后，有权势的获胜者可以就交易条款要求重新谈判，在此之前它们则利用过低的出价来专门打击对手。在某些拍卖中，毫无忌惮的强势参与者会威胁参与竞争的所有对手，确保自己轻松获胜。所以，政府行动的透明度以及对流程的公共监督至关重要。

但几乎可以肯定,有权势的参与者总能找到绕开制衡措施的路子。美国在历史上发展出了一种做法,拆分过于庞大的企业或部门,使之不能发挥过大的经济或政治影响力。于是,标准石油公司、美国电话电报公司、IBM(国际商业机器公司)、微软公司乃至今天的科技巨头都受到了经常性的审查,有时被迫拆分或者放弃垄断行为。1933 年的《格拉斯—斯蒂格尔法案》要求美国的银行业把投资银行业务与商业银行业务分离,然后分别发展出了摩根大通银行与摩根士丹利公司。尽管美国的企业游说盛行,但我们很难说某家公司掌握了无限的政治影响力。尽管美国也存在裙带现象,但裙带资本主义并没有支配政治对话。

1969 年的印度《垄断与限制性贸易行为法》(Monopolies and Restrictive Trade Practices Act,MRTP)旨在防止财富和生产控制权过分集中,但对企业规模的限制设置得过低,导致成功的大型集团难以扩张。而且该法律已变成压制性的许可证制度的核心组成部分,让官员掌握了极大的能自由裁量的审批权限。这一法律于 2009 年被合理地废止,其功能被转交给印度竞争委员会(Competition Commission of India,CCI)。该委员会的网站上有很多禁止投标操纵的命令,但它面临的关键考验是能否维持印度的产业竞争力,同时防止少数企业的过度扩张。很不幸,答案并不令人放心。

在布鲁金斯学会发表的一份重要报告中,纽约大学的维拉尔·阿查里亚(Viral Acharya)与印度央行的一位前副行长指出,大型私人企业集团占据了印度资产最多的非金融企业的前五位。或许是因为全球金融危机导致的经济下滑,以及印度竞争委员会初期的监管热情,前五大集团所占的资产份额在此后下降。不过在 2015 年以后,由于现任政府着力培养国家领军企业,前五大私人企业集团在各自行业中所占的资产份额越来越高。阿查里亚指出，这种变化部分源自印度重新转向保护主义，排斥外国竞争。印度在2022年的平均进口关税达到18.1%，在世界贸易组织的记录中排名第五，仅次于苏丹、突尼斯、阿尔及利亚和乌干达。[15]

这也可能是因为印度竞争委员会的被动特性。阿查里亚指出，前五大私人企业集团在并购中的占比自2014年之后翻了一番多，仅次于它们的后五家集团所占的份额则基本保持稳定。由于印度竞争委员会主要负责评估并购对产业集中度的影响，它显然容忍了资产集中度的加剧。

印度竞争委员会应该反对那些会导致过分集中的并购，这或许将要求它增强自身的独立性。政府则需要减少对特定产业的优惠，减少对特定群体的照顾，而更多关注改善所有企业的营商环境。政府需要给所有企业提供公平机会，无论是公共还是私人企业，大企业还是小企业，而非给领军企业提供特权。所有赋权框架的一个关键部分都是确保自由竞争。

选举筹资

企业与政府裙带关系的一个滋生场所是不透明的选举筹资。据估计，2019年的印度人民院（下议院）选举共花费了5 000亿~6 000亿卢比（58亿~70亿美元），媒体研究中心（Center for Media Studies）称之为"有史以来最昂贵的选举"。社会普遍担心，如此大规模的资金收支既不干净也不透明。

由于担心"各政党会继续通过现金形式的匿名捐赠来接收大部分资金"，已故前财政部长阿伦·贾特利（Arun Jaitley）认为："因此，需要努力采取措施来净化印度的政治资金体系。"[16] 为此，印度在2018年引入了选举债券制度。匿名现金捐赠被限制在2 000

卢比（约25美元）以内，但印度公民可以从印度国家银行（State Bank of India）购买记名的选举债券，金额从1 000卢比（约12美元）到1 000万卢比（约12万美元）不等，再将其捐赠给任何政党。过去四年中，印度共发行了超过1 200亿卢比（约14亿美元）的选举债券，相对于印度这样的中低等收入国家的总体选举经费估计值而言，这是相当大的数额。

不幸的是，现有的选举债券不仅不是裙带主义的理想解决方案，还可能加剧问题。这些债券没有提高透明度，捐赠者的姓名不对公众和其他政党公开。根据民主改革联合会（Association for Democratic Reforms）的估计，超过90%的发行金额属于1 000万卢比的层级，购买者（捐赠者）必然来自非常富有的个人和企业。公众无法判断这些捐赠是纯粹出于善意，还是涉及利益交换乃至压力。

例如，假如公众看到受益于关税保护、政府补贴、公共资产拍卖或公共部门银行贷款的相关行业的企业捐赠更多，他们就会想明白其中的联系，并且用更加明智的方式去投票。但这在现行制度下做不到，无法通过阿伦·贾特利所说的干净资金的检验，也无怪乎选举委员会要反对此类债券。

此类债券还可能被现任政府滥用。由于债券是通过公共部门银行发行的，不自觉的政府可能向银行官员施压，以了解捐赠方及获益方的身份。若能掌握这些信息，加上政府手里的各种赏罚工具，将使很少个人或企业愿意冒险通过债券给反对党提供大额资金捐赠。他们的捐赠将不得不采取现金形式，以瞒过政府，但如今这属于非法渠道。此时，执政党可以让调查机构搜查反对党被迫大量使用的未记录现金。选举期间对反对党领导人的突击搜查总是会暴露现金储备，让执政党给对方贴上腐败的标签。我们很容易看出债券制度对现任执政者非常有利，因为他们占据着合法债券捐赠的最大份额，当然这不是为非法筹资行为找借口。

印度的目标应该是确保所有选举资金的干净，并尽量避免对现任政府的偏袒。公布捐赠者的姓名确实会有帮助，但这一制度还应确保给反对党捐款的人不会受到政府的骚扰。其他的可选方案包括，根据各政党在上次选举中的得票份额用公共资金给它们提供经费，并设立上限，以防止任何政党获得过大优势，以及设立任何单个实体可以捐赠的金额上限等。

从内部推动改变

要改革政府，使之更灵活而积极地响应印度人民未来的需求，还有很多事情可以做。政府是利维坦似的庞然大物，很难想象能轻松快速地发生改变，但仍有很多热忱且干练的政府官员希望推动变革。事实上，一个人也能带来改变。1990—1996年担任首席选举专员的塞山（T. N. Seshan）就显著净化了印度的选举，给选举委员会树立了前所未有的声誉，很少人能否认这一成就。在塞山之前，"劫持投票站"现象——武装暴徒占领投票站并将所有选票改为支持自己的后台老板——相当普遍，在他出任以后变得鲜有发生。[17] 未来的挑战是必须让印度的各种机构找到更多的"塞山"，帮助他们竭尽全力确保其所在机构的独立性，实现这些机构的目标。

第 7 章 能力培养：儿童时期的挑战

经济发展的目标之一是提升民众的能力，由此带给他们健康，让他们更长寿、更有活力；带给他们教育，让生活更加充实。同时，能力提升也是改善工作、提高收入以及促进经济发展的关键所在。当我们重新构想印度经济的未来并呼吁它踏上一条少有人走过的发展之路时，决定印度以多快的速度在发展阶梯上拾级而上的主要因素是民众的教育、技能和健康状况，即人力资本的质量，而非桥梁或机场等基础设施。无论印度企业选择制造业还是服务业作为重心，更强大的人力资本都至关重要，因为如今留给低技能或无技能劳动力的空间正在急速缩小。

印度面临的挑战来得很早，从母婴的营养问题就开始了。许多儿童在出生时就体重不足，并在人生的最初几年里持续营养不良。在学校教育方面，小学入学率的问题已基本得到解决，可孩子们的学习效果并不理想。儿童早期的健康状况和学习状况都比较糟糕，这会制约儿童在认知和身体上的成长，并影响他们后来对营养和知识的消化吸收能力。

过去几十年来，世界各地的学者考察印度的数据以提出解决方案，有些人甚至由此获得了诺贝尔奖。实际上，2020 年发表的印度国家教育政策提出了既清晰又简练的建议，我们认可其中的许多内容。障碍往往与具体实施有关。

拉詹记得，当他惊叹于 20 世纪 60 年代与印度同样贫困的韩国取得的巨大成就时，国际货币基金组织的一位韩国执行董事讲过的一个笑话。有位印度财政部长曾去首尔访问，在东道主财政部长的办公室，他问对方成功的秘诀何在。韩国的部长指着后方架子上一套厚厚的黑色大部头书说："都在那里面。"印度部长走过去看上面的题目，不禁笑了起来："怎么回事，这些是我们国家制订的五年计划啊。"对方拍着他的肩膀说："不错，但我们把这些计划都落实了。"

具体实施面临哪些障碍？我们已经指出，联邦和各邦层级的当权者主要关注提供定向福利和好处，而非公共服务。分权化有助于改变这种格局。对不同办法开展试点，通过收集数据并严格评估来了解哪些办法行得通，以赋能和信息分享的方式动员民众，包括抵制改变的体制内既得利益群体，借助一切可能的技术手段来解决激励问题。这些都将是我们在本章及随后几章要探讨的相关措施的关键内容。

儿童营养

儿童营养不良的标志是身高显著低于对应年龄段的正常值，尤其是低于世界卫生组织的儿童生长标准对应年龄段身高中位数的两个标准差以上。在超过30年的强劲增长后，2020年的印度仍有35%的5岁以下儿童处于营养不良状态，这实在令人难以接受。撒哈拉以南许多更贫困的非洲国家都比印度做得更好，包括坦桑尼亚、利比里亚和塞内加尔等。

有些人对这个指标表达了异议，认为印度人的基因使他们具有不同的成长轨迹，即不同的年龄身高生长模式。可是来自类似基因群组的斯里兰卡的儿童营养不良率也比印度低很多，另有研究发现，在美国和英国生活的南亚裔儿童的身高在一代人的时间里会接近其他儿童的平均水平。[1]所以这完全与遗传学因素无关,那些在印度生活的孕妇和儿童只是没有吃得足够好而已。

即便在印度内部,差异性之大也令人触目惊心。如果像本书作者罗希特那样,乘坐列车从印度北部前往东部,在沿途的一些小镇停留,你会很清楚地看到,从旁遮普邦和哈里亚纳邦到北方邦西部地区,再到北方邦东部地区和比哈尔邦,人们的平均身高在持续降低。北方邦和比哈尔邦的人更矮,纯粹是因为他们的营养摄入不及旁遮普邦和哈里亚纳邦。2019—2021年印度全国家庭健康调查数据显示,旁遮普邦的营养不良率为24%,比哈尔邦则高达43%;此外,旁遮普邦仅有12%的女性体重低于正常值,比哈尔邦则多达25%。

持续的儿童营养不良会显著削弱这些人成年后的智力与工作能力,并使人更容易感染疾病和出现心脏问题。[2]或者说,印度要想在未来拥有更加健康、更富有生产力的国民,目前最紧急的任务就是战胜营养不良。糟糕的是,对太多的印度人而言这已经太迟了。

营养不良可能来自若干因素。显然,贫困会影响食物的摄取,但极端贫困现象已在减少,政府也采取了多种向弱势群体派发食品的项目。饮食习惯和方式同样重要,特别是孕妇和新生儿。印度有许多女性在生育年龄段患有贫血症,因此更容易生育营养不良的孩子。如果家庭存在饮食禁忌(如素食习惯),这些特殊群体就更有必要获得规划得当、营养均衡的膳食。

糟糕的卫生条件和疾病传播会加剧营养不良问题。如果某个村子缺乏清洁饮用水,儿童患有慢性腹泻,即便他们能正常摄取关键营养成分,也可能难以吸收。露天排便会将粪便渗漏到土壤中,导致疾病蔓延。所以政府为每个家庭修建厕所、制止露天排便带来的积极效应,应该很快就会体现在统计数据中。最后,社会习俗具有重要影响,比如成年男性和男孩得到的膳食营养优于成年女性和女孩。尽管这些习俗正在改变，它们之前造成的消极影响仍会延续一段时间。

印度政府解决儿童营养不良问题的旗舰项目是综合儿童发展计划（Integrated Child Development Scheme，ICDS）。农村社区服务中心的任务是确保当地怀孕和哺乳期女性以及婴幼儿的营养状况。根据该计划，政府与母亲和孩子们之间的主要中介是社区服务中心的员工，通常是中年女性。目前全印度大约有150万这样的员工。大体而言，这套体系的运转还可以，但内部差异相当大：在南部和西部更理想，在北部和东部更差。[3] 问题出在哪里呢？

首先，社区服务中心的员工不是拿全职工资，也不享受政府工作岗位通常伴随的福利。许多研究提到，这些员工的待遇、激励、培训以及基础设施的缺乏造成了潜在的障碍。印度主计审计长公署（Comptroller and Auditor General）于2013年发表的报告显示，61%的社区服务中心甚至没有自己的办公场所，还有许多没有基本的称重设备。这些机构的人力资源、资金和官方支持都不足，员工缺乏社会地位和尊重。

尽管现有制度过于单薄，未来的最好出路依然是提升社区服务中心的能力，再以其他计划作为补充。如果社区服务中心能在小学附近拥有办公场所，还可以授权它们负责给在校生提供午餐，进一步改善孩子们的营养。

儿童85%以上的大脑发育是在6岁前完成的，因此，登记了全印度66.8%的3岁以下儿童的社区服务中心极有必要得到升级改造，建设相关设施用于"以游戏、活动和探索为基础的学习"。[4] 若干研究表明，给社区服务中心多增加一名负责教育事务的专职员工可以显著改进儿童的学龄前准备，也有助于改善他们的营养状况，因为这可以让之前的员工更专注于医疗健康事务。[5] 如果有位年轻的母亲能帮着带孩子们做游戏，让社区员工专注于营养改善，

第7章 能力培养：儿童时期的挑战　113

孩子们的学龄前准备也会得到显著改进。

从各邦层面到全国层面，印度都需要协调一致的宣传行动，比照在 20 世纪 80 年代消灭脊髓灰质炎的巨大成功那样，告知民众糟糕的饮食习惯和社会风俗会如何影响孩子们的发育。分权化也会带来帮助，因为社区服务中心要做的事情必须因地制宜。例如在较为富裕的社区，女性或许不需要去社区办公场所就可以了解营养膳食的有关建议。地方官员应该根据本地的需要来调整社区服务中心的工作任务。目前，社区员工的薪资是在各邦层面设定的，因为资金来自联邦政府和邦政府两个层级。可以授予地方官员一定权限给社区员工设定薪资和任务目标，也可以给主管官员设定当地的任务目标。还应该找其他机构测算各地的儿童营养不良率，把工作和考评的责任分开。

印度可以从世界各地的成功案例中吸取经验。秘鲁在不到 10 年的时间中把营养不良率降低了一半以上，从 2008 年的 28% 降至 2016 年的 13%，其他国家也同样有过这种成就。[6] 秘鲁曾在很长时间里受困于这一问题，但政策效果并不显著。与今天的印度类似，它当时的工作重点是扩大食品预算拨款和实际支出。尽管城市化在推进，女性文化程度在提高，清洁水源得到普及，营养不良现象依然顽固。自 2007 年之后，秘鲁改弦更张，不仅把儿童营养不良当作发展议题，还通过民间组织的社会压力将它升级为一个政治问题，迫使历届政府努力降低儿童发育不良率。

政策层面上，秘鲁转向了给员工提供与业绩挂钩的奖励这一更因地制宜的制度[7]，并在一开始就将分配给全国营养战略的年度经费增加了 1 倍。他们实施了结果导向型制度，以确保资金得到有效使用，以达成政客承诺的结果。秘鲁针对地方政府同样提供了资金激励，以鼓励它们提供更多和更好的营养服务。另外，秘鲁还通过名为"一起参与"（Juntos）的有条件现金转移支付计划，向母亲提供资金方面的激励，要求她们带着幼儿参与健康中心的成长监测和体检，并确保稍大一些的孩子去上学。此外，秘鲁重视信息的交流和传播，使营养不良的"隐形问题"被父母广泛知晓。

印度当然应该增加解决问题的资源投入，但同时也需要根据效果重新设计干预方式，采纳基于业绩的激励机制，并对基层员工开展扎实的培训。政治领导人需要强调问题的严重性，动员全社会的力量来一劳永逸地根除儿童营养不良问题，而不是掩盖令人难堪的统计数据。

学校教育

在教育领域，印度已令人骄傲地走出了第一步，提高了小学入学率。2002年的宪法第84修正案把6~14岁儿童的免费义务教育确立为基本权利。随后，根据基础教育普及计划（Sarva Shiksha Abhiyan），在之前没有学校的村庄开办新的学校，原有学校则获得了更多的师资、培训、教室、厕所、饮用水，以及其他设施改造的拨款等。

其他因素同样吸引了更多父母把孩子送到学校，包括午餐计划，给女孩上学提供免费自行车，以及就业市场对教育和技能的需求增长等。有一项估计显示，印度目前已有近150万所小学，约800万名小学教师，早期入学率超过了95%。

但不幸的是，学习效果远远落后于入学率的进步。本书前言中已提到《教育状况年度报告》里的相关数据，新冠疫情则使情况恶化，学生学习成绩进一步下滑。

为什么印度学校的学习效果如此不理想？因为直到十年级或十二年级的正式资格考试之前，校长和家长没有多少测评手段来考核教师，只看他们是否完成了既定的教学大纲。许多课程要求教师保持快速的教学节奏。另外，公立学校教师缺课严重，例如有研究发现，全国公立学校的平均缺课时间占比达25%，在较为贫困的邦更加严重。于是，教师必须加快教学进度，而不是确保所有学生或者至少大多数学生能学会。[8]同时，由于没有时间做深入讲解或讨论，这一教育体制更鼓励死记硬背，而非创造性思考。

更严重的是，这一教育体制毁掉了许多学生。学生来学校时有着不同的基础和不同的吸收速度。但很不幸，即便是最勤勉的教师也没有时间确保每名学生都跟上进度，因为他们必须在期末完成课程。当学生落后于班级进度时，他懂的东西会越来越少。学生如果没有掌握某个年级要求的全部技能，就随着全班一起升到下一个年级，他接下来的学习会更加困难。当一名学生还不能很好地阅读课文时，他如何能看懂历史课本，乃至理解西拉杰－乌德－达乌拉（Siraj-ud-Daulah）输掉普拉西战役的原因呢？

研究教育的经济学家卡尔提克·穆拉里达兰（Karthik Muralidharan）采用了一个有趣的办法来让听众理解这种窘境：以泰米尔语开始自己的演讲！很自然在印度许多地方，人们完全听不懂这种语言。由此让听众切身感受在课堂上落后的学生的日常体验：对课上讲的内容一头雾水，等于变成了聋子。

付得起钱的家长会请私人教师来辅导，经常还会请到那些没能在课堂上有效指导学生的教师。在全印度范围内，农村地区小学和中学参与私人有偿授课的学生比例在2022年为30.5%。[9]而付不起这一奢侈开支，通常来自贫困家庭的孩子可能选择退学。2020年《国家教育政策》（National Education Policy，NEP）指出，六至八年级的毛入学率（学生人数占相应年龄段人口的比例）为90.9%，九至十年级和十一至十二年级则分别为79.3%和56.5%。该政策报告估计，6~17岁的孩子中有大约3 200万人失学，这还是新冠疫情暴发前的数字！比哈尔邦近期的一项调查则发现，在疫情给教育造成灾难性影响后,半数受访学校称三至五年级的大部分学生在重新开课前已经忘记了如何读书写字。参与复课的学生仅占全部注册人数的 20% 左右,预示着退学率可能非常惊人。[10]

总之,有太多的印度学生辍学,特别是在八年级之后,这在很大程度上与他们在学习中遇到的困难有关。学校教育在下一个 10 年关注的焦点应该是如何改善全体学生的学习质量。

德里实验

德里的公立学校看起来经历了一场深刻的变革。2019 年,公立学校在十二年级的毕业资格考试中获得了 98% 的通过率,首次超越了私立学校(92%)。教育系统洋溢着乐观的气氛,教师和家长的满意度调查结果也证明了这点。他们采取的改进办法较为科学:向专家征询建议,根据试点结果和反馈修订政策,再大规模推广。有意思的是,或许因为德里事实上是一个联系密切的大社区(尽管规模超大),有一个城市属性的政府,它能够把教育(以及医疗)放到本地政治生活的前沿和中心位置。

波士顿咨询集团(Boston Consulting Group,BCG)对德里在 2015—2020 年的学校改革开展了综合研究[11],发现资本支出拨款从 2014—2015 年度的 5.1 亿卢比(约 600 万美元)提升至 2015—2016 年度到 2019—2020 年度的年均 34.6 亿卢比(约 4 100 万美元)。漂亮整洁、粉刷一新的建筑,光线充足的教室,新建和改建的图书馆与实验室,便利安全的饮用水以及干净的洗手间,都是吸引学生来此上学的看得见的进步之处。当局还建立了强调艺术和科学科目的专科学校,以满足有特殊天赋的孩子的需求。

政府同样重视改善教师的工作条件,招聘了更多教师来分摊任务,为成绩不佳和资历较浅的教师提供辅导,把包括校长在内的某些师资送到海外接受培训。[12] 学校管理委员会获得了更大的财务授权，让教师和家长拥有当家作主的感受。

最重要的是，八年级以下孩子的学习水平差距受到关注，并且在课程设计中成为考虑重点。德里发起了"基础行动"（Mission Buniyaad），其核心是帮助儿童流利阅读、正确书写以及理解基本数学运算，目标是确保所有孩子都不会被落下。另外还有"挑战行动"（Chunauti initiatives）作为补充，把各个班级的学生根据掌握的技能水平划分为不同小组，给予不同程度的额外支持，因材施教。

印度的《国家教育政策》指出："教育的目标不仅是提升认知，还应该包括塑造品格，培养拥有 21 世纪必备技能的全面发展的个人。"德里政府引入的"幸福课程"（Happiness Curriculum）正是针对这些目标。这是每天上午安排的时长为 45 分钟的一节课，给学生们介绍幸福的概念，这一概念由哲学家纳格拉吉（A. Nagraj）提出，意指和谐与接纳的状态，在这种状态下，个人、家庭、社会和环境融洽共存。[13] 幸福课程或许推动了教师从片面重视完成教学大纲转向让教学变得更充满乐趣和包容性。另外从任何角度看，传统指标反映的学校业绩都没有受到负面影响。

有意思的是，到九年级及以上年级后，幸福课程被奋进课程（Entrepreneurship Curriculum）取代，后者的目标是培养学生的进取心态，让他们带着这种精神加上批判性思维去选择职业。

在深入讨论之前，我们有必要强调德里教育政策的另外两个特点。第一个特点是，政府派遣社区服务中心员工与志愿者开展逐户居民调查，找出辍学的学生并勉励他们回到改造后的学校。这在新冠疫情后显得尤为重要，因为辍学的人数大大增加。

第二个特点是，德里模式采用了一种参与式办法，鼓励和允许所有利益相关方加入对学校环境的改善行动。波士顿咨询集团的报告援引了一位家长（用印度式英语）对学校管理委员会改组的评论，言简意赅地描述了上述改革："学校管理委员会帮人们树立了'主人翁意识'，因为我们自己的孩子要去那里上学，所以我们做得越多，学生们受益也就越多。"

与常见的情形一样，不是所有实际进展都符合预期，某些早期成就还由于新冠疫情而失色。可是许多措施仍产生了效果，更多决策权和资源被分配到基层公务员手里，他们的判断得到了信任。在这一参与式进程中，信息可以自由分享，所以能根据反馈进行调整修订。最后在遇到不满的时候，可以求助于高层解决。

德里政府的改革提供了一个很好的案例，在来自高层的激励和目标的驱动下，学校能够取得不错的学习效果。不过，我们还会面临可适用性与可推广性的问题。德里是人均水平最富裕的地区之一，能够给每所学校安排远高于大多数其他邦的支出。德里的规模很小，因此实现了有效的分权化。这些改革目前已推广到大约 1 000 所主要在城市地区的学校，而印度普通地区的学校数量平均来说是这个数字的两倍。

无论如何，从低年级开始关注识字和算术的基础能力，让学生变成自主化学习主体；把教师和家长加入学习过程的核心环节；借助日常测试判断哪些学生需要辅导；减少课程负荷；从概念性的理解拓展到对年轻人的创造性与批判性思维的鼓励，德里的所有这些革新理念都值得其他地方模仿借鉴。

其他可能的改革措施

与社区服务中心的情形类似，印度的许多小学可以通过增加一名员工，帮助教师满足部分学生的学习需求，以此改进教育效果。对这些员工的要求只是具有基本的阅读和算术能力。事实上，有位负责某个运转良好的大型非政府组织的教育家曾告诉我们，对许多有空闲时间的母亲而言，这会是值得尝试的岗位，因为她们舍此之外没有更多外出工作的机会。或许由此可以达到一箭三雕的结果：给教师提供协助，促进家长对学校教育的参与，以及提高女性的劳动参与率。

正统派的教育家或许不看好用未经训练的志愿者来教孩子的建议，《国家教育政策》甚至建议，所有教师都必须拥有教育学的学士学位。但没有什么证据表明，这种学位能显著提升教学质量，超过教学经验带来的教学质量改善。鉴于辍学问题的严重性，我们不能等到有足够数量的教师都得到培训的时候。另外，把招募范围局限于这类教师，其费用也会极为昂贵。

实际上，借助充分的筛选程序，学校或许可以不只在家长中招募人才。根据拉詹当时所在的一个顾问委员会的建议，泰米尔纳德邦政府发起了一个名为"家门口教育"（Illam Thedi Kalvi）的课后辅导项目，由社区志愿者负责，在每天傍晚实施，时长为60~90分钟。到2022年6月，该项目总共雇用了大约20万名志愿者，基本上是有高中或大学学历的当地社区居民，但未必受过教师培训。该项目给大约330万名学生提供了学习辅导，大大增加了帮助他们掌握基本技能的授课时间。在几个月的运行之后，学生取得了显著而积极的学习效果。[14]

这给我们带来的更多启发是，印度一方面需要让民众掌握从事理想工作所需的技能，另一方面也可以根据当前掌握的技能来调整工作岗位。

失败的制度

我们不应只关注德里或泰米尔纳德等做得不错的地区，而否认问题的严重性。近期关于贾坎德邦学校的一份报告就揭示了其他地方的问题之严重,该报告指出,主要来自表列种姓(scheduled castes)和表列部落(scheduled tribes)(印度最弱势的社群)的 88 名学生挤在两间昏暗的教室里上课,他们所在的学校仅有一名教师,没有饮用水,也没有像样的厕所、操场甚至围墙。[15] 这批学生在疫情期间已有两年没有上课,不记得上次有鸡蛋的在校午餐是什么时候,尽管规定他们每周应该吃两次鸡蛋。

该报告说,35% 的小学只有一名教师,却要负责所有年级的课程,50% 的小学没有供水,54% 的小学没有正常电力连接,能够供电的学校则缺少电扇与灯泡。教师工资被拖欠,午餐经费同样如此,迫使教师有时要自己掏钱来支付学生的餐费。最近的一项调查还指出,在贾坎德邦的大部分小学,"大多数"学生在 2022 年 2 月重新返校之后已忘记该如何阅读和写字了。[16]

我们还可以举出更多例子,但基本结论依然是在较为贫困的各邦,对儿童教育的漠不关心会严重制约他们的未来发展,特别是来自弱势群体的儿童。如果一个改革派的中央政府有什么优先要务,那就是应该改变上述情形,部分通过用联邦资金补充各邦的资金,部分通过考察与推广其他地方的先进经验。

学校改造

下面我们集中讨论之前提到的一个问题。自 2010 年以后,《教育权利法》(Right to Education Act)要求所有孩子在住家周围 1 公里范围内有学校可上,于是许多小型公立学校如雨后春笋般兴建起来。按照国会质询中的一份回复的说法,印度的全体在校学生中大约 8% 的学生在只有一名教师的学校接受教育,同时差异性非常大,例如在中央邦的阿里拉杰普尔地区的 2 264 所学校中,40% 的学校只配备了一名教师。[17] 如果教师承担的任务过重,学校将无法培养孩子的基本技能，尤其是那些为了在偏远地区普及教育而仓促建设的只有一名教师的学校。

在交通状况允许的任何地区，这样的学校都需要被合并。用大巴把孩子送到规模较大的学校，要远远好于到处修建设施不足的微型学校。在交通状况较为困难的地区，必须让远程教育发挥作用。而对于学校合并与远程教育都难以做到的地方，则必须开办管理良好的寄宿学校。

例如，在梅加拉亚邦高地只有一名教师的学校中，老师的任务变成监督所有学生能够按时到校，学习由邦首府的老师讲述的在线课程，并正常提交作业。当地老师给需要帮助的孩子提供辅导，追踪学生的成绩考核（越来越多地利用聊天机器人的协助），但其主要角色是监督他们的全面发展，而非执教具体科目。

更普遍的是，即便在正常的教学过程中，技术也可以在许多方面发挥助益，但前提是要让教师全面了解技术的长处及不足。他们可以推荐学生观看与课堂内容有关的精彩演讲、纪录片和深入讲解，如可汗学院（Khan Academy）提供的那些。甚至可以为态度积极的学生安排"翻转课堂"，让学生先在家里听演讲，再到课堂上展开讨论或者完成作业，教师则负责提供必要的辅助。技术手段还能帮助设计日常考试，并可以立即给出评分，这能够精确找出落后学生的弱点，为他们量身制定课程计划。由于联邦政府或邦政府层面都可以开发这样的应用技术，并且给各地一定的调整空间，再将其配置到所有学校，所以我们有望建成真正的分布式学习网络。

不过，我们必须给教师提供使用新技术的培训，将新技术作为老师教学的得力助手，而非完全替代老师。人类教师的参与对激发孩子的学习至关重要，即便对那些追求职业资格的较为成熟、动机明确的学生，完全自动化操作的大型开放式网络课程

（MOOCs）的完成率也相当低。当然，要想让技术具有包容性，每名学生都应该能接入"数字高速公路"，例如有笔记本电脑和互联网接口。鉴于这些服务的成本已大幅下降，政府必须帮助最贫困的家庭获取相关资源，以增强教育的包容性。兰花国际学校（Orchids International School）就是一个可扩展的高质量教育的范例。

专栏2　兰花国际学校

贾伊·德科斯塔（Jai Decosta）有丰富的职业履历，包括负责 *Femina* 杂志的印度小姐大赛。2015年，他又与其他人联合创办了兰花国际学校（以下简称兰花学校）。这所学校希望以平价给学生提供高质量教育。贾伊指出，印度有些值得尊敬的老牌学校，如孟买的大教堂学校和德里的圣哥伦巴学校，收费也较为合理，但入学非常难。如何既复制它们的教学品质，又扩大招生规模呢？

一开始，兰花学校的团队（主要由年轻的职业人士和相关领域专家组成）就把一学年的教学内容分拆为多个课程，再把每个课程分解为45分钟的授课计划，其中包含若干视频（鉴于学生的注意力有限，长度不超过3分钟）、讲述、提问和讨论等环节，让课堂上的每一分钟都有所安排。他们开发出了约32 000个这样的计划，再通过试错不断改进。

如今，兰花学校的5 000名教师都会在上课前几天得到授课计划，有充分的时间备课。学校校长甚至可以查阅教师是否及时调取了授课计划。此外，教室配备了有线电视来记录教师的行动，让课程设计者了解哪些部分需要改善。假如课程效果不及预期，教师和校长还可以做事后复盘。课后，教师会给家长发送短信，告知在教室里完成的学习内容，让他们同步了解孩子在学校的进度。

大约每过两周，学校会针对已经学习的科目内容给学生做测验，通过多项选择题给他们评分。成绩显示不得要领的学生会被要求周六来学校复习。兰花学校制定了快节奏的教学，并强调跟上授课计划，但它采取的是便于消化吸收的较小模块的知识单元，能够发现和帮助落后学生。

兰花学校在授课中融合了其他领域的经验，例如，在英语课上练习公共演讲，在数学课上了解金融常识，在科技课上尝试手工项目等。该学校还强调团队体育或音乐等课外活动的重要性，例如让所有学生学习弹钢琴。

对教师的考评包含多个维度，并让学生参与，当然为避免偏差，会认真分析学生给出的差评。表现不佳的教师将被辞退。兰花学校的管理层还高度重视成本，他们租下倒闭学校（通常是教当地语言的学校）的教室，大批量采购各种物品，甚至包括钢琴。

依靠细心设计的授课计划、素质出众的教师队伍、对学生成绩和教师业绩的密切监控以及对新技术不遗余力的应用，兰花学校创造了一种可以在各所分校大规模推广的强大学习体验。某些老牌名校的教师和学生或许拥有兰花学校欠缺的灵活性和自由度，但它们的经验不容易复制。作为印度学校教育的一种可能出路，兰花学校的方法值得探究。

兰花学校创办第一所分校时只有184名学生，到2023年已拥有80所分校，分布在17座城市，学生人数达6.1万。它另外还给约800所学校提供授权，学生总数达到35万。如果用需求来衡量成功与否的话，它似乎已称得上成功。

需要注意的是，兰花学校并非主张死记硬背，而是更精细地安排授课脚本，使老师能普遍取得成功，学生能改善学习效果。在深入考察采用类似办法的非洲连锁教育机构桥梁国际学校（Bridge International Academies）后，诺贝尔奖得主迈克尔·克雷默（Michael Kremer）及其合作者发现，在桥梁国际学校小学部就读两年后，学生的考试成绩会比其他人高出相当于多上0.89个学年的效果。[18] 对学龄前的孩子而言，这个数字更加惊人，达到1.48个学年。脚本式授课确实行之有效！

错误的解决方案与可能的出路

印度对教育问题有很多错误的解决方案。前文提到，至少在公立学校，老师们的收入大约是国家人均GDP水平的3倍，足以吸引不错的师资。[19] 如今小学教育的很大一部分支出是用来给教师发工资。实际统计证据则表明，超过较低的门槛值以后，教师的收入与业绩之间没有太多相关性。[20]

事实上近期还有证据表明，与相同地区的公立学校相比，教师收入更低、素质也更差的低成本私立学校的学生成绩却差不多，甚至还略好一些。[21] 原因之一是私立学校的班级规模往往更小。教师也更有激励，缺课情况较少，因为丢掉工作的威胁给他们带来了很大的压力。

事实上，家长已经带着孩子离开免费的公立学校，转而加入收费的私立学校，部分原因是私立学校用英语授课，还有部分原因则是在私立学校能学到更多知识。新冠疫情扭转了这一趋势，或许是由于较为拮据的家长无法负担更高的学费。

最后的结论是，从资源利用的角度看，私立学校做得并不差，如果能得到公立学校那样多的资源，有些甚至可以做得更好。所以，把更多公共资金直接投入公立学校不是解决问题的好办法，关闭私立学校同样不可取。

2010年生效的《教育权利法》对私立学校的监管方面有一些基本的设计缺陷。例如，该法律要求所有私立学校都必须有操场，并明确规定所有私立学校都要招收比例达25%的来自较低社会经济群体的学生。许多优秀的低成本私立学校过去没有操场（在拥挤的孟买去哪里找这种空间呢），而对它们承诺的招收弱势群体学生的补贴又没有按时发放。类似的规定或许是出于好意，实际上却导致许多私立学校关闭。

让穷人在充分知情的情况下自行选择或许是更有用的办法。政府应该要求学校收集学生表现、家长满意度和招生情况的数据，并把这些信息公之于众。在掌握这些信息后，家长应该有更大的自由决定把孩子送到什么类型的学校。

如果他们依然愿意送孩子去规模很小，但校长态度积极、老师非常热情的私立学校，而不是免费但较为冷漠的公立学校，那就尊重其选择。如果有足够多的家长用脚投票，带孩子离开公立学校，这样的学校或许应该予以整改，在不见起色的情况下甚至要求其关闭。

如今，还可以尝试以更多创造性的办法同私人部门开展合作，但无须假定它们总会做得更好。某些地方可以试着开办特许学校，而非继续扩大公立学校，其他一些地方可以利用教育券或者直接资金补贴的做法。特许学校原则上将根据招收学生的人数从政府那里获得年度拨款，但学校的日常管理由自己负责，包括课程设置与教师聘用等。这种方式在美国运转得不错。

教育券制度则能帮助来自社会经济弱势群体的孩子上私立学校，由政府负担全部或部分学费。借助印度的数字基础设施，这可以通过直接资金补贴来实现。教育券可以与全体私立学校必须招收25%的来自较低社会经济群体的学生这一要求并行实施。对穷人友好的优质私立学校会很欢迎带着教育券入学的学生。教育券与法律强制要求的某种结合，或许是给穷人提供平等机会的最有效办法。

  教育既在课堂之内开展，也发生在课堂之外。除了接受教师的辅导，许多来自弱势群体的孩子还需要成功人士作为楷模和顾问，以补充父母的影响。每个人都需要一位"马修先生"，那位我们在前言中介绍过的鼓励穆斯塔法回到学校的老师，印度的民间组织可以用更系统化的方式来提供此类帮助。有些孩子的家庭环境缺乏支持，甚至存在敌意。为改善每名学生的学习体验，还必须努力在学校之外营造能让孩子念书学习的当地安全场所，如图书馆或者有人监督的自习室等。

  自独立以来，印度最大的失误就是未能给所有孩子提供良好的起跑条件。如今随着国家走向富裕，这一弊病必须得到纠正。确保此任务的完成是政府和每位成年国民的道义责任，也是经济增长的必要基础。

第 8 章　能力培养：高等教育

印度的教育制度是诺贝尔奖得主阿比吉特·班纳吉和文基·拉玛克里希南（Venki Ramakrishnan）成长的基础，也在很大程度上培养了众多知名企业 [包括奥多比、字母表（Alphabet，谷歌的母公司）、香奈儿、联邦快递、美光、微软和星巴克等] 的首席执行官，世界银行现任行长，以及世界各地诸多大学的校长、知名商学院与法学院的院长、教务长和主任等。这些成就当然只是印度教育光鲜的一面，因为印度的另一个现实是有数亿国民难以获得基本的技能和像样的高等教育。

坦梅·曼达尔（Tanmay Mandal）是一位来自博帕尔的 25 岁大学毕业生，他为获得土木工程专业的学位付出了大约 4 000 美元，而其家庭月收入仅有 420 美元。[1] 曼达尔告诉彭博通讯社，自己对建筑机械几乎一无所知，因为大学老师似乎对这个学科很陌生。这使他在面试中无法回答某些技术问题，已有三年未找到工作。曼达尔还说，自己的许多同学也无事可做。他如今到另一家私人机构报名进修硕士学位，但看似仍学不到太多东西。曼达尔认为，这至少能改善其社会地位，因为在上学期间能摆脱失业的污名，多一个学位也可能让自己在同辈人中显得稍有不同。

印度拥有几所顶级大学，其毕业生在世界上享有盛誉，但这不是常态。遗憾的是，曼达尔的故事才是常态。有太多的印度年轻人缺乏社会现有岗位要求的技能。雇主最常见的抱怨是，即使是对中等技能的工厂岗位而言，在考虑到员工的生产率水平之后，印度的劳动力成本并不明显低于中国或者越南。

正规私人经济部门的就业机会不多，受过教育的年轻人便热衷于政府岗位，但这里同样供不应求。对就业机会数量稀少的失望情绪可能引发抗议，尤其是当年轻人感到自己在本就有限的政府招聘中遭遇不公平待遇时。例如，全印度最大的雇主之一印度军方在2022年6月缩短了非军官岗位的聘用期限，来自人口稠密的北方邦和比哈尔邦的大量年轻人群起抗议。让数以百万计的年轻人年复一年地参加公务员资格考试，直至其年龄超过报考年龄限制，发现自己把青春消耗在获取无用知识上，对国家来说也是巨大的资源浪费。

所有这些都显示年轻人面临深刻的机遇危机。他们还通过其他渠道宣泄沮丧情绪，例如，曼尼普尔邦的政府职位、大学录取和土地分配中的平权行动，已经升级为相互角力的社群之间的全面内斗，旁遮普邦的年轻人中则出现越演越烈的药物滥用现象。很明显，印度年轻人的能力无法匹配目前能提供的工作岗位的要求，反之亦然。

教育的筹资

印度联邦政府和各邦政府在2020—2021财年用于教育的财政支出约占GDP的4.6%，高于2013—2014财年的3.8%。[2] 其中很大一部分增幅来自各邦，联邦政府的支出则维持在GDP的1%左右。世界银行估计，世界各国政府用于教育的支出平均占GDP的4.4%，所以印度的情况略好。[3] 当然，世界平均值包含许多贫困国家，印度的平均值也包含许多教育支出极少的贫困邦。富裕的经合组织国家的教育支出水平约占GDP的5.3%。印度多个委员会认为，印度应该把教育支出目标确立在GDP的6%左右，这对印度主张的发展道路而言似乎是一个理想的愿望。

在当前的教育支出中，更多资金用于中小学教育，而非高等教育。联邦政府2023年提交的预算资金是按照61%和39%的比例划分，大体上也反映了各邦的预算划分。[4]鉴于过去对中小学教育投入不足，这种倾向基本是正确的。然而，正如我们在上一章所述，未来的重心应该是改进中小学教育的质量，而非数量扩张。

在高等教育领域，教育的公共投入、目标指向和培养质量都低于正常水平。印度需要增加优质高等教育机构的数量。为改善学校的质量，教育系统应该部分依靠公共资金，同时向有支付能力的人收取合理的费用。印度还需要建设顶级的研究机构，由公共和私人研究资金共同支持，以创造能促进国内企业发展的知识产权。

除了提高人口素质产生的社会效益，更强大的高等教育体系还能带来创新、创业和就业等方面的回报。印度人必须承担起一项重要的政治和社会使命：弥合印度年轻人掌握的技能与未来印度所需技能之间的缺口。

庞大的求职人群

从就业指标来看，印度的表现并不理想。根据两个大型数据库——政府的季度城市定期劳动力调查（PLFS）和印度经济监测中心（CMIE）的消费金字塔家庭调查——的报告，2023年3月和9月印度失业率分别为7%和8%左右。这意味着有大约3 500万~4 000万处于劳动年龄且愿意寻找工作的印度人未能如愿。[5]

这里的失业率只计算了正在找工作的失业者的数量。如果你失业了，但没有在找工作，比如一位准备公务员考试的22岁女性，或者一位放弃求职的 35 岁男性，就不会被计算在内。此外还有隐性失业，例如有五个人管理的零售小店或者耕作的小块土地，本来只需要两个人，但所有人都被视为就业状态。

再深入点看，印度目前的劳动参与率，即有工作或在找工作的人占劳动年龄人口的比例，约为 46%。因此在每 100 名处于劳动年龄段的印度人之中，多达 54 名没有加入劳动力市场。如果从国际对比的视角来看，2021 年，巴西的劳动参与率为 58%，印度尼西亚为 68%，经合组织国家整体为 60%。[6] 此外，性别差异尤其让人担忧（我们稍后还要详细讨论）。印度近期的女性劳动参与率仅为 20% 左右，甚至低于撒哈拉以南的非洲国家。年轻人的失业率——15~24 岁已经进入劳动年龄，没有工作但正在寻找工作的人——从 2010 年的 18% 升至 2019 年的 22%，2021 年的 28%。而且如前文所述，过去几年里，农业劳动力所占的份额出现了几十年以来的首次回升，这在快速增长的发展中国家是极为反常的现象。

职业培训

印度有太多缺乏有用技能的大学毕业生一门心思参加公务员考试，部分原因是社会上看不起体力劳动，尽管现代化工厂越来越多地要求体力和脑力的结合。印度还需要给职业培训提供更多空间和更高地位。

从学校教育转向职业培训的学生人数较少。印度最近的第十二个五年计划（2012—2017 年）估计，19~24 岁的印度劳动力中仅有不到 5% 受过正规的职业培训。该文件指出，美国的相应数字为 52%，德国为 75%，韩国则高达 96%。[7]

这种状况背后或许有更深刻的社会根源：传统的种姓职业体系分裂了社会，限制了某些群体的发展机遇，但也让技能得以代代传承。而随着这一强制职业选择体系在现代市场经济中被削弱，学徒制度没有找到替代机制。此外，由于在传统种姓等级阶梯中，手工或体力职业的地位低于脑力职业（白领），大学教育也就比职业培训更受青睐。当然，大学教育还是通向有最高回报的职业的捷径，即有福利保证的安全的政府岗位。

大约一半的印度大学生选择三个传统专业学位：文科学士、理科学士或商科学士，通常是在规模较小的高校。[8]其中部分学生会继续进修专业学位或资质，但如果就此止步，他们除了参加政府和公共部门岗位的各类考试，并无更多的其他就业出路。假如他们在最后一个学年转向某种职业方向，如兽医、摄影师、音响技师、服装设计师、飞机机械师或者木匠师傅，情况会不会更好呢？印度尽管有多达5.35亿头家畜和8.51亿只家禽，每年毕业的兽医却极少，只有3 000名左右。假设实际从业的兽医人数是年度毕业生人数的20倍，那么每名兽医要负责的家畜也接近1万头。虽然驯养动物在文化和经济上都颇为重要，这一职业获得的关注和投入却非常有限。[9]

印度的《国家教育政策》承认，传统上缺乏技能培养的学士学位与职业培训之间存在"社会等级差异"。有位教育从业者告诉我们，从中学开始，就需要改变心态和期望。《国家教育政策》建议让每个孩子学习至少一门职业，并多接触几门。同样重要的是，要给离开学校的人开辟学习更多技能的渠道，包括给进修传统学位的人开设职业类的课程。例如，印度在未来数年需要大量飞机技术人员，也需要更多传授必要课程的技术学校。由传统艺人教授专门技艺的印度传统工艺学校有助于技术的传承，蒂尔菲那样支持学徒制的企业也能发挥作用。加上现代技术和现代材料的恰当助力，还可能创造出令人惊艳的新产品和新市场。

严肃地说，要改变在印度接受职业教育的激励，一个有效办法是把某个职业教育领域的内容纳入公务员考试的范围，再把更多科目加入与报考职业有关的选修部分，特别是在邦层级的考试中。在室内设计、木工、管网或消费电器等领域接受教育的学生，如果担任地方警员或市镇管理员，其能力是否必然弱于在经济学专业接受教育的学生呢？同时，即便在多次考试中仍未能过关，他们依然拥有一项市场所需的技能！

学生们选择职业培训的趋势正在发生可喜的变化。过去几年里，参加证书和资质课程的报名人数持续增加，从 2005 年占学生总注册人数的 1%，到 2020 年提升至 8% 左右。[10] 另外，教育公司培生（Pearson）在 2019 年开展的调查显示，超过 70% 处于劳动年龄段的印度受访者表示，职业学位或证书比传统的大学学位更容易帮人们获得理想的工作。

商务学徒与培训

去企业任职是掌握职业技能者的重要出路。在工作实践中历练加上在职培训，会让人们的技能得到精进，然而，印度很多地方的现实令人遗憾。到一座城镇的中心市场走一走，你会看到数以百计的年轻人在等待打零工的机会。这不是能鼓励企业开展员工培训的那种类型的劳动合同。

这或许该归咎于不合理的劳动法规，它保护那些在企业任职一年以上的员工不易被解雇，而无视企业的需要或员工的表现。这促使企业尽量招聘合同工或者临时工。顾名思义，此类劳动力只是在短期内被雇用，不享受福利，他们会在获得永久受雇资质前遭到解雇。于是，合同工感受不到对企业的归属感，企业也只将他们视作临时资源，不值得做更多投资，由此导致拥有职业技能的学生也没有合适的地方打磨自己的技能。

许多人只能依靠自学成才。国际劳工组织在2017年估计，大约三分之一在印度非正规部门就业的劳动力属于"自营业者"（own account workers），要么是小企业家，要么是出租劳务的工人。这导致生产率持续保持在低水平。

印度需要改革劳动法规，让劳动者得到更长时间的雇佣期限，积累更多的保护和补偿来预防失业，而不是变成"永久"雇佣。拉贾斯坦邦和卡纳塔克邦等地已经在修订劳动法规，部分正是出于上述考虑。[11] 这些变化将保护劳动者的奋斗激励以及企业开展员工培训的激励。如果职业培训机构的课程设置能更加适应本地雇主的需要，包括从潜在雇主那里寻求资助、招募兼职教师和顾问成员，企业也会更愿意雇用这些机构的毕业生。

与我们讨论过的其他许多问题类似，这个动态进程可以很快形成良性循环。假以时日，劳动法规改革加上职场对更高素质员工的需要，会迫使企业给员工安排更多的在职培训，让员工拥有更好的技能、更高的待遇和更多的保障。政府应该在其中扮演积极的赋能者角色，支持数字化劳动力市场，提供技能认证，允许潜在雇主在线核查求职者的证书，以及为知名企业发起的学徒项目提供部分津贴。由政府负担25%的学徒费用的国家学徒促进计划（National Apprenticeship Promotion Scheme）即是这方面的一种尝试，但需要根据实际经验，包括追踪受训者的就业前景，对此加以评估和修订。

印度的私立非学位教育部门在辅导和培训方面展示出的巨大创造力——无论是英语学习、机器学习，还是让人艳羡的印度理工学院的入学考试辅导班等——也应该得到更好的利用。这里的关键在于增强消费者的选择以及对供应方记录的了解，同时避免打压教育培训行业的活力。

高等教育

　　印度的国父们大多是对科学和教育深感好奇的饱学之士。正是由于这种崇尚科学的气质，印度尽管是个贫困国家，却建成了若干名牌大学、一套国家统计和调查体系、一家核科学研究中心和一家空间研究组织。诸多世界级研究机构也得以蓬勃发展，如塔塔基础研究院、印度科学学院以及首批的5所印度理工学院。可是像印度这样的贫困国家没有能力充分吸纳优秀学生，于是许多人远走海外，尽管也有许多留了下来。

　　随着20世纪90年代的经济自由化，高等教育机构的数量快速增加，但这也伴随着某些弊端。难点在于维系基本的教育质量，当前有太多学生接受不传授市场化技能的学位教育。即便是应该给学生们培养某些有用技能的工程等专业，许多毕业生也完全不懂行。所以，就算印度最终能把高素质人才都利用起来，目前培养的人才数量也太少。拉詹曾经看到有许多印度理工学院的毕业生，因为找不到满意的工作，申请芝加哥大学布斯商学院的博士课程。这种情况已经改变，因为他们如今能直接在校园里找到有吸引力的工作机会，包括世界各地的跨国公司的工作岗位。但在这些高素质人才被一扫而光的同时，许多训练不足的学生却在失业中浪费青春。为什么会这样？

　　过去20年来，印度大学院校的数量出现爆发式增长。综合大学的数量翻了两番，从2001年的260所到2020年的1 043所，专业学院的增速也近似，从11 146所增至42 343所。德韦什·卡普尔非常简练地将此描述为：在这20年里，印度每天都要新开办4.5所大学院校，而且周末无休！

　　人们经常把"高门槛、低成本、高质量"视作高等教育的铁三角。低收入国家难以在这三方面同时达成理想状态——高收入国家也未必可以——而必须放弃至少一个方面。既然印度当前仍属于低收入国家，在过去 20 年追求规模扩大和维持较低成本的进程中，大学教育的质量就受到了极大的削弱。

的确，在急于满足民众需求的时候，印度或许把战线拉得过长了。高等教育的毛入学率（GER）达到 27%，意味着 18~23 岁的人有 27% 要上大学，对于其发展阶段来说，这一比例很高，比中国，甚至日本、英国和法国在类似人均 GDP 水平时都要高。事实上，英国直至人均 GDP 接近 1.6 万美元的时候，大学毛入学率才达到 25%，收入水平相当于印度在相同入学率时的 8 倍。[12]

需求方面的众多因素促成了这一超常发展，包括社会对大学学位带来的地位的较高期望，技能溢价（受过高水平大学教育的人与其他人之间的工资差异）的提升，印度选择的服务密集型发展路径等。但最主要的影响因素或许来自供给方面：在没有对学位授予机构做太多监督管理的情况下，闸门就被完全打开了。

高等教育成了盈利机器

沿着高速公路驶出印度的某座大城市，特别是在南部或西部地区，你每隔一段时间就能看到醒目的酒店类型的建筑物。如果走近一些，你会发现建筑物大门口的标牌上写着"速成巴克工程学院"或诸如此类的名称。高等教育产业于世纪之交在印度遍地开花。由于从初期的巨大需求中收获了高利润，大多数新建的大学院校是由个人而非信托或捐赠资金来支持，采取了低质量、快速盈利的模式。政治学家拉胡尔·维尔马（Rahul Verma）指出："在一线和二线城市的教育中心之外，拥有和运营大量私立中学和大学的人不是教育专家，而是政客及其支持者。"[13] 这些机构的增长速度极快，根据 2020—2021 年开展的全印度高等教育调查，全国约 78% 的大学属于私立性质，占全部入学人数的一半以上。

德韦什·卡普尔解释了在中产阶级家庭收入有限的条件下，这一模式如何能够持续。某些教育机构受益于各邦预算中为高等教育拨付的资金，例如有政府数据表明，各邦政府的高等教育支出中约有 36% 被转移到私立大学，在马哈拉施特拉邦，这一比例甚至高达 86%。[14] 有研究指出，这些资金如果作为奖学金直接向有需要的人发放，会比交给私立大学的效果更好，因为后者更容易把钱转移到教育之外的用途。[15]

另外还有鼓励学生申请贷款来支付学费的做法，印度各银行发放的教育贷款余额从 2000 年的 300 亿卢比（约 6.7 亿美元）激增至 2022 年 6 月底的 8 000 亿卢比（约 100 亿美元）。[16] 印度教育部发布的最新数据显示，仅 2022—2023 财年就发放了超过 1 700 亿卢比（约 20 亿美元）的教育贷款。[17] 加上学生家庭的血汗钱中用于支付大学费用的比例，就可以明白私立教育机构的收入为何如此之高了。

大学生及其家庭获得的回报却很少。大学教育飞速膨胀的必然结果是没有足够多的高水平教师，尽管这方面的详细研究很罕见，但闲谈逸事和媒体报道都似乎显示印度的高等教育机构很难找到优秀的教师，私立机构尤其如此。除显眼的建筑物之外，落后的设备加上师资不足正是本章开头介绍的大学生曼达尔所受的教育质量低劣的原因。毕业生找不到工作，充分说明那些没有原则的大学经营者在高等教育领域没有充分利用稀缺资源。如果毕业生难以就业，他们就无法偿还教育贷款。最近有报道指出，到 2022 年底，12 家主要公共部门银行的全部教育贷款中有 8% 发生违约，远高于它们的平均贷款违约率。简而言之，私立高等教育部门需要一次大整顿。

第 8 章 能力培养：高等教育　　137

监管

显然，对质量的监督没有发挥作用。《国家教育政策》承认："对高等教育的监管在数十年里曾经很严厉，试图规范的东西太多，但收效甚微。"印度的高等教育由大学拨款委员会（University Grants Commission，UGC）以及14家专业评议会负责，各邦予以辅助。对于公立大学，他们控制着资金、认证和高层领导的聘任，甚至包括教师的聘任、薪资结构、奖学金、学生录取程序、教学大纲等内容。到2023年2月，印度仅有38%的综合性大学与21%的专业学院得到主要监管机构国家评估与认证委员会的认可。[18] 尽管监管机构繁多且管辖范围重叠，却没有任何一家机构获得关闭不合格教育实体的明确授权，于是，许多无耻之徒仍在野蛮生长。

私立大学院校的录取程序不透明，不可避免地涉及腐败，这进一步制约了其质量的提高。[19] 对低质量经营者盛行的任何体系来说，更高质量的经营者都会带来威胁。拉詹曾经为创建了印度商学院的一家非营利团体服务，他记得这所学校在获得开办许可时是多么艰难，尽管他们得到了凯洛格商学院、沃顿商学院以及一些印度顶级商界人士的支持。

与此同时，一些老牌公立大学，包括现代印度的科学巨擘贾格迪什·钱德拉·博斯（J. C. Bose）、萨特延德拉·纳特·玻色（Satyendra Nath Bose）、拉曼（C. V. Raman）和梅格纳德·萨哈（Meghnad Saha）等人的母校加尔各答大学、德里大学和印度理工学院分校等正在走向衰败。政府被其他优先事务分心，导致这些名校资金紧缺，公立大学又不能收取私立机构那样高昂的学费，缺乏可以让教师专注于前沿领域并吸引商业赞助的重点研究项目，也没有独立于政府的自主权,有时还会被教师和学生中间的政治利益集团俘获。《国家教育政策》流传出的早期草案(2020年被政府最终接受前的版本)完全没有提到,在其中部分大学选拔并任命领导人的过程中,道德标准遭到了严重破坏。[20] 当然这些机构仍具备某些优势,学生热切渴望以合理的价格获得高质量的教育,教师也有很强的动力。因此,它们依然吸引着印度的许多最优秀、最聪明的年轻人。

与之相比,新办的一批公立大学,包括许多新建的印度理工学院分校、印度管理学院、全印度医学科学研究院等,则在为少数优秀师资展开激烈竞争,同时又受制于薪资必须与公务员水平看齐的要求。完成现有的教学任务已经让它们疲惫不堪,所以更无力确保教育质量。

最后还有少数新成立的私立大学,包括阿育王大学(Ashoka University)、艾哈迈达巴德大学(Ahmedabad University)、希夫·纳达尔大学(Shiv Nadar University)和克雷阿大学(Krea University),它们试图给学生提供一流的教育,但收取的费用需要覆盖学校的成本。这些大学会给财力不足的学生提供奖学金,然而费用依旧昂贵。许多上层中产阶级的父母仍会选择送孩子去这些学校,因为除了海外留学,并无更多出路。

未来之路

政府任命的若干委员会以及学者开展的若干研究都提出了改进意见,其中包含许多合理的主张。或许就像我们之前介绍过的故事里,韩国财政部长对印度同行说的,关键在于把建议落到实处。我们先来看看一家多年来保持高质量的教育机构的案例,它表明质量挑战并非不可克服。

印度科学学院：领路人

印度科学学院是唯一一家常年出现在世界大学各排行榜前列的印度高等教育机构，它的持续卓越表现是哪些因素造就的？

从19世纪90年代到20世纪初期，该学院得到了当时一群富有远见的精英人士的支持：主要推动者是贾姆谢特吉·塔塔（Jamsetji Tata），迈索尔的王公捐赠了土地和资金，海德拉巴的君主捐赠了资金，连英国人也被说服，积极参与进来。[21] 一批杰出的科学家出任早期的负责人，包括诺贝尔奖得主拉曼。

这里讲一段有趣的历史逸事，塔塔与斯瓦米·维韦卡南达（Swami Vivekananda）乘船去参加1893年在芝加哥举办的世界宗教议会，他们应该探讨了现代研究型大学与维韦卡南达推崇的行动导向禁欲主义之间的相似之处。后来，塔塔在一封信中试图邀请维韦卡南达加入共同的事业：

孟买滨海大道宫

1898年11月23日

亲爱的斯瓦米·维韦卡南达：

我想你还记得我们曾在从日本到芝加哥的途中作伴。此时此刻，我能清晰地回忆起你的那些看法：关于印度苦行精神的发展，以及将它导向有益的出路，而非将它摧毁的责任。

我记得自己把这些主张同我对印度科学学院的规划方案联系起来，你对此无疑是听过或者看过的。在我看来，苦行精神的最佳应用莫过于为献身这种精神的人建立修道院或住所，让他们有体面的正常生活，然后将生命投入自然与人文科学成果的培育中。我支持以下观点：如果有位能力不俗的领导者来指挥这种苦行主义的征途，那将会极大地促进苦行事业、科学研究以及我们祖国的良好声誉。我不知道，还有谁比您更适合领导这一事业。您是否愿意投身这项使命，以此把我们的古老传统注入现实生活呢？您或许可以从一本激动人心的小册子开始，在这些话题上唤醒我们的人民。我会很乐意承担所有的出版费用。

向您致以我的良好祝愿！

您忠实的贾姆谢特吉·塔塔[22]

印度科学学院不同于包括印度理工学院和印度管理学院在内的印度其他高等教育机构，它接受的指示是把研究作为核心任务。例如，该学院接收的博士后和博士生的数量超过本科生，这对于同等规模的高等教育机构来说是非常罕见的。

印度科学学院的出类拔萃确保了其资金不止依赖国家的大学拨款委员会。其他许多政府部门也给它投入资金，如国防研究与发展组织、印度空间研究组织以及科学技术部等。该学院允许教师把时间和资源用于开展研究项目，并采用国际通行的同行评议体系来决定其终身教职的聘任。

在历届政府的支持下，印度科学学院对于自身如何治理以及如何为研究、基础设施和教学分配资金保持了相对的自主权。事实上在学术研究之外，联合国教科文组织还在20年前对该学院开展了一项案例分析，强调它非常活跃地与产业界互动合作，还积极参与解决社会面临的现实问题。如果到印度科学学院的校园内走上一圈，你肯定会感受到教师和学生都浸润在求知的动力与热情之中。

新的圣殿：公立研究型大学

精英主义有时是个糟糕的词汇。但在研究领域，精英主义是本质特征，因为前沿探索是非常困难的事情。印度要想走上我们提议的发展道路，就需要更多像印度科学学院那样的高水平研究型大学。它们将开展突破性研究，以满足产业界的需要，并且推动企业从渐进式创新者升级为突破性创新者。

增加高质量研究型大学的数量及其资金投入

印度政府把20所大学列入"卓越院校"（Institutes of Eminence，IOE）的行列，给予它们更大的自主权和更多的资金，这反映了政府良好的意图。然而，最初的选择引发了争议，包括由信实基金会（Reliance Foundation）赞助的尚未启动的 Jio 研究所（Jio Institute），因此后来的名单似乎改为根据公开排名来确定。假设如此，那么只有已经做得不错的机构能够入选，例如印度科学学院与最早的6所印度理工学院分校中的5所都在其中。但这些机构业已掌握了很大程度的自主权，资金也较为充裕，因此重点其实应该奖励更晚成立的、能获益更多的机构。此外，即便在负有盛名的现有机构内部，对于科学研究与博士生培训的重视程度也都应该进一步加强。

科学研究

一种办法是大幅增加对科学研究的资金投入，包括采纳历史上的许多委员会提出的建议：创建一家由政府出资的独立的国家科研基金会（National Research Foundation）。该基金会负责挑选优秀竞标方案，以拨款方式支持原创研究，并把相当数量的资金投入少数重点领域。

目前提出的创立国家科研基金会的建议气魄不足：只计划在5年时间里分配50亿美元，其中70%来自产业界。[23]与我们预想完成的任务相比，即便在产业界愿意参与的罕见情形下，投入依然太少。在下个10年里，如果政府走上我们建议的发展道路，就必须大量增加资金投入，包括购买科研设备与培养博士生，其金额会远远超出如今对大学基础研究的支持。我们主张，在初期投入数千亿卢比，并在下个10年增至数万亿卢比（相当于从数十亿美元增至数百亿美元）。这与今天相比将是巨大的飞跃，却是印度跻身全球主要玩家行列的最低投入。作为对照，美国今天仅通过国家科学基金会和国家卫生研究院每年分配的科研资金就达到550亿美元（约4.5万亿卢比），还有各种国防资金和私人资金支持大学的研究项目。仅本书作者罗希特毕业的普林斯顿大学获得的总资助就达到360亿美元。

印度政府必须找到为高校科研工作投入更多资金的办法，提升这个领域的优先度会有所帮助。2022年，联邦政府的高等教育预算支出为4 440亿卢比（约55亿美元）。[24]与此同时，正如本书前言所述，有大约20亿美元（超过联邦政府高等教育预算支出的三分之一）在近期被作为资本补贴投入美光科技公司一家负责组装与测试芯片的工厂。另外，有2.25万亿卢比（约280亿美元）被用于肥料补贴。这些数字令人震惊，完全不符合印度为其未来发展而确定的优先事项。

配置给科研的资金增加后，一部分将用于支持研究中提出的正常项目，其中可能出现惊人的突破性成就。不过，大多数科研领域需要最低限度的资金和人力投入才能发挥效果。我们通常不主张政府直接干预企业或科研，但政府此时或许没有更多办法，而必须选出少数几个重点领域，例如可持续能源储备、创新药或疫苗的开发、人工智能等,最好就印度的潜在优势事先向专家广泛征求意见。选定的扶持领域应该是未来经济增长的关键环节,或者在国家安全方面具有战略地位,仅靠私人企业的投入不足以满足印度的需求和志向。限定重点领域的数量将确保科研项目有充足资金,让印度有较大把握保持前沿地位。资金投入如果过于分散、覆盖过广和持续过短,则很容易被浪费掉。

国家科研基金会需要分配数量庞大的资金,因此这个体系的透明度与独立性至关重要。一旦在政治层面和学术政策层面确定重点领域,每个领域都应该委派由独立权威学者(而非官员或政客)构成的委员会决定资助项目,让他们根据具体的申请进行评估。在立项之后,资金的持续投入还需要定期评估。

由此产生的知识产权应该部分归属科研人员和大学院校,让他们从成果的商业化中获取一定的金钱回报,并吸引更多资金投入后续研究。大学院校也会有激励培育科研文化。

由于科研对国家有许多正面促进作用,国家科研基金会的第二个职责应该是支持科研基础设施,甚至把拨款对象扩大到某些运行良好的私立机构。许多科学、技术和工程院校没有光谱仪等开展研究所需的基本设备和设施齐全的实验室。它们或许不算是卓越机构,但那里的教师和学生仍可以参与科研,前提是有必要的资源投入和鼓励,谁知道会不会培养出下一个拉曼(诺贝尔物理学奖得主)呢?

师资

研究型大学必须培养一流的博士研究生,让他们在这些院校中担任教职,也可以去往其他的众多高水平大学院校,着力于教育和培养受市场欢迎的毕业生。在看到做博士研究也会有不错的待遇以后,一些聪明的学生或许不会去当银行家和咨询师。因此,国家科研基金会的第三个职能应是资助大学的博士培养项目。

印度的某些知名学府不够重视科研工作，而重振科研文化需要时间。一批通常由私人出资新成立的机构或许能在这方面起到带头作用，例如阿育王大学、金达尔全球大学（O.P. Jindal Global University）、艾哈迈达巴德大学、阿奇姆·普雷姆吉大学（Azim Premji University）等。公立大学若能加入人才争夺战也将是好事，因此，国家科研基金会应该在公立大学资助若干教授席位，以具有竞争力的薪资水平吸引杰出教授。

印度有能够胜任此类席位的候选人，但人才储备可能被迅速耗尽，因此必须从全球范围搜寻人选。许多候选人是在海外工作的印度裔教授，但印度也可以向其他国家的人才开放，包括来自邻近国家的人才。印度必须愿意从任何地方吸纳最优秀、最睿智的人士，他们中某些人带来的专业技能与诀窍可以为印度节约数十载的光阴。

要想维持国际竞争力，学术研究的薪酬标准必须放开。政府不能把学者视作公务员，参照公务员制定薪酬标准。顶尖的学术研究者面临世界市场的竞价争夺，印度绝不能在这方面落后。

学术自由

学术文化要求开展自由讨论、打破等级秩序、用激进观念挑战现有共识。专制政府对此心存芥蒂，试图加以干预，通常利用顺从的管理者或理事会，在大学中奖励自己支持的人员和意识形态，而打击异己分子。但这是一条走向平庸的发展道路，最终会让官僚和政客把持国家科研基金会。为维护思想自由与吸引全世界最优秀、最睿智的人才，我们之前围绕政府讨论过的公共治理议题在学术领域同样具有重要意义。

改进教学机构的质量

就教学而言，印度的小型学院数量过多。例如在2019年，全印度有3 600万名学生在51 649家高等教育机构注册，平均每家只有697名学生。中国则有4 200万名学生在2 699家高等教育机构注册，平均每家的学生人数为15 561名。小型学院无法提供大型院校那样丰富的科目选择，也难以承担组建强大的就业办公室并与产业界通过合作项目或实习建立联系的固定成本。这些小型学院可能需要合并或者与周边院校建立松散联系，以便给学生提供更多选择。

提高整个高等教育体系质量的一种办法是，坚持让每家机构在成立后的5年之内都获得认证，即对教学质量和学生支持质量做评估，以后每5年做一次认证。为有效开展这项工作，负责认证的国家评估与认证委员会必须大力提升自己的工作量，同时不损害认证的质量。如果某所院校的运行情况良好，它可以在大学拨款委员会的规范之外获得更大的自主权。

如果某所院校的评估不达标，应该责令其在两年内解决问题，并在此期间增强对其工作的监督。到期之后，若新的评估发现改进依然不力，大学拨款委员会应该委派一名管理者接管该机构，要么在现有学生毕业后平稳关闭学校，要么将它并入周边更好的院校。当然，这要求大学拨款委员会（或作为监管方的其他实体）获得关闭不合格院校的授权。

学生应该有能力识别不合格的院校并避开它们。政府需要从数据库中收集信息，并公开发布各院校的毕业生就业状况和平均收入水平（如毕业三年后的情形）。[25] 银行主管需要给不合格院校的学生贷款设置附加风险权重，政府则应该拒绝为其提供担保。在普通的监管要求之外，这将给不合格院校施加更大的经济压力，促使它们改善或关闭。

从世界范围内获益

印度在改革高等教育体系的同时，还应认识到对世界其他地方的教育机构的依赖程度，并从自身利益出发重塑这种相互往来。印度长期以来一直把学生送到海外接受硕士和博士教育，本书的两位作者即是明证。这种做法应该持续，但也必须想办法吸引在海外受训的学生回国，尽管他们在世界市场上广受欢迎。改善印度的科研环境，提高顶尖学者的待遇，将对此发挥很大作用。

过去一二十年来，由于本科教育体系没有跟上发展步伐，越来越多的印度学生到海外攻读本科学位。印度教育部的报告说，仅在2022年就有77万多人。[26] 这些数字是模糊的，因为民众在出国的时候不需要报告其原因。但在2022财年，印度人支取了52亿美元的外汇用于海外留学，这似乎也是个下限估计值。[27]

印度侨民是国家在需要时能指望的一个重要资源，同时也意味着机遇。如果高水平大学的数量增加，如今前往海外留学的许多本科生会留在印度国内。他们有支付能力，这将成为大学的重要资金来源，同时可以节约数十亿美元的外汇。许多来自邻近国家、中东以及非洲的学生将来印度求学，他们不仅会成为新的资金来源，还可以形成隐性出口产业，给国家带来外汇收入。外国学生还能带来人才的输入，所以应该鼓励其中的佼佼者留在印度，不能让他们因为有不同的民族、种族和宗教背景而受到冷遇。印度需要重新发扬对所有人保持开放的传统，否则在全球的人才争夺战中难免落入下风。

此外，必须鼓励与海外研究机构之间的科研合作，我们建议设立的国家科研基金会有时也应该以拨款来助一臂之力。科研合作将成为重新激发印度顶级大学中现有教师的活力，以及与海外印度人开展联系的关键途径，同时也可以充分利用富裕的西方国家对印度的信任态度（相对于中国而言），由此开辟通向前沿的一条捷径。

令人叹息

我们不应忘记，建设一个机构需要许多努力，但毁掉它的卓越却很容易。罗希特在德里经济学院攻读硕士课程，德里经济学院有悠久的历史，出过贾格迪什·巴格瓦蒂（Jagdish Bhagwati）和阿马蒂亚·森（Amartya Sen）等知名人物，也培养了当今印度的许多经济学家。但随着优秀教师纷纷离开，这家学院的光芒逐渐黯淡。其实事情本可以有所不同。

与伦敦经济学院的直接对比很能说明问题。德里经济学院归德里大学领导，与之类似，伦敦经济学院也受伦敦大学的直接控制。但随着时间推移，伦敦经济学院在较为宽泛的指导原则之下获得了更大的自主权，包括聘用什么人、开设哪些课程，乃至收取多高的学费等。当现代金融业在伦敦走向繁荣时，伦敦经济学院培养了一批顶尖的银行家，另外也持续大力投入博士生培养项目。

德里经济学院没有把硕士项目拓展到金融、保险等与市场联系密切的课程，博士培养项目也与世界标准以及自身的辉煌历史不相称。从罗希特的经历来看，这不是由于教师缺乏远见或者不够努力，而是源于更高层级的大学官僚机构的严密控制扼杀了创新。印度需要数量多得多的绽放全部光彩的"德里经济学院"，可惜国家没有给予它充分的自主权来确保其持续的辉煌。

第 9 章　能力构建：医疗

新冠疫情给印度留下了深刻的创伤。在如此大规模和难以想象的传染病下，没有哪个国家的应对算得上完美，尽管已有世界各地的前车之鉴，但印度在面对恐怖的第二波疫情时的严重准备不足依然反映了国家治理的薄弱和医疗体系的缺陷。虽然政府通过医疗服务供应商能在全国范围内实现有效疫苗接种，但许多地方的基本医疗服务仍不充分。对新冠疫情经历的深入考察可以告诉我们哪里需要修补，但政府没有在这方面感受到多少压力。

其他迹象也表明，医疗领域的状况很不理想。乌克兰冲突爆发后，人们惊奇地发现有数量庞大的印度学生在那里接受医学教育。既然国家缺乏医生，而且在穷乡僻壤有许多负责治病开药的人没有正规学位，那为什么印度不能给自己的学生提供更多的医学教育呢？

无论在公共部门还是私人部门，都不乏认真负责的个人与组织做着出色的工作，竭尽所能地让民众获得医疗服务。整个印度庞大、多样并且时有混乱的医疗体系该如何学习他们的成功经验，以便为 14 亿民众建立包含初级、中级和高级医疗单位的完善网络，提供高质量的健康服务？

印度医疗现状

印度的奋斗目标应该是给所有人提供便利且有质量保证的医

疗服务，而且作为一种附带收益，让医疗成为印度面向全球的一类出口服务。让我们先看看印度医疗体系的现状，了解印度为实现上述目标需要做些什么。

1943年，约瑟夫·威廉·博尔（Joseph William Bhore）领导的一个委员会受命为印度筹划现代公共医疗服务体系。他们勾画了一个西欧式的架构，由三个层级的机构分别提供初级、中级和高级医疗服务。处理小伤口感染等普通健康问题交给初级卫生中心，复杂的手术交给高层级医院，中等程度护理和小手术交给中层级医院。每个层级都会通过转诊系统为其他层级提供支持。[1]

世界卫生组织近期的一份报告指出，印度至今尚未达成博尔委员会报告提出的最初10年的短期目标：让印度的每个地区拥有"25个初级卫生中心，每个中心服务不超过4万人口，每两个初级卫生中心对应一家包含30个床位的医院，每个初级卫生中心应有15名职员，其中包含两名初级医生、四名公共卫生护士、一名护士、四名助产士、四名公共卫生监督员、两名药剂师、一名办事员以及其他助理人员"。[2] 在90年前，博尔委员会为印度医疗体系设立的这些任务并不轻松，但谁也没有料想到需要如此漫长的时间。

如今，博尔委员会设计的架构依然主导着印度的公共医疗体系。但由于公共部门无力保证必要的服务数量和质量，大量民众已转而求助于私人医疗机构，甚至包括穷人。这些机构填补了部分缺口，以至于在某些地区替代了公共部门，只是医疗体系总体上并没有实现高效运转。

婴儿死亡率是衡量医疗服务质量的一个指标，即每1 000名婴儿中在1岁之前死亡的数量。印度目前的数值仍高达26（截至2021年），越南是16，中国是5，富裕的经合组织国家的平均水平为6。[3] 印度内部的地区差异很大，喀拉拉邦为6，达到经合组织国家的平均水平，北方邦为41，恰蒂斯加尔邦为40，中央邦更是高达46，接近撒哈拉以南非洲国家的水平。[4]

如今，哮喘（源自污染）和糖尿病（源自不健康生活方式）等新型疾病的快速增加让印度的城市区域不堪重负，而肺结核与疟疾等传统疾病仍在很大程度上如影随形。印度的农村地区则还在为普及基本医疗服务而挣扎。这样的窘境是如何造成的？

低质量的医疗服务供应方

印度有一些出色的医院，也不乏世界知名的医生。但大量国民的医疗服务体验与之截然不同。

首先，合格的医生数量太少。有一项研究估计，每年有近8万名医学学士从印度的大约560家学位授予机构毕业，几乎是美国医学毕业生人数的3倍。[5] 然而在2019年，印度每1 000名国民仅拥有0.9名医生，同期美国的数字为2.7，中国为2.5。部分原因是医学院过去的培养能力较低，而且不是所有毕业生都留在印度国内服务。于是，与人口规模相比，如今接受正规教育和培训的医生总数依然不足。医生的素质也存在巨大差异，既有世界知名的心脏外科医生，也有许多人的水平并不高于没有正规学位的江湖郎中。

虽然建立了基本免费的公共医疗体系，但有研究发现，即使在有合格的公共部门医生提供服务的中央邦农村地区，收费的初级私人医疗服务供应方也占据了83%以上的市场份额。大约60%的初级医疗门诊来自没有正式资质的私人服务供应方，当然他们可能从不同渠道获得过医疗专业知识，包括在正规诊所的从业经历。[6]

医疗服务向私人供应方转移的部分原因是，公共医疗机构的医生有40%的时间缺岗，而且在执业的时候，他们给每位病人提供的问诊时间（平均为 2.4 分钟）少于私人医疗机构。因此，公共医疗机构与不合格的私人医疗机构的诊断查准率几乎相同（研究发现仅有可悲的 4%），处方的正确率也几乎相当（约为 27%）。两者都在大约 70% 的情况下提供了非必需的治疗方案，导致抗生素滥用等后果。有意思的一点是，有些在公立医院上班的医生在自己并行提供的私人服务中会花更多时间接待病人，态度也要认真得多。这与同时在公立学校和私人辅导班任课的教师一样，激励无所不在！

其他研究发现，公立医院和卫生中心普遍存在药品短缺，医疗设备破旧，排队现象严重，服务质量低劣。2017—2018 年印度全国抽样调查（National Sample Survey）显示只有不足三分之一的国民目前在公立医院和卫生中心接受服务。显然，穷人比富人更依赖公共医疗体系。但即便如此，在人均月消费支出额度处于最底层 20% 的群体中，也仅有 36% 的人选择去公立医院看病。[7]

这里的城乡差距非常显著。同样根据 2017—2018 年的最新全国抽样调查，只有约四分之一拥有医学学士学位（MBBS）的医生在农村地区工作，那里生活的人口占比却接近三分之二。

那些数量惊人但没有正规学位（无论是医学学士，还是拥有印度的传统医学资格证书 AYUSH）的非正规医疗服务者又是什么情况呢？研究表明，民众的收入增长不会削减他们对非正规医疗机构的依赖，但如果患上严重的疾病，他们可能会去水平更高的机构。原因之一是在比较富裕的地区，合规从业者的竞争压力加剧会迫使非正规机构也提高自己的知识水平。事实上，泰米尔纳德邦和卡纳塔克邦非正规机构从业者展现的医学水平甚至高于比哈尔邦与北方邦有正规学位的医生！[8] 显然与教育一样，在医疗服务领域也存在公共部门与私人部门并行、合规供应方数量太少与平均服务质量低劣的难题。

投入资源太少，临时或自付支出太多

印度的医疗支出太少。根据2019年的印度国家转型委员会（NITI Aayog）报告，政府的医疗支出仅占GDP的1.13%，"与其他国家的类似支出相比太少"。[9] 即使把居民家庭和企业的部分加起来，印度的医疗支出也仅占GDP的3.5%~4%，远低于近10%的世界平均水平。

另外，印度有太多的医疗支出（约60%）属于临时性质或自付性质的支出，既不是依靠预付的私人保险（像美国那样），也并非来自政府医疗支出（类似于英国的国家医疗服务体系）。这意味着，当某些民众需要重大医疗服务时，其家庭将担负沉重的压力。国家公共财政与政策研究所（National Institute of Public Finance and Policy）近期发布的一份报告显示，根据2014年的数据，在一年多的时间里，全体居民家庭中约有8%曾因自付医疗费用而跌落到贫困线以下。假设印度有2.5亿个家庭，那就表示每年约有2 000万个家庭，或者说8 000万到1亿人受到这样的打击。[10]

在其他许多国家，居民通过私人保险计划实现风险分摊，保险公司通过持续的保费收入为民众支付大额账单。从本质上说，由于所有人不会在同一时间生病，居民的持续年度缴费足以覆盖每一年里遭遇紧急情况的全体家庭，对收入的重大意外冲击会被转化为稳定可靠的、能够预测的保险费收入。这正是私人保险业务的基本原则。

公共医疗保险也同样是在分摊风险，由民众缴纳的税金来替代保费。风险分摊具有两个核心优势。第一是减轻居民家庭承担的风险，例如让一位贫困的农业工人无须担心可能花费数十万卢比（相当于数千美元）的突发医疗费用。第二是让医疗服务的需求变得更容易预测，例如在有保险覆盖的情况下，某位员工会带女儿去医院看病，而不只是求神拜佛。

许多国家的制度安排比印度做得好。世界卫生组织估计，低收入和中低收入国家的自付医疗费用占比约为40%，中国从2000年的60%下降到2019年的35%，美国和泰国则只有10%左右。

当然，即便有保险公司把客户的保费汇总起来，也不代表就能提供优质医疗服务。覆盖印度全国10%人口的雇员国家保险公司（ESIC）的年度报告显示，其累积的未使用保费金额高达100亿美元。在医疗保费从中产阶级和下层中产阶级雇员的工资里扣除后，由于公共保险公司提供服务的能力较差，赔付率（赔付金与保费的比值）长期低于50%，而美国的常规赔付率应该超过80%。这表明印度的雇员国家保险公司没有给投保人的健康提供充分的支持。[11]

破碎的医疗体系，低下的资源利用效率

由于博尔委员会建议的正规医疗体系的运转效果不尽如人意，印度出现了相互重叠的各种私人和公共供应方来拼凑补充。在公共部门这边，有初级卫生中心、社区卫生中心、区域医院、医学院附属医院以及超级专科三级医疗中心等。私人部门则包括非正规机构、独立医生、诊所、养老院、独立医院和企业医院，以及各类药店和药剂师等。

此外，印度超过98%的医疗服务供应方的雇员数不及10人，超过90%的医疗机构的病床数不及50张。能够给病人提供从初级诊断到最终治疗的综合性机构的数量非常有限。这导致病人需要自己在复杂的迷宫中摸索，对转诊建议的质量和完整度知之甚

少，被迫在不同类型的医疗机构之间来回折腾，盖茨基金会的前印度主管纳奇凯特·莫尔（Nachiket Mor）称此为过度的"医生选购"。

假如有足够发达的网络能够分享病患情况、病患回访、手术和治疗的成功率等信息，这一严重碎片化的医疗体系或许仍可以提供有价值的服务。数据科学领域的极客所说的"互操作性"（interoperability），即计算机系统或软件对数据的交换和利用能力，可以帮助客户做出更合理的决策。但目前缺乏这样的支持体系。

当然即便在掌握各种信息之后，医疗服务的少数大采购方也不容易向低水平供应方施加压力，因为他们通常会从事所谓的"被动采购"（passive purchasing）。世界卫生组织对此的定义是：通过官方的程序化评估分配预算，以及收到包含医疗设备、药品、护理人员和其他类别的费用账单之后的简单支付流程。这样的采购方并不会深入参与监督顾客实际获得的医疗服务的质量和数量，也不会用心去影响供应方。[12]

与之相反，战略采购（strategic purchasing）意味着采购方通过采购何种服务、如何采购以及从哪里采购的决策，持续搜寻能够优化医疗体系绩效的最佳手段。这方面的一种尝试是把资金分配与服务供应方的业绩或其服务对象的医疗需求挂钩。虽然说在被动采购与战略采购之间还存在各种过渡类型，但毫无疑问当前的印度医疗属于被动采购性质。

最后，灵活的监管可以改进公众的服务体验。由于印度的医疗严重依赖非正规机构，监管部门不可能将其一概禁止。但对整个产业完全放任不管，乃至更糟糕地纵容其索贿受贿，也不是解决办法，尤其是当正规机构并没有做得更好时。审慎监管在三个层面都需要加强：医疗资质或能力、供应方的医疗服务质量，以及医疗保险的价格与覆盖面。

医疗服务：未来愿景的关键要素

任何国家都希望以合适的价格向全体民众提供像样的医疗服务。当然，印度也应该发展能推动先进研究和实践的医疗机构，吸引来自世界各地的病人，并培训医学院所需的资深教师。如何能够同时做到这两个方面？接下来我们将介绍四个关于制度解决方案较为成功的案例，并为医疗制度的设计总结一些经验。

社区诊所

就像博尔委员会在很早以前指出的那样，医疗服务首先是普及有能力的初级医疗服务供应方，他们可以处理小伤小病，把较为复杂的病例转诊到综合性诊所和医院。德里地方政府的社区诊所（Mohalla Clinics）就是一个例子，此类机构自2015年启动，目标是"为社区民众在家门口提供合格的初级医疗服务……并减少到医院治疗普通疾病的民众造成的过分拥挤现象"。[13]

每家社区诊所服务大约3万名民众，拥有2~3个房间，配备医生办公室、药房和化验室。[14]候诊区有椅子和空调，甚至吸引部分民众进来纳凉。若干诊所是专门设计的活动房屋或者集装箱，便于搬运到任何公共土地上。

病人来就诊时会挂号，详细信息被记录在一部平板电脑上，处方和病例都用专门软件保存下来。这样的诊所每周开放6天，每天开放4~6个小时，当需求较为强烈时，可以轮班持续开业。每家诊所配备至少一名医生、一名护士或助产士、一名药剂师，可以提供基本的急救、诊断、产前和产后护理、大量药品和多种诊断检测，以及面向综合诊所（二级医疗机构）、专科医生和大医院的转诊介绍服务。

某些开设私人业务的医生会在病人不足时来社区诊所提供服务，以补贴收入。对这里的病人而言，社区诊所有不错的就诊环境，容易见到医生，得到有品质的持续问诊服务，而且相比到公立医院看病抓药可以节约大量时间。

关键在于，社区诊所的医生问诊和药品领取都是免费的。从病人得到的服务质量和政府控制成本的角度来看，这个体系的运转效果如何呢？早期研究显示，医疗服务人员和病人双方都有基本正面的体验，而且与德里的其他公共和私人机构相比，成本效益还算不错，当然这些效益还有待更严格的评估。[15] 中产阶级家庭去这些诊所看病的情况依然很少，但社区诊所的目标是继续改善就医体验，最终把他们吸引过来。如前文所述，在服务质量下滑时，中产阶级的抗议声势会比较大，因此他们的加入有助于激励服务人员维持良好的就医体验。

JSS 医院

JSS 医院（Jan Swasthya Sahyog，人民健康扶助团）是由印度最主要的医疗研究机构全印度医学科学研究院的专业人士在恰蒂斯加尔邦比拉斯布尔市附近的林间部落村庄聚集地创建的。这个地区十分偏远，以自行车为日常交通工具。JSS 医院有一个运转良好的体系，由主要负责接触病人的外展员工（outreach workers）构成，此类员工通常在本地招募，没有正规医疗资质。不过他们会接受培训，学会识别和处理基本伤病（包括该地区常见的被动物咬伤引发的问题），并配备医药包做紧急处理。假以时日，通过向正规医护人员学习和培训，他们会积累更多的工作经验，还可以提升自己的职务级别。

情况更严重的病人需要去医疗健康中心（HWCs），那里配备至少一名训练更系统、更有经验的医务人员。每家医疗健康中心每周都会到访一个由一名医生、一名药剂师和一名化验师组成的团队，另外可以通过电话或网络寻求该团队的远程指导。遇到更复杂的病例时，这些中心还能联系附近加尼亚里镇的一家拥有80张病床的医院及其医疗团队。

JSS医院不是孤立地关注医疗问题，它还负责给3岁以下的幼儿开设托儿所，填补了一项重要的早期看护的缺口，并发现和解决营养不良问题。[16] JSS医院的员工干劲十足；他们扎根当地社区，开创了社区救助体系，例如为各种重大疾病建立病患互助小组，让人们在治疗中相互勉励督促。最后，JSS医院与公立医院体系并行，但它提供的大部分服务是公立医院体系做不到的。

JSS医院的例子表明，在足够专业的支持下，资质不足的医务人员也可以利用很有限的资源在印度农村地区提供有效的服务。取得这些成效的核心要素是他们立下的誓言："尊重穷人和村民，了解他们的问题所在，在我们的工作中贯彻对他们的始终如一的承诺……"

阿拉文德眼科医院

另一个实现良好规模化运营，并在此过程中赚到足够利润来支持自身发展的价值导向型组织是广受关注的阿拉文德眼科医院（Aravind Eye Hospital）。该医院由文卡塔斯瓦米博士（Dr G. Venkataswamy）于1976年创办，他当时以58岁的年龄从马杜赖医学院退休，如今其眼科治疗网络已遍布全印度。与JSS医院类似，这家机构试图弥补政府在医疗服务方面的缺位，而非取而代之。鉴于印度对医疗服务的需求极其庞大，阿拉文德眼科医院强调在不降低质量且全部平价的前提下保证充足的服务数量。它通过独特的流水线式方法来降低成本，主要目标是服务更多的客户，而非增加利润。该机构对大约50%的客户收取全价，对四分之一的客户按优惠折扣收费，对其他群体则提供免费服务。[17]

阿拉文德眼科医院一开始通过眼科筛查营地来提供外展医疗服务，在那里重点筛查做白内障手术的患者，再把他们带到营地医院或者普通医院。随时间推移，该机构能根据历史数据很好地推测就诊人数并分配医生，让他们充分发挥作用。每个营地医院的手术室里通常会放置两张病床，当医生在完成上一位病人的手术时，下一位病人可以进入准备程序。这不但节约了手术空间，也能优化稀缺资源（医生的工作时间）的效率。当然，巨大的手术数量也确实让每位医生都变成了所在领域的专家，从而使每例白内障手术的时间得以减少。

随着市场对阿拉文德眼科医院的需求增加，它开始建立视光中心和社区诊所，更持久地提供社区外展医疗服务行动。21世纪初期，许多视光中心与总部建立了联系，让医生与病人远程交流并提供诊断服务，这属于远程医疗的早期尝试。阿拉文德眼科医院开展创新，设计和生产了自己的廉价人工晶体，成本只有市场原有产品的大约1%。2012年，英国国家医疗服务体系做了大约50万例眼科手术，阿拉文德眼科医院则在当年做了近30万例。英国相应手术的总费用约为16.8亿英镑，阿拉文德眼科医院的总费用则约为1 380万英镑，不到前者的1%！

阿拉文德眼科医院还建立了很特别的薪资模式。大约40%的医生是固定职务，拿市场化水平的薪资。大约35%的医生是研究员，他们是来自其他医疗服务机构的合格眼科医生，来这里接受为期两年的培训，以提升技能。其余属于住院医生。后两类医生只拿相当于眼科医生市场薪资水平的一部分，但他们能在这里获得大量培训和资质提升。最后，许多护士和其他辅助专业人员是附近村庄的高中毕业生，他们在阿拉文德眼科医院接受培训，随后受聘参与医院的各种项目。

韦洛尔基督教医学院

20世纪初，艾达·索菲娅·斯卡德（Ida Sophia Scudder）博士创建了旨在为女性和儿童提供医疗服务的基督教医学院（Christian Medical College，CMC）。艾达的父亲是韦洛尔郊区的一名传教士医生。据说，艾达起初不想做传教士或医生，但在印度期间，她看到三位产妇死亡，因为她们的传统家庭只希望由女性来帮助生产。艾达由此找到了自己的人生使命，在美国完成医学教育后，她返回印度，在韦洛尔建立医学院，以实现自己的夙愿。这家机构由私人管理，主要资金也来自私人部门，如今已成为现代印度开展教学研究最出色的医院之一。

1971年，管理学大师普拉哈拉德撰写了一份关于该医院的案例研究报告，后来被广泛应用于印度管理学院的课堂上。[18] 普拉哈拉德发现，这家医院最初的资金来自海外捐助和印度本地教会，后来医院还得到心怀感激的病人的捐款。它的许多医生被送到国外接受专业培训，包括研究员在内的其他一些人是带着奉献精神从美国自愿前来，长期驻守在韦洛尔。与上文提到的阿拉文德眼科医院类似，基督教医学院把病人分为四类来收费：按超出成本的价格收费的私人病人，支付标准价格的病人，获得折扣价格的病人，以及完全免费的病人。它让医生在评估病人的需求与支付能力的基础上决定费用减免。在阿拉文德眼科医院和基督教医学院这样的地方，医生在做收费决策时需要牢记所在机构的总体使命。普拉哈拉德还注意到，在保证高质量的同时压缩成本有助于降低收费，同时也是医院的一项重要目标，它们的理念是永远不要像企业那样去经营医院。

在整个历史上，基督教医学院都把医学研究和教育当成使命的一部分，与治疗齐头并进，这点再怎么强调也不过分。这里有印度第一例开胸手术、第一例检测到艾滋病毒的血液样本、第一例骨髓移植手术，乃至世界上第一例麻风病重建手术等。基督教医学院退休教授、知名病毒学家雅各布·约翰（T. Jacob John）在一次媒体采访中盛赞师生之间的平等精神和相互尊重，认为学校的浓厚科研文化正是来源于此。[19]

基督教医学院开展的活动还包括，与附近的农村和部落民众合作，开办社区医院和培训中心。更普遍地说，基督教医学院尤其强调知识创造、分享和社区合作精神。从这个意义上说，它的运行类似于一家美国的研究型大学，但更具有公共服务的情怀。

以上案例研究的共同启发

印度在医疗领域有很多的行动和创新，我们没有足够的篇幅来做充分的介绍及评论，也不奢望找到所有的答案。但从上述几个案例中，我们依然能清晰地总结出若干条原则。

医生数量

首先，鉴于印度的庞大需求，它需要类似于博尔委员会建议的分诊系统，利用能干但未必有正规资质的医务人员在初级机构处理小伤小病，做早期干预，然后把更复杂的病例转移给有资深医务人员的上级服务机构诊断和治疗。初级医务人员还能发挥预防干预的作用，减少生病的人数。由此可以缓和非常稀缺的高素质医务人员的压力，让后者专注于更棘手的病例。最重要的一点是，当前许多无资质医务人员拥有初级医护的实践经验，没有必要让所有人都成为注册认证的医生，就像学校里的老师也并不需要都拥有教育学学位一样。[20]

当然，为确保公共医疗的安全性，可以要求全体医务人员通过一类测试，检验他们诊断和处理普通疾病的基本能力。JSS医院和基督教医学院等组织因为有良好的培训计划，可以授权发放同等效力的基本医疗技能证书。此类证书可以用可查询的电子登记档案来维护，让任何潜在用户都能通过简单的线上搜索来确认医务人员是否有基本资质。考虑到印度目前的学位造假状况，这样的电子登记档案还可以扩展到所有学位。对于未能通过测试的非正规医务人员，应该给他们提供方便参加的培训项目，以弥补差距。恰蒂斯加尔邦曾经提出过面向非正规医务人员的此类培训计划，但受到医生组织的反对，没能实施。鉴于目前有太多病人在那些缺乏培训、可能不合格的医务人员手里接受治疗，印度在这一领域推行改革时不能太瞻前顾后。

印度还需要数量多得多的正规医生。与教育面临的普遍情况一样，短板不在于希望学医的人数不足，而是合格医务人员太少。在2018—2021年，平均每年有78万名学生通过国家资格及入学考试（NEET）的医学院录取门槛，有资格接受医学教育。但不幸的是，录取人数只有其中的十分之一左右。[21] 许多未能进入印度国内医学院的学生前往中国、菲律宾、乌克兰和俄罗斯等国留学，人数竟然与在国内学医的相当，这颇有些讽刺意味。印度需要扩大高水平的医学教育，乃至之前讨论过的高质量的大学教育。一种显而易见的办法是借鉴基督教医学院的模式，让印度的每个地区都建立一家大型医学院兼医院，与当地社区密切联系，由地方政府和私人部门提供资金支持，不仅在治疗方面，也在研究和教学方面力争取得卓越成就。

医疗服务供应方的类型

以上案例同时表明，医疗服务的提供有多种方式可以选择。

我们也看到，任何一种所有制模式都有自身的问题。例如，如何避免投机取巧的私人机构剥削毫无戒备的贫困病人，提供低质量服务或者过度收费？反之，如何防止激励不足的公共医疗体系陷入漠不关心的状态，医务人员不到岗，或者只有在晚上私下行医时才提供有效服务？

JSS医院、阿拉文德眼科医院和基督教医学院都是私人机构，以市场化薪资水平招募了许多雇员，但他们也充满了志愿服务的精神。德里的社区诊所是邦政府主办的公共医疗体系的组成部分，同时也雇用了来自私人部门的医生，并用制度来约束他们。例如，当德里的某家社区诊所人满为患时，就会多安排一个班次来分担工作量，让医疗团队能为每位病人投入足够多的时间。此外，主管部门能查询到每家诊所每位医生的业绩表现细节，及时解决表现不佳的情况。在JSS医院和阿拉文德眼科医院，管理层也通过详细的信息搜集来监督每个人的业绩。另外前文已经提到，各家机构的组织文化中内含的服务精神有助于筛选掉受其他利益吸引的人。

换句话说，问题不在于一家机构是公立、私立还是志愿性质，而是如何通过合同、信息和文化的结合来创造高质量的产出。关于公共所有制还是私人所有制的无休止的意识形态争论有害无益。直接给予民众更多的选择，最好的解决办法自然就会出现。

病人选择权与战略采购

如何给予病人更多的选择与补偿？享受政府提供服务的人往往没有选择权，于是他们得到的服务质量不佳。而只要存在一定的竞争，让病人自由选择其他供应方，改善服务质量的激励就会增强，尤其是当病人掌握各供应方的服务质量的准确信息时。归根到底，如果没有人光顾某家公共医疗机构，它最终会被关停，供应方也会被撤换。因此必须给病人提供更多的知情选择，尤其是给贫困人群。

JSS医院、阿拉文德眼科医院和基督教医学院等机构与公立医院并行，以平价提供服务。适度的收费经常是有用的，以便让病人感受到自己有权被认真对待以及不会过度使用医疗服务。JSS医院和阿拉文德眼科医院提供的部分服务政府可以报销，但在实际操作中，这要求走很多附加手续，付款往往被延迟。理想的情况是让政府加速完成报销，并随时审查自身的体系中有无冗员，避免过多的浪费性重复。另外的选项还包括，政府允许病人选择一家初级卫生中心获得基本医疗服务，公立或私立均可，并允许他们每年根据自己的体验改变选择；然后政府将根据登记的病人数量，给这些初级卫生中心支付固定的年费。

印度最近实施的国家健康保险计划（Pradhan Mantri Jan Arogya Yojana，PMJAY）为超过1.2亿个贫困家庭提供了健康保险，覆盖每家每年50万卢比（约合6 000美元）以上的住院费用，以降低他们的自费开支。该计划满足了一个明确的现实需求，因为重大医疗事件会摧毁贫困家庭，或把下层中产阶级家庭推入贫困。该计划还给穷人提供了挑选医院的自由决策权。如果给予穷人更多关于不同医院服务质量的信息，这一保险计划将推动医疗质量的改善。另外，作为单一付款方的政府可以根据掌握的信息来开展战略采购，包括把某些医院排除在保险体系之外。

本章前面提到的雇员国家保险公司也可以在医疗服务方面开展战略采购，尽管它应该为保险客户负担更多支出。当然，也可能存在以下问题：国家健康保险计划和雇员国家保险公司面对的公私部门接口得不到妥善管理，导致过多诊疗项目和操作流程引发争议，报销款项延迟支付，最终出现市场上劣币驱逐良币等恶果。只有时间能给出最后的答案。

信息与技术

有人估计，印度每年会发生约 60 亿笔医疗方面的交易。这些信息可以也应该用来提高医疗服务的效率。例如，当某家初级卫生中心把病人转诊到上级医院时，该医院应该可以查阅这名病人的相关医疗交易的历史和化验检测记录。如果印度的医疗服务体系在可预见的未来仍保持分散状态，没有哪家机构能提供个人需要的所有服务，信息分享将变得尤其重要。

印度在这个领域需要的是一种"医疗堆栈"，类似于我们在第 6 章介绍过的印度堆栈。医疗堆栈就是在某个安全的平台上建立集中化的医疗数据存储库，让所有医疗服务供应方都能够访问并添加信息。[22] 然而就目前而言，这是一项艰巨的协调任务，因为医疗属于地方事务，在各邦而非联邦政府的职权范围内，而每个邦都并存着各种复杂的数据系统，包括许多非正规的数据库。无论如何，我们仍坚信数据分享是非常有价值的。当然任何这样的医疗数据堆栈都必须有稳妥的数据和隐私保护法律作为支持。

最后，某些医疗服务供应方采用了远程医疗来补充外展服务，让医生指挥有一定技能的初级卫生中心的人员仔细检查病人，再做出诊断。印度要想为非常偏远的地区提供高水平医疗服务，同时优化利用好医生这一稀缺资源，或许应该更多采取此类做法。

分权化

我们已经提到，印度各邦是非常庞大的实体。官员坐在各邦的首府管理复杂的医疗体系——更不用说在国家首都做出的预算决策——很难得到最优结果。在增加预算分配的同时，分权化的医疗服务设计和提供必须放到优先位置。前文介绍的案例分析表明，那些植根于本地社区、积极开展培训及研究工作的富有使命感的医疗机构，更有希望让增加的预算资源发挥更大作用。

  大量证据显示，当新冠疫情来袭时，奋战在前线的是本地医务工作者，他们代表了政府的形象，而其他许多高层官员已不知去向。在高度危险的第二波疫情过去后，这些医务人员又为全印度疫苗接种的艰巨任务做出了杰出贡献。印度的决策者必须认识到，所有的医疗服务最终都必须落实到当地。在重新设计医疗体系时，他们必须随时记住要把计划从各邦的首府切实向下推进。

第 10 章　不平等问题的应对

社会上有很大一部分人会容忍不平等，希望自己最终也能致富，经济学家阿尔伯特·赫希曼（Albert Hirschman）把这种想法称为"隧道效应"（tunnel effect）。设想你在一条隧道里遭遇堵车，希望车流能够动起来，此时如果旁边的一条同向车道的车开始移动，你会感到高兴，并期待自己也会前进。当然，如果旁边的车道已经行进了许久，而你这边还堵着，希望就会被愤怒取代，你或许还会感到自己没有获得公正的待遇。

在一个发展中国家，很难让所有车道都按照相同的速度前进，很难同时兼顾增长与平等。这是另一位著名经济学家西蒙·库兹涅茨（Simon Kuznets）的结论。因此当一条车道开始移动时，不平等将会出现，社会必须开始考虑如何让其他车道也都移动起来。一位有思想的官员曾告诉拉詹，印度的进步遵循增长、再分配、再度增长的周期，使社会保持稳定。如今的印度频繁发生不同群体的抗议事件，抗争者要求把自己纳入政府的平权行动，其表现形式是在教育机构和政府职位中为弱势群体提供保留名额。这是在提醒那些已经移动起来的人：被抛在后面的人就要失去耐心了。

我们建议的发展道路力图为所有人创造就业岗位，这乃是实现共同富裕的最佳道路。只是在短期内，我们仍必须保持警惕：它或许不能消除现有的不平等，甚至在某些方面加剧不平等。针对不平等现象及其干预措施的宏大领域，下文将较为详细地考察四类议题:平权行动、女性的劳动力市场参与、可持续农业发展以及无所不包的社会安全网。除前文讨论过的能力提升之外,我们还将简要阐述需要改进的其他支持系统的设计,以便让赫希曼所说的隧道里的所有车道都动起来。下面先谈谈平权行动。

平权行动

机会平等是一个公正社会的核心。除了稍后会讨论的经济和社会方面的好处,机会平等还是一个社会为所有人提供相同竞赛条件的道义要求。这里的"社会"一词至关重要。父母希望为子女争取最好的条件是天性使然,若完全由其自主选择,大多数父母不愿意放弃属于其子女的特权,所以社会要把为弱势群体创造机遇的任务交给政府负责,有时还需要限制某些人的特权。

从经济角度来看,不平等待遇会导致资源和人才得不到充分利用。有多少像安贝德卡尔博士(印度宪法的缔造者,来自低种姓的达利特群体)那样的人才,因为无法逃脱社会等级制度的束缚而被埋没?歧视可能自我实现,当人们被反复告诫没有出路时,他们会开始相信命运,而不再努力磨炼自己的才华。正如诺贝尔奖得主奈保尔(V. S. Naipaul)的名言:归根到底,我们是按照对自身可能性的认知来塑造自己。[1]

找到与自己相似的成功模范,会启发弱势者发掘自身的潜力。他们所在的社群网络也可以在关键时刻助一臂之力——我们都受惠于那些同情我们的人给予的幸运时刻,就像本书前言中介绍的马修先生对穆斯塔法的启发。的确,享受特权的人从来不知道当自己的能力被视为理所当然时(例如在求职面试中),这会有多大的助益。同样,他们也意识不到弱势群体需要为逃脱低预期的枷锁付出多大的努力。在政治领域,一旦人们意识到持续的歧视，拒绝给任何特定群体提供平等机遇的做法最终都会引发激烈冲突。

尽管机会平等有显而易见的好处，现代社会要做到这一点却相当不易。政策如果设计得不好，可能会强化身份认同与分歧，导致社会撕裂。出于类似考虑，印度宪法第14条和第15条正是针对平等议题，强调所有人在法律面前一律平等，反对任何以身份为依据的歧视。同时，宪法允许政府以干预措施来确保机会平等："本条款的任何规定……均不应妨碍国家为……制定特别条款。"请注意，政府的行动需要非常慎重地保持平衡，它可以也应该为提供平等环境而辅助弱势群体，但过度或者错误的扶持也可能让环境重新变得不平等。

保留名额制度

印度的政府干预主要采取了在高等教育和公共部门职位中"保留名额"的形式。这些保留名额起初是面向最弱势的群体：信仰印度教、佛教和锡克教的历史上所谓的"贱民"种姓（也被称为达利特，或者表列种姓），以及信仰各种宗教的部落社群（所谓表列部落）等。该政策在实施70年之后，被扩大到所谓的"其他落后阶层"（这在印度的宪法和法律中是集合名词，泛指弱势群体，我们则将更普遍地采用在技术和法律意义上的"落后"一词），但长期延续下来的诸多问题没有得到解决：保留名额制度是不是消除弱势地位的有效办法？以种姓为基础的保留名额制度是否只对这些落后群体中已成为精英的人有利？由于经济生活中的私人部门在扩张，公共部门在相对收缩，保留名额制度是否需要扩展到私人部门？如果政策制定者持续这样操作，社会是否会永远被种姓制度和身份政治绑架？推而广之，这样的政策是否永远不能把重点转向一般公共产品和服务的提供？

以上疑问先按下不表，很清楚的一点是仅靠保留名额制度不足以实现上述目标。首先，它对个人生活的支持来得太晚。我们在前几章曾指出，人生早期阶段的医疗和教育对个人成年之后的能力而言有最大的促进作用。也的确有研究发现，后期的再多干预也无法弥补人生早期阶段的这些缺失。[2]

除上述疑虑外，大学录取的保留名额制度还是一个过分狭窄的工具，只关注弱势群体学生的录取，而忽略入学后的成绩提升。例如，印度教育部的数据显示，七所顶尖理工学院近期的辍学生中有60%是来自以保留名额录取的学生，其中40%来自表列种姓或表列部落社群。[3]几乎可以肯定的是，降低标准把一些学生招入要求苛刻的学校，却不采取特殊措施来帮助他们跟上课程，会给这些孩子带来巨大压力。其中许多以保留名额录取的学生固然能通过努力取得亮眼的成绩，但还有一些学生需要特别的支持。

政府与公共部门企业的就业岗位太少，无法让保留名额制度充分抵消弱势群体面临的排斥和歧视。尽管如此，鉴于这些工作具有的声望，获得录用的少数人仍会成为所在社群的榜样。糟糕的是，其他地方的就业岗位增长缓慢，让政府职位成为太多人改善社会和经济状况的唯一出路，而不只是来自历史上的弱势群体的年轻人。

另外从本质上看，保留名额制度往往有利于其面向的任何社群里的优势群体。日积月累之后，这会在特定社群内部制造特权精英阶层，从而要求为被排斥的子群体设立单独的保留名额。一个著名的冲突案例发生在安得拉邦的马拉人与马迪加人之间，出于某些历史原因，前者比后者更容易把握保留名额制度带来的机遇。马迪加人的委员会遂要求进一步划分保留名额。[4]借用知名达利特作家和社会活动家阿南德·特尔图贝德（Anand Teltumbde）的话来说，马拉人反驳称，"马迪加人不应对此感到嫉妒，因为当马拉人在为理想艰苦奋斗时，马迪加人只知道吃喝玩乐"。[5]从某些上层种姓对达利特和其他落后阶层的保留名额待遇表达的不满，我们也能发现类似的情绪。

在评价保留名额制度时，我们不能忘记还有更多形式的社会障碍：女性、穷人、不信仰印度教的少数族裔中的达利特等。他们的诉求该如何回应呢？我们能否继续缩小没有被列入保留名额的份额？

保留名额制度+

印度迫切需要考虑采取一种"保留名额制度+"的模式。前几章我们谈到要提供更好的基本公共服务，如幼儿营养、合格医疗、注重基础的识字和算术技能，以及更多和更好的高等教育机会等。这些行动应该把更多精力放在弱势群体占比较大的落后地区，以提升在弱势群体内部实现机会平等的可能性。

当然，这一切都曾有过尝试。在首次指出保留名额制度没有让特定社群中真正落后的群体受益后，自20世纪70年代以来，印度就尝试过给表列种姓和表列部落人口占比较高的地区提供专项拨款，但取得的成效有限。不过我们相信，如果像前几章建议的那样，更广泛地重视早期干预的实施，新补充的资金应该会带来不同的效果。

在公立高等教育机构，必须追踪通过保留名额录取的学生的学习进度，并帮助他们跟上课程。如果国家教育体系能为弱势群体的孩子提供更好的早期干预，大学学习当然会更为轻松，但高校也不能逃避自己的责任。"保留名额制度+"的模式要求设立补课班，定期访问学生，以确认他们感到不被孤立，跟得上学业，并了解他们需要怎样的支持。随着人工智能的日益成熟，还可以为他们提供个性化指导。

印度在未来还能做些什么？部分由于经济自由化，印度社会正在减少某些最令人不齿的社会歧视现象。例如，有一项详细调查对北方邦部分地区进行跨时期比较分析，发现上层种姓对达利特的态度在1990—2007年发生了显著变化，达利特在婚庆活动中被单独安排就座的情况大大减少，也更多地得到其他种姓提供的服务，比如助产士的协助等。同时，达利特的就业选择逐渐扩展到传统上专属于其种姓的类别之外。[6]

当然，印度还需要公共部门之外的更多增长、机遇和就业岗位，这是我们在之前几章里反复强调的主题。在摆脱传统束缚的新印度，达利特企业家发家致富的励志故事表明世界充满了可能性，竞争性市场有助于实现机会平等。[7]正如知名达利特学者钱德拉·班·普拉萨德（Chandra Bhan Prasad）经常发人深省地提起的那样："亚当·斯密和托马斯·麦考莱（Thomas Macaulay）是我心目中的两位英雄。"前者大力宣扬市场竞争带来的解放效应，后者则称颂印度英语教育的优点。[8]市场和英语都促进了达利特的向上流动性。不过如前文所述，人们只有在成年后才会真正进入竞争性市场，所以在此之前还需要许多措施，帮助他们在幼年时打好基础。

经济发展本身不足以完全消除社会歧视。近期对美国和欧洲知名跨国企业在印度招聘情况的一项研究指出，来自弱势种姓的学生在面试阶段处境不利。这或许是因为存在对部分种姓的主动歧视，或许是因为通常来自上层种姓的面试官下意识地偏袒与自己背景接近的人。无论如何，来自弱势种姓的学生受到了伤害。有意思的是，通过面试的来自弱势种姓的学生在后来比其他人有更好的工作表现和职位提升，表明他们必须越过更高的门槛才能获得选拔。[9]

保留名额制度的重新设计

保留名额制度应该终结吗？当然不，但任何一项政策都需要定期升级更新，保留名额制度的设计同样如此。印度最高法院一个由五位法官组成的合议庭最近表示："社会领域的落后不是暂时现象，而是会延续数代和数个世纪，但经济领域的落后可以是暂时性的。"[10] 最高法院从原则上采纳的观点是，保留名额制度的社会理由和经济理由尽管相互交织，却并不相同。社会领域的落后是比经济领域的落后更为顽固的不平等。

当某个种姓面临持续的社会歧视时，种姓身份是区分弱势群体的简易办法，也是政府提供经济扶持（如保留名额制度）的有效途径。这些种姓的某些成员取得引人瞩目的经济成就，将提升整个社群的信心与社会地位。政府的扶持会给这些群体的成员一种平等国民待遇的感受，并应该持续下去，直至经济进步与社会觉悟基本消除他们的社会弱势地位。

而当某个种姓面临经济而非社会弱势地位时，应该考虑采取多种能改善政府福利目标定位的建议。例如阿南德·特尔图贝德等学者提议，一类保留名额可以动态分配给两类核心家庭：已经利用过保留名额制度的家庭，与尚未利用过的家庭。在此类保留名额的录用中，后者可以享有优先权。

与之有关，2007年印度政府任命的国家知识委员会（National Knowledge Commission）阐述了平权行动该如何逐渐解决多维度的剥夺问题，种姓是其中一个因素，但并非唯一因素。随着经济的增长，可以把少量但越来越高比例的保留名额按照剥夺指数之类的标准进行分配。这种方式也会有自己的问题，如错误地将某些人排除在外或包括在内，但至少会让我们试着朝更综合性的平权行动迈进，同时有助于解决排斥女性以及弱势种姓之外的穷人这一问题。

私立大学和私人企业能做些什么呢？它们应该致力于把多元化作为目标，不仅要扶持弱势群体，还应提升自己的投入和产出质量。例如，学生为达到大学录取门槛所需克服的障碍往往反映了他们的意志和韧性，相比在其他方面条件大致相同的人，大学应该给予这类付出艰苦努力的学生额外优待。如前文所述，一个学生在多重剥夺指数上的得分，可以作为他需要克服的障碍的参考。与此类似的是，政府助推措施与社会习俗可以产生压力，推动私人企业更负责地对待从真正的弱势群体中招募员工的问题。

我们的结论是，需要通过改善公共服务和定向政府扶持来消除弱势群体的不利经济根源。假以时日，弱势群体的经济成就将有望减轻社会歧视。但在实现这种愿景之前，遭受社会歧视的群体应该得到扶持。印度还需要全社会更广泛的觉醒行动，尤其是要防止出现新的社会和经济歧视的源头，例如基于宗教信仰的歧视等。

女性与劳动力市场参与

印度经济在今天最令人沮丧的问题之一是女性在家政之外的劳动参与率太低。女性劳动参与率的定义是，女性人口中正在工作或积极寻找工作的人所占的比例。根据印度经济监测中心（Center for Monitoring Indian Economy，CMIE）发布的最新数据，2022—2023财年女性劳动参与率仅为8.8%。[11]这意味着，在100名处于劳动年龄段的女性中，仅有不到9人在家务劳动之外参与工作或者在寻找工作。在几乎每个弱势群体类别，如表列种姓、表列部落、其他落后阶层、宗教少数群体等，女性拥有的工作岗位数也都远远少于男性。在印度，女性是真正的弱势群体。

印度经济监测中心与定期劳动力调查（Periodic Labor Force Survey）等报告的信息存在某些差异，这源于对寻找工作的具体定义以及在家庭内部从事无偿劳动的具体归类的不同。2023年1月发布的定期劳动力调查显示，印度城市地区的女性劳动参与率要高一些，达到22%。[12] 即便印度城市地区每100名女性中有22人参加工作，在二十国集团中也是垫底的，甚至比沙特阿拉伯还低。印度的问题究竟出在哪里，对此能采取怎样的措施？

U形曲线

如果绘制一张散点图，x轴代表一国的人均GDP水平，y轴代表女性劳动参与率，再画出最优拟合线，我们会看到一条U形曲线。2023年荣获诺贝尔经济学奖的哈佛大学教授克劳迪娅·戈尔丁（Claudia Goldin）在1995年指出，"这一U形曲线既体现在不同经济发展阶段中，也反映在如今的发达经济体的历史上"*。[13]

当一个国家较为贫穷，以从事农业为主，自动化水平较低的时候，女性普遍在土地里干活，从事体力劳动和低质量的服务业。其中某些属于有偿劳动，但多数是家庭农场的无偿劳动或者家务劳动。此时女性的劳动参与率较高。而随着这个国家变得富裕起来，居民摆脱极端贫困之后，女性的劳动参与率会逐渐下跌。

原因之一是随着家庭收入的增长，其成员少做些工作也可以维持消费水平，此时的社会习俗往往要求女性不再从事家庭之外的有偿劳动。著名学者钱德拉·普拉萨德指出，对某些收入增加的印度家庭来说，女性成员不需要到外面的不安全环境中从事不安全的工作，或许是有面子的事情。[14]

另外，随着居民走向富裕，他们的消费从周围邻居制造的廉

---

* 相关研究可参见《事业还是家庭？》（中信出版集团，2023）。——编者注

价物品转向由工厂或公司生产的商品和服务。相对而言，女性外出工作的情况较少，部分原因在于她们是孩子的主要照护者，部分原因是外出的安全顾虑。在印度，婚姻是一个尤其重要的影响因素。已婚女性加入劳动力队伍的情况比未婚女性少得多，无论是否生育子女均是如此。[15]

但最终，随着收入水平继续提高，女性的受教育程度提升，子女数量变少，她们在就业岗位上会有更多选择，时间也更为灵活。社会对职业女性的态度变得更加开放，警力增强使治安得到改善。女性劳动参与率重新开始攀升。

印度被困在 U 形曲线的底端

印度总体上跟随了 U 形曲线的第一部分，即下降阶段的变化，但尚未出现上升的趋势。[16]关键在于，劳动参与率下降的同时伴随着女性在几乎每个层级教育中的入学人数的大幅增加。前文提到，印度小学教育目前已基本普及。即便在高等教育阶段，女性与男性在校生人数之比也从 1950—1951 年的 14∶100 提升至 2002—2003 年的 67∶100，再到 2020—2021 年的 107∶100。[17]可见，越来越多的女性得到了良好的教育。她们的学习内容确实与男性有差异，例如在教育专业的女生人数较多（或许是因为更想当老师），在工程专业的较少。受教育女性对就业的态度或许更为开放，但她们也更容易失业。例如最新的数据显示，与拥有本科学历的女性相比，没有文化的女性的劳动参与率更高。[18]

从经济角度来看，如果大量女性没能从事自己擅长的工作，生产率和收入水平都会受到负面影响，国家会比理想状态贫穷得多。许多女性的职业抱负受挫，会导致更加不如意的人生。有薪酬的就业岗位会增加女性在家庭中的话语权，包括在家庭决策中的更大作用以及家庭财产中的更多所有权，从而促进性别平等。[19]

女性还可以提高职场的生产率水平。国际货币基金组织近期的一项研究发现，我们不能把女性和男性视为简单的可以相互替代的劳动者。女性和男性会把不同类型的技能和头脑带到职场，从而相互提升生产效率。比如性别多样化的顾问团队会带来更多效益，远远超过单纯增加顾问人数的效果。[20]

女性劳动参与既然有如此巨大的社会和经济好处，为什么印度的女性劳动参与率依然如此低？伦敦国王学院的经济学家艾丽斯·埃文斯（Alice Evans）认为，英籍印度女性的劳动参与率约为70%，与本土英国人基本相当，而英籍孟加拉女性的劳动参与率仅有40%，尽管孟加拉国国内该参与率还高于印度。[21] 每个国家选择对外移民的人或许有某些不同的特性，但如果移民群体的态度与留在本国的人没有太大差异，那么上述事实或许表明，印度国内制度对女性劳动参与更加不友好。

能够采取哪些措施？

轻松的解决办法并不存在。改变家庭和社会对女性正常地位的态度会有所帮助，女性群体自身的态度转变同样重要。例如，婚姻本身不应该成为把女性拴在家里的束缚。我们应该赞颂那些外出工作的女性——从成功的专业人士到社会改革家。

考虑到许多家庭事务的负担依然不可避免地落在女性身上，还需要更系统的努力，以创造更多对女性有吸引力且更容易操作的工作岗位。2017—2018年的印度经济调查发现纺织、服装和鞋类生产企业雇用的女性人数较多。但在中国逐步退出这些低技能产业的情况下，孟加拉国等占领了地盘，印度没能取而代之。这些产业是孟加拉国雇用女性员工最多的部门。我们这里不再重复此类制造业在印度成长缓慢的原因，而只是强调它对女性劳动参与的损害。事实上，我们对于促进印度就业增长的所有建议也都将提升女性的劳动参与率。

无论如何,某些工作的特殊性质可能对女性更具吸引力。从查找职位信息到申请和面试,女性找工作时面临的难度普遍更大,有时还会因为子女和家里的其他事务而受到拖累。把工作职位信息发布到互联网等容易看到的地方是显而易见的办法,简化申请和面试的程序也可以带来帮助,包括在合适和可能的情况下利用远程操作。

印度需要更多兼职性质的正规就业岗位,以及灵活的居家办公岗位,让女性能更好地平衡事业与家庭。[22] 应该鼓励雇主提供可选择的岗位安排,配合浮动的工资等级、灵活的工作时间和可分担的工作责任,例如更多采取半日制岗位的形式。政府则应该重新审查妨碍兼职岗位创造的劳动和税收法规,并在体制内创造一些这种类型的就业机会。

可靠与平价的儿童看护服务也能助一臂之力,既可以给某些女性直接创造就业岗位,也能够让高学历、高技能的母亲有更多时间投入工作。在印度的历史上,大家庭(包含多个核心家庭的大家族)内部居家的女性会帮忙提供看护服务。而对如今城市里的核心家庭来说,专业的儿童看护服务已成为日益重要的必需品。中介服务、网上就业市场以及用户体验数据库等手段可以缩小儿童看护服务商与父母亲之间的信息缺口,释放市场潜力。

家庭也可以与全世界充分连接起来。印度有数量庞大的女性手工艺人,还成立了女性自助团体。可她们在经济上还没达到应有的活跃程度,部分原因是市场进入不充分。在全球工艺品市场上,印度仅占2%的份额,而中国是30%。当然,通过有效的培训、设计、质量控制、品牌建设与全球市场连接,印度可以发挥巨大的增长潜力。例如我们之前介绍的销售瓦拉纳西纱丽的蒂尔菲公司,就已经开始在过去由男性主导的这项手艺中培养女性学徒。

安全是印度女性的一大顾虑，包括上下班路途和职场中的安全。我们迫切需要通过社会习俗和治安警力来改善通勤安全。若干城市已开始在地铁和市郊铁路上设置女性专用车厢，给女性提供免费公交，以鼓励她们走出家门。另一种选项是直接取消通勤的必要性，特别是对那些离开自己家庭到大城市生活的年轻女性。中国采用的办法是在工作场所附近修建安全的员工宿舍，这一办法可以借鉴。对某些产业来说，为了充分保证机器的利用率而必须安排夜班，在提供员工宿舍的情况下也更容易实施。

职场中的安全同样重要。这方面尤其值得关注的一个例子是旅游业，它在世界范围内为女性提供了大量就业岗位，但在印度不行。印度的旅游和酒店产业由男性主导的程度之深令人讶异。如果你有机会去印度的餐馆和酒店，特别是在北方，肯定会注意到员工中的男女比例差异，这非常具有启示性。有意思的是，印度的航空公司的空乘人员中，男女比例却较为平衡，而且女性占据多数，甚至有15%的飞行员是女性，比例为全世界之首。这些事实结合起来说明，职场安全性的提高确实可以改进目前的不合理状况。[23]

教育产业是印度女性的一个重要就业部门，除其他因素外，还因为女性在中小学和大学校园里拥有安全感。如前文所述，印度需要教育领域的一场革命，这会创造让更多女性加入劳动力队伍的巨大机遇，既包括让母亲到学校来从事兼职的基础教育工作，也将吸引博士毕业生到新的大学执教。与之类似，我们提议的加大对医疗事业的投入会给女性创造更多有吸引力的就业岗位，从社区卫生中心的护工到世界级医院的医生和护士岗位。

保留名额制度在某些公共部门岗位中似乎能有效发挥作用。例如，印度为女性担任村委会负责人设置了33%的配额，如今有超过40%的负责人是女性。如今，该配额在20个邦里已被提升至50%。尽管坊间流传着丈夫"远程操控"担任负责人的妻子的许多故事，但有充分证据显示，大量女性真正担起了领导角色，并带来了切实的改变。有研究发现，当女性村委会负责人掌握充分自主权的时候，她们会更努力地改进供水和卫生等基本公共服务。[24] 本书稍后还将指出，印度已通过一部为女性保留联邦和各邦立法机构下议院三分之一席位的法律，可惜实施被推迟了。

总之，印度在促进女性走出家门、参与就业方面还大有可为。对于这一规模最大的弱势群体，印度需要做得更好才行。

提高农业的收入与韧性

我们之前重点讨论了制造业和服务业作为印度未来增长引擎的作用，这伴随着劳动力离开生产率较低的农业的过程。但在解决不平等问题时，农业也是绕不过去的焦点。2022年，农业在印度GDP中的占比已降至16%，在就业中的占比却依然高达44%。[25] 当然，农业家庭不见得完全依赖耕种（其中的园艺类种植正越来越多，谷物相应减少）或者畜牧。事实上，他们如今有大约一半的收入来自工薪或其他收入来源，其中一部分来自农业之外。[26]

在认识到农业收入水平低下的问题后，印度政府于2016年设定了到2023年让农业收入翻番的宏伟目标。之所以说"宏伟"，是因为上一轮收入翻番（经通胀调整后）发生在1993—2015年，用时达22年。[27] 新设立的目标自然尚未实现，而农业收入增长缓慢也只是这个部门急需改革的理由之一。

另一个亟待推进改革的理由是，政府干预措施的成本越来越高、扭曲效应越来越大。补贴带来的成本在增加，一方面是直接成本，例如，联邦政府在2022—2023财年的肥料补贴总额高达2.25万亿卢比（约280亿美元）。要知道，印度联邦政府在同一财年的全部教育支出也只有1.05万亿卢比（约130亿美元）。[28] 但问题更大的或许是间接成本，享受高补贴的肥料被过度使用，正在毒化印度的土地。[29] 我们在旁遮普邦看到的类似案例是，免费电力导致了地下水的过度抽取，把地下水位压低到自然补给率之下，这将威胁未来的食品生产。免费电力对较贫困的农民家庭也不利，他们无力负担能达到地下水位的强力水泵。

即便是给粮食设定的最低保证价格——在印度被称为最低支持价格，尤其是针对大米和小麦这些主要采购作物——也存在问题，因为设定的价格高于所有的合理市场水平。这导致最低支持价格变成实际市场价格，导致大米和小麦的生产过剩，尽管印度的谷仓早已被堆满，且大米种植又极其消耗水资源。反之，从营养角度看极具价值的豆类和蔬菜的产出却不足。

农业需要改革的最重要理由或许是气候变化加剧。农民必须适应变化，这或许意味着改变生产技术，包括更多采用旱作或滴灌，种植节水耐旱型作物，以及作物品种和农业活动的多样化等。为提高稀缺土地的利用效率，垂直种植等新技术或许会更加普及。

印度议会在没有充分讨论的情况下，于 2020 年 9 月匆忙通过了政府的农业法律改革建议，希望给予农民在大集市（官方批准并监管的农产品交易场所）之外出售产品的更多选择，提升私人交易商购买和储备农产品的能力，以及让农民能更便捷地与农业企业做生意。但很多农民抗议新的法律，尤其是在旁遮普邦和哈里亚纳邦。

关于抗议的原因，我们能看到很多说法，包括农民受到了利益受损的大集市中间商的鼓动。农民真正担心的是，随着大集市的地位下降，改革反而会减少他们销售农产品的渠道，假如大集市之外的交易信息没有被充分记录，能获取的市场价格信息也会减少。不管怎样，印度政府于 2021 年 11 月再度修订了相关法律。这一事件凸显了在启动类似改革之前开展广泛协商、了解和应对受影响群体的主要诉求的必要性。

当然这不代表其他改革都无法推进。例如,目前的作物保险能利用卫星图像对耕地进行细致监督并快速理赔,尤其是在气候波动增强的背景下,它的普及程度和效率都需要提高。

关于应对气候变化所需的新作物和新技术,还应开展更多的科研项目,并通过农业技术推广员向农民普及成果。目前在许多邦负责这些事务的系统处于瘫痪状态,有待恢复。这或许正是前文讨论过的政府科研投入应该关注的一个重点领域。

土地租赁必须放松管制,给出租人提供充分保护,让耕地面积狭小的农民可以出租土地,而不用完全卖掉。由此得到的租金,包括政府对土地所有者的所有转移支付,将补充他们从其他地方获得的劳动收入。而承租土地的农民则可以扩大农场规模,实现提高农业生产率所需的规模经济。

最后,印度还必须扩展农产品加工业,给农产品增加更多附加值。农民生产商组织或者农业合作社有一定的规模效应,或许尤其适合开办加工厂。在农民从大米和小麦的束缚中解放出来,有更多作物选择之后,应该鼓励工业企业同农民开展合作,让他们了解哪些作物能获得加工利润且对种植者也有利可图。我们稍后将介绍的促进创业的措施在这里将有用武之地。当然,其他产业的就业机会最终将让许多农民脱离农业,也会让留下来继续耕种的人过得更好。在此期间,这些措施会增加农民的收入,增强收入的可持续性,减少收入波动。

社会安全网

社会安全网的目标是帮助极端贫困的人群,以及遭受失业或疾病等突发冲击又缺乏储蓄的人。从为穷人提供补贴或免费食品到生活煤气补贴、住房补贴，以及给穷人住院提供的医疗保险等，印度已经建立了各种类型的安全网。它还能够做得更好吗？

再谈补贴的弊端

我们在讨论农民问题的时候提到，补贴经常导致错误的决策。例如大米和小麦在 2023 年夏季的平均市场价格分别为每千克 42 卢比和 30 卢比，但通过公共分配系统提供给受益人的补贴价格为每千克大米 3 卢比、每千克小麦 2 卢比（虽然对每个人能购买的数量有一定限制）。[30] 由此带来的直接后果是，受益人会更多地消费廉价的大米和小麦，而忽略其他更健康的食品。于是，尽管农村地区的许多人获得了必要的热量摄入，城市地区某些工作不那么辛劳的人摄入的热量甚至超标，但他们并没有获得足够多的其他营养元素。政府补贴的公共分配系统造成了不良的饮食习惯，从长期看反而危害民众的健康。

补贴带来的第二个问题是，受补贴的物品可能没有送到目标人群手中。如果大米的市场成本为 42 卢比，而买方只需要付 3 卢比，那将给中间商带来倒卖存货的巨大激励。无耻的经销商可能借助无人领取的配额或者凭空伪造的配给卡，从中大赚一笔。虽然没有大范围的近期数据，但 2005—2012 年所做的多项估计均显示，有 40%~50% 的受补贴粮食被倒卖了。[31]

还有一个问题是，补贴没有覆盖所有需要帮助的人。2009 年印度发布的第三次全国家庭健康调查显示，旨在让贫困家庭获得公共分配系统救助的"低于贫困线卡"（Below Poverty Line Cards）有大约三分之二落入非贫困家庭手中，且这种情况在 2015—2016 年的第四次全国家庭健康调查中没有改变。[32] 与此同时，尽管数据收集和信息技术在近期有所进步，但仍有太多较富裕人群享受了补贴。最近有项研究发现，在北阿坎德邦，在收入和财产方面位

第 10 章 不平等问题的应对 183

居上层60%的群体中，接近60%的人被纳入新设立的主要医疗保险项目国家健康保险计划，其实该计划的预定目标是服务底层的40%民众![33]

直接的现金转移支付与技术支持

补贴会扭曲消费者与生产商的决策，与消费和生产决策无关的直接现金转移支付则没有这种效应。事实表明，印度各邦政府与联邦政府都可以把现金直接打入国民的银行账户。大多数穷人如今都开设了银行账户，这得益于政府为全体国民开设账户的平民金融计划（Jan Dhan scheme）。全国的每位成年国民都获得了唯一的生物识别数字身份（Aadhaar）号码，以防止重复汇款或者汇给不存在的人。这些措施结合起来，让政府可以很轻松地把现金转移给几乎每一位国民。之所以说"几乎"，是因为还有少数居民尚未被纳入银行账户或唯一生物识别数字身份系统，很不幸，他们恰恰是最需要得到帮助的人。

尽管有这些条件，但当一个国家试图把富人和穷人分开，并只给后者提供转移支付的时候，它总是会遇到信息不足的问题。政府并不确切知道谁穷谁富。它可以根据纳税记录来转移资金，但这不仅会进一步打击人们向税务局申报收入的积极性，还会奖赏那些善于藏匿收入的家伙。政府可以把拥有汽车、房产或土地的人排除在转移支付的对象之外，但人们可以通过子女或者公司的名义来隐匿所有权。政府可以排斥某些用电大户，但这可能加剧偷电行为。

无论如何，面向穷人的现金转移支付仍优于扭曲性的补贴。另外，钱送到穷人手里会产生赋能的作用。有位私立学校创始人告诉我们，如果穷人拿这些钱来支付私立学校的学费，他们会感到自己有权要求物有所值。在服务质量欠佳时，掏钱的穷人会表达抗议，这有助于促进教育与医疗服务质量的改善。

现金转移支付还能鼓励投资。拉詹的学生尼尚特·瓦茨（Nishant Vats）就指出，从总理农民荣誉基金（Pradhan Mantri Kisan Samman Nidhi）每年获得大约 6 000 卢比（约 75 美元）转移资金的农民比较愿意借款来投资，这或许是因为他们知道如今有了较为稳定的收入流，不至于陷入赤贫。接下来，他们的收入增幅显著超过了每年保证的转移金额。

所有这些情况得出的合理结论是，应该用现金转移支付来替代补贴，但这在政治上往往很难实现。政府有把握做到的是停止发放更多的补贴，把所有新增的扶持（尤其是面向穷人的扶持）变成现金转移支付，并在合适的条件下尝试把各种类型的现金转移支付整合为统一的家庭现金转移支付，至少从联邦政府负责的现金转移支付开始。

例如，假设印度打算每年给每个家庭提供 8 000 卢比（约 100 美元）——在农民家庭获得的 6 000 卢比的基础上外加通胀因素——再假设每个家庭平均有两个成年人和两个儿童，于是政府会向每个人的银行账户汇款 2 000 卢比。经济学家迈特里什·加塔克（Maitreesh Ghatak）和卡尔提克·穆拉利达兰（Karthik Muralidharan）建议，把总体的转移支付限制在 GDP 的 1% 左右，与上述设想的规模基本相当。[34]对于极端贫困的家庭来说，这会是很大一笔直接福利，同时也能为他们的借款和资产创造提供基础。这笔转移资金数额有限，却能给餐桌提供谷物之外的更丰富食品，或者帮助孩子上学，或者变成借款投资所需的抵押资产。最终，随着经济的增长与贫困家庭数量的减少，每个贫困家庭分到的转移金额还会增加。

要提高该计划的针对性，可以采取排除标准，充分认识到之前指出的困难，同时寄希望于小规模转移支付伴随的渎职危害不会太大。在所得税纳税人的收入达到某个标准之后，如每年 25 万卢比（约3 000美元），政府可以停止对他的转移支付；可以把政府雇员和大企业雇员排除在外；对拥有土地、有购车或购房记录以及电力消费超过某个水平的人停止转移支付，等等。有些国家曾尝试公示受益人的名单，以促使那些明显不符合标准的人主动放弃申请。从排除筛查中节约下来的钱可以重新加入分配给受益者的资金池。此外，由于某些邦已经在进行类似的转移支付，联邦政府可以与各邦合作，以确保各项转移支付结合起来能实现预定的目标。

有种担忧是民众可能不负责任地乱花转移资金，如某些人拿去喝酒。但就全国而言，没有什么证据显示转移资金是花在烟酒之类的"诱惑品"上。相反，有研究表明转移资金通常会用来增加食品开支（包括采购的食品种类更趋丰富）、医疗开支、教育开支、牲畜和农业投入，以及用于储蓄。这些支出类型显然符合我们对印度的现实需要的设想。[35]

有条件扶持

我们目前讨论的大部分措施是给贫困和弱势群体提供的无条件扶持，以帮助他们积累资产或人力资本。印度还有一个国家农村就业保障计划（National Rural Employment Guarantee Scheme），每年给贫困的农民和农业工人100天的有偿工作机会。由于这些工作是比较辛苦的体力活，报酬水平又一般，似乎只有真正需要的人才愿意接受。可见这是一种好用的有条件的安全网，曾在新冠疫情期间城市移民大量返乡的时候被广泛采用。

许多城市移民在新冠疫情的封锁时期失去工作，被迫长途跋涉返回故乡，他们的窘境说明印度必须考虑按照现有农村计划的模式建立一个城市安全网。印度早就应该创建这样一个国家城市就业保障计划（National Urban Employment Guarantee Scheme），该计划的设计应该不鼓励也不打击城乡移民趋势，提供的工作任务包括公共环境清洁、公共道路建设等各种类型，并且在经济困难时期推出更多岗位。

总之，任何类型的保留名额制度、补贴或转移支付都会创造某种隐性的产权，逐渐变得难以撼动。因此政策制定者需要仔细斟酌所有改革建议，并在全面和正式推出改革措施前尽可能开展试点。不管怎样，政府依然有很多办法提高各种扶持措施的效力，同时减少它们对经济决策的扭曲。

我们再说说隧道效应：某些车道的行进速度较快，其他一些较慢，但总体而言我们应该时常关注让所有车道都行进起来，并加快那些被落在后方的车辆的前进速度。这是一个公平社会的标志。

第 11 章　印度与世界的交往

今天,印度正在成长为一个中等收入国家。由于庞大的人口基数,它的总收入已经高于许多发达经济体。由于仍处在相对贫困的阶段,印度的"追赶式"增长率也比发达经济体更高,使它接连超越一个又一个发达经济体——前几年超越英国,如果进展顺利,还将很快赶上德国和日本。因此,某些极端沙文主义者已经在敦促印度公开炫耀自己的实力,向或贫或富的其他国家宣告印度的诉求。归根到底,印度终将成为一个超级大国,那为什么不从现在开始就高调行事呢?事实上,确实已有人称此为印度的"战虎外交"策略。它在印度国内民众中颇有市场,实际却鼠目寸光,因为这会招致不必要的外来反应。[1]

印度其实有另一套选择:低调地增强经济实力,凸显印度的价值观,并传递将在其他国家的成长道路上充当平等伙伴的信息。印度应该大力倡导贸易和投资的开放,因为这很好地帮助了它和其他发展中国家,同时也需要审视自己在这方面的过往经验与不足。印度还必须带头促进世界对服务业出口的开放。随着经济的增长,印度也应该相应增强自己的军事实力,但它必须表明自己无意主动对外侵略,而是为防范攻击积累坚实、强硬的国防力量。

印度应该在世界面临的巨大挑战面前发挥自己的作用,尤其是在去全球化、气候变化、移民和老龄化等问题上。这样做不仅会促进本身的经济发展,也会使印度在成长为超级大国时,更有可能打造自己的模式：注重合作、和平、友善和创造性，而非胁迫与支配他国的自信的超级大国。我们相信，未来该做何种选择是显而易见的。

2023年，印度作为二十国集团轮值主席国成功举办了新德里峰会和其他许多会议，对外交往表现出强劲势头。让这种趋势持续是关键所在，本章也将重点探讨印度必须做出选择的若干主要议题：软实力与硬实力，对跨境贸易和投资的一般处理办法，服务贸易标准的制定，以及对气候变化、移民和老龄化的应对策略等。从地理角度看，印度的选择必然涉及它该如何与周边较小的邻国合作，如何打造一个有利于发展贸易的毗邻区域，如何与中国这个北方主要邻国打交道，如何处理与工业化民主国家的关系，以及如何与被称为"全球南方"的发展中世界互动。

软实力与硬实力

哈佛大学肯尼迪政府学院前院长小约瑟夫·奈（Joseph S. Nye Jr.）把软实力定义为"通过吸引力而非胁迫或金钱来实现自己愿望的能力"。软实力的传播依靠文化和艺术、思想和政治理念、讨论和交流等。当扩散到其他国家的东西被视为合法、有说服力、带有道德力量的时候，软实力就成功达成了自己的目标。

我们不禁想起，美国的经济成就如何成为说服其他国家在二战结束后，尤其是在苏联解体后推行经济自由化的关键因素。这种模式同样让美国企业获得了好处，帮它们打开了市场。文化成就也有类似的效果，例如纽约市郊的说唱音乐如今已渗透到旁遮普邦流行音乐和宝莱坞作品中。另一方面，硬实力是指通过胡萝卜（奖励）加大棒（惩罚）实施"胁迫的能力"，它来自"一个国家的军事与经济实力"。[2]

当然，实力本身不是目标，关键在于用实力来达成的最终目的：是否促进一个国家的发展，帮助其传播理念和价值观，以及相应地巩固自身的安全。这是印度需要时刻提醒自己的，因为实力的发动可能招来不利反应，反而让发力者远离发展、影响力和安全的目标。

印度前国家安全顾问希夫尚卡尔·梅农（Shivshankar Menon）指出，"历史上的所有新兴大国都选择在积聚实力的时候保持低调，而不是炫耀自己的力量和效果，在崛起途中招来抵制"。[3]他警告说，20世纪30年代魏玛共和国时期的德国以及日本就因为过早展示其野心和实力而遭受挫折，付出惨痛代价。

就印度而言，它的文化遗产，包括源自这里的若干伟大的古代宗教，从来就是对世界产生影响力的重要来源。印度争取独立的非暴力斗争及其主要领导人甘地的思想，帮助把文化遗产提炼为值得世界广大地区模仿的具体行动指南。甘地的雕像如今矗立在伦敦的议会广场、日内瓦的联合国欧洲总部大门外以及纽约的联合广场等世界许多地方，这表明他的非暴力思想得到了广泛接受，也是对印度软实力的认可。与甘地同时代的穆罕默德·阿里·真纳（Muhammad Ali Jinnah）则没有获得类似的待遇，是因为他主张的神权国家的道路无法激起人们的共情。

正如历史学家拉马钱德拉·古哈（Ramachandra Guha）在传世之作《甘地之后的印度》（*India after Gandhi*）中所述，印度在独立时对民主道路的选择以及后续的坚持进一步强化了它的道德光环，并赢得了日益广泛的尊重，尽管它对全球经济的影响依然有限。印度多元文化的包容性、开放性和精神追求吸引了约翰·肯尼思·加尔布雷斯（John Kenneth Galbraith）和奥克塔维奥·帕斯（Octavio Paz）等知识分子来到这里。许多人，尤其是来自发展中世界的人士，真心期盼这个古老文明把自己塑造为新的民族国家。

印度投射软实力的潜能尤其深厚，因为与美国类似，它是由不同语言、种族、民族和宗教背景的人组成的"大熔炉"。印度在依然贫困的情况下，仍以统一国家的形象傲立世界，告诉世人不同类型的人能够和平互利地共同生活，树立起实现人类共存的成功典范。在争取自由的斗争中，精神生活的富足、相互尊重和接纳以及共同的身份认同，都大大弥补了民众收入的匮乏。

沿着这一脉络，研究现代印度的若干知名学者在近期完成的一份报告中很好地总结了印度的软实力来源。他们指出，"印度实力的根本源泉是榜样的力量"，这建立在四大支柱之上：经济增长、社会包容、政治民主，以及自由的宪政秩序。[4] 他们强调，印度的国父们并没有尝试实现一种虚假的同质性，而是争取"通过对无数的地方认同的创造性表述，来找到一种持久的民族力量"。

当然，如果他人要动用硬实力，仅靠软实力并不能保证一个国家的安全，否则世界上许多追求和平精神的地方就会保持独立状态。在1971年的孟加拉国独立战争中，美国选择支持巴基斯坦的叶海亚·汗政府，印度至今视之为背叛行动：为美方的短期利益而牺牲了两个民主国家的共同价值观。2008年11月发生的孟买恐怖袭击事件背后显然有外国政府的身影，却没有引来国际社会的孤立和制裁措施。所以简单地说，印度无法仅靠小约瑟夫·奈的理论所说的吸引力得到自己想要的结果。

硬实力是印度捍卫自身安全的必要手段，同时才能说服其他国家：印度是个值得信赖的伙伴或者不想遇见的对手。问题在于印度是否可以只依靠硬实力，我们的回答显然是否定的。

与美国、中国和欧盟相比，印度经济的规模要小得多，未来几十年恐怕仍将如此。假如跟任何超级大国发生对抗，印度将需要盟友。话又说回来，尽管印度的规模尚不足以威胁到当今的世界大国，却已在周边的邻国中引发了巨大担忧。

印度那些规模较小的邻国

印度与周边邻国的关系从未形成牢固的基础，始终起伏不定。这里先不谈依然低迷的与中国和巴基斯坦的关系，就以1971年印度军队帮助实现独立的孟加拉国来说，由于多数党的某些政客肆意攻击孟加拉国移民，双边关系趋于恶化。中国在尼泊尔、斯里兰卡乃至不丹的影响力增强，因为民族主义越发强势的印度制造的压力让它们有了结盟意向。缅甸的执政者也一直与中国方面较为友好，因为对方不干预他们的国内问题。

印度的所谓"战虎"外交成事不足。例如在新落成的议会大厦里有一幅描绘阿育王统治疆域的壁画，覆盖了如今的巴基斯坦、孟加拉国和尼泊尔等地，令这些邻国深感愤怒，它们认为这似乎反映了印度的领土野心。让它们更为忧虑的是印度执政党的部长和政客谈论的"大印度"（Akhand Bharat）概念，似乎那不是一个作古的说法，而是将来的目标。[5] 面对较小的邻国的担忧，印度不应该无动于衷。

与邻国关系恶化会让印度自己的边境各邦冲突加剧。友好的邻国会拒绝给武装分离主义者提供庇护区或安全走廊，迫使他们回到与印度政府的谈判桌上。而不友好的邻国可能对这些人的活动视而不见，甚至主动给他们提供武器，导致冲突旷日持久，克什米尔地区的现状就是明证。不幸的是，多数党的威权主义做法会在惹怒邻国的同时加剧国内矛盾，导致国家安全局势恶化。

假如印度致力于和平的包容性增长，包括加强对自己的领导人的民主制衡，那么邻国的担忧也会相对减少，从而把更多精力转向经济、贸易和投资。民主国家当然也会对外发动战争，2003年，在国内的集体狂躁情绪以及关于萨达姆·侯赛因的大规模杀伤性武器的虚假信息推动下，美国入侵了伊拉克，就是一个例子。但自由民主国家通常不会被个别领导人的一时兴起所左右——这样的领导人或许活在自己的茧房里，被唯唯诺诺、时常揣测其喜好的下属包围。不幸的是，专制国家则会出现这样的情况。

在经济领域，印度同样坐失良机。南亚区域内部的贸易和投资远未达到地理上毗邻国家之间应有的密切水平。如果各国内部的基础设施都得到改善，再通过公路、铁路、水路和航空加强跨境联系，南亚内部的贸易和投资有望实现飞跃，但政治成了拦路虎。我们之前介绍过，由于通向巴基斯坦和阿富汗的陆上贸易通道基本上被阻断，旁遮普邦的经济发展就受到了极大的束缚。

目前的主要区域协调机构是南亚区域合作联盟（South Asian Association for Regional Cooperation，SAARC）。参加过该联盟会议的人（如拉詹）无不感受到其中的暗流汹涌。首先，印度与巴基斯坦之间存在时断时续的对抗，这通常决定着会议能否取得成效。其次，诸多较小的邻国自然担心被印度压倒，而印方官员对此并不总是有敏感性。于是，南亚区域合作联盟的会议成果往往很有限，表面上在继续行动，实际上则进步甚微。

作为该地区的领头大国，印度必须为深化合作打好政治基础，并提出大胆的能激励邻国的共同发展纲领。印度可以先采取一系列积极行动，必要时可以单方面实施，例如：大幅简化签证；减少不必要的边境摩擦（包括烦琐的车辆检查和文件检查）及外汇兑换摩擦；向区域内的申请者和病人开放大学与医院服务；主动分享在储备金、债务管理、数字公共设施等方面的专业知识；邀请区域内的企业来印度交易所上市；在政府培训机构为区域内官员提供学习机会；增加官方贷款金额，支持区域货币互换行动；加强反恐安全合作，包括分享不会危害国家安全的信息资料……所有这些都要求一定程度的相互信任，而信任度在各国之间或许有差异。无论如何，必须经常性地培育这样的信任，它伴随着某些风险，但过度谨慎则注定一事无成。

印度在全球性论坛拥有重要的一席之地，如国际货币基金组织、世界银行（印度的执行董事代表南亚大片地区的利益）、七国集团（作为常设观察员）、二十国集团与气候对话等。印度应该在重要的全球性会议之前召集南亚区域合作联盟会商，以了解是否有区域性意见需要代为陈述。南亚诸国都面临类似担忧的气候问题（后文还会详述）似乎是构建此类共同立场的一个天然场所。更多的区域性对话（哪怕多数时候只是空谈）会增强各个层级官员之间的联系，为后续的更重大行动奠定基础。

下一步将是开启区域贸易和投资协定的谈判，辅以逐步扩大开放的具体计划。印度企业将在跨境贸易和投资领域成为先锋，因此应该理解邻国对印度产品涌入其市场和印度企业主导其经济运行的顾虑。在必要的时候，如果数据显示邻国的担忧确凿无疑，印度应采取某些自愿性质的约束。例如，印度可以答应对每个国家的出口增长率设定某个上限，尤其是在农业等敏感产业。更一般地说，印度应该自愿做出某些让步，以便启动增强南亚经济实力和活力的整体项目。这种让步不是示弱，而是彰显自信和常识的明智之举。

如何面对巴基斯坦？印度认为巴基斯坦始终有庞大的利益集团（包括武装力量和情报部门等）在反对双方的友好合作。的确，预算安排乃至权力架构都显示，这些势力把印度视为意图摧毁自身的恐怖怪物。然而巴基斯坦如今的经济深陷泥潭，它对之前的盟友美国而言也价值有限。巴方可能还需要更多时间才愿意与印度开展诚恳的双边合作，但在区域性事务中或许会减少阻挠，尤其是如果它相信这些行动有利于自身的经济增长。当对话条件最终成熟的时候，印巴双方会发现它们共同的语言文化将为合作提供基础。

印度的北方邻国

2020年，当印度正在抗击新冠疫情时，中印两国军队在实际控制线（对于该地区事实上的两国边界的说法）附近发生了冲突。但类似情形在历史上并非首次发生，尼赫鲁总理也没有预见1962年的边境冲突，他认为与中国总理周恩来在1954年签订的《潘查希拉条约》（Panchsheel Agreement）能很好地管控双方的关系。

印度必须认识到，如果对方认为印度弱小，双边关系必然会起伏不定。在短时间内，印度必须在争议问题上保持强硬，并联合其他存在争议的各方。如果来自北方的压力持续提升到某个程度，印度或许必须重新考虑原来的不结盟立场，探讨是否推动在遭到攻击时提供相互援助的更强承诺，例如通过"四方安全对话+"（Quad Plus，由澳大利亚、印度、日本和美国组成的开展战略对话与联合军事行动的集团，外加新西兰、韩国和越南）等机制。而从中长期看，国家安全主要来自增强经济实力并保证合理的国防支出份额。

在不走向过分偏执的同时，印度必须警惕其他各种类型的非战争袭击行动，包括网络攻击、选举干预以及对破坏组织的资助等。对最后一类，特别是涉及更广泛的外来资金来源的情形，需要保持谨慎的平衡，既识别对国家安全的真正威胁，又不至于压制合法的调查、研究、抗议或反对行动。政府目前很少承认其中的区别，前者会危害国家利益，后者只是挑战政府的现有政策。我们必须理解，那些因为政府行为破坏了环境而发起抗议的追求理想的学生并不是应该收监的敌人，而是国家的未来，他们希望为建设改善而出力。

尽管相互角力，印度却不应关闭在可能的情况下与中国开展合作的大门，只要不过分依赖对方即可。允许中国企业前来投资（电信设备或国防订单等战略领域除外），可以让印度发展得更快。假如双方关系恶化，对方也要顾虑损失。

在国际论坛上，印度可以与中国在某些议题上达成共识，因为中国也是一个在国际秩序构建中没有太多发言权的大国。与此同时，中国的规模和发展阶段使其在许多领域不算是很好的同盟。例如在太多时候，印度都被当作与中国等量齐观的排放量剧增的大国。可是，印度的发展更为滞后，人均排放量还远低于世界平均水平，应该避免与中国相提并论。此外，印度目前并没有像中国那样的在太阳能板、蓄电池和电动汽车等领域的实力，还需要积极努力，才能从日益增长的全球减排投资中获得收益。

工业化民主国家

虽然印度的国家利益与工业化民主国家偶尔会出现分歧，但在更多时候，它的价值观却与对方更趋一致（而有别于专制国家），其长期经济增长也依赖与对方的密切合作。例如前文讨论过，想让印度的大学教育更进一步，就要求其研究机构与发达国家加强合作，此外，中国与西方关系紧张为印度创造了可以填补的缺口。印度需要工业化民主国家来为自己的研究和教育机构培养众多博士。它们的市场还是印度的商品和服务出口的主要目的地，因此如何维持当地民众的善意至关重要。

随着印度在国际舞台上拥有更多话语权，外交政策当权派中间出现了一种倾向，经常说印度已经足够强大，可以抵抗外来压力，并突出自身利益。通常，这代表对工业化民主国家的批评，揭露它们的虚伪做派。类似策略或许在国内很有效，国际社会确实也有很多伪善之举，但这种吹毛求疵会毫无必要地破坏工业化国家的民众对印度的友好感受。有趣的是，印度的发言人对威权主义国家的恶行却往往没有同样严厉的抨击。外交政策可以且必须围绕利益，但如果有共同价值观的支撑，就能帮助印度长时期展示出可预见、可信赖的作风，从而让那些对威权主义国家关闭的大门始终对印度敞开。有时候，审时度势是勇气的重要组成部分。

当我们撰写本书时，印度与加拿大的关系遭遇了低谷。印度指责对方容忍主张卡利斯坦独立建国的极端主义活动。在印度人看来，一个友好国家的政府不阻止庆祝刺杀英迪拉·甘地总理的游行，着实令人恼火。[6] 而在加拿大人看来，那样的表达尽管让人不舒服，却仍属于言论自由。反过来，加方指控说，印度特工在加拿大国土上谋杀了已经归化为本国公民的前印度籍卡利斯坦运动组织者哈迪普·辛格·尼贾尔（Hardeep Singh Nijjar）。[7]

让人不安的是，印度政府非但没有平息事态，反而向国民发表声明，提示要"保持高度警惕"，并进一步指出加拿大的"治安环境恶化"可能威胁到数万名印度籍学生。[8] 此事发生时，本书作者罗希特正好在多伦多大学举办一场讲座。走过城市校区的途中，他看到数以百计的印度学生和平度日，听到教员们谈起越来越多印度人在申请加拿大永久居留权，与政府的警告形成鲜明对比，这令人难忘。印度要想更有效地参与世界事务，就必须约束好战虎式的外交做派。

更普遍的贸易与投资

尽管有中国这样的世界工厂的崛起，但全球各区域内部的贸易量仍始终高于远距离贸易。因此，贸易和投资明显集中在北美洲（包括墨西哥）、欧洲和东亚（包括中国和日本）这几个区域内部。相对而言，印度与东亚的距离最近，却不完全属于其中。部分原因是与中国的较量，另外也由于印度不是若干区域性贸易协定的签署国，例如《区域全面经济伙伴关系协定》（RCEP）和《全面与进步跨太平洋伙伴关系协定》（CPTPP）等。

尤其令人担心的是，历经7年谈判之后，印度拒绝加入世界上最大的贸易集团，即《区域全面经济伙伴关系协定》，其中包括中国、韩国、日本、东南亚国家联盟，以及澳大利亚和新西兰。毫无疑问，《区域全面经济伙伴关系协定》或许会造成来自中国的进口增加，但也会让印度制造商有机会成为区域供应链的组成部分，并扩大在区域内的出口。拒绝加入该协定导致现状被固化，低效率的印度制造商试图把本国市场保留在自己手里，而被全球最优化的供应链远远甩在身后。

贸易给印度带来了巨大的收益，印度承担不起背离它的代价。要想成为区域供应链的组成部分，印度就必须争取被区域贸易协定接纳。由于不是大多数现有协定的创始国，印度不得不站在不利的位置上参与谈判。但如果其他国家希望找到平衡中国的力量，这会有促进作用。

当然，任何贸易协定的谈判都会涉及国内受益者与受损者，因此需要有相应的取舍和让步。每个国家都会形成自己的谈判立场，衡量国内受益者与受损者的政治权重，同时考虑协定带来的总体经济收益。在进入谈判前，印度迫切需要做好自己的功课，弄清楚从中长期增长的视角看需要其他国家做哪些让步，并决定自己愿意放弃什么。过去得到的一些教训是，印度的官员在参加谈判时缺乏情报和准备，对自身的经济利益没有很好的认知。在农业等重要政治选民团体面临不利影响时，印度会要求贸易伙伴国对自己的农产品开放市场。例如，当其他国家要求在农业领域

（尤其是粮食方面）做出让步时，印度每每选择退出谈判。其实乳品业、畜牧业和园艺业在农业产出中所占的份额正日益扩大，那为什么不要求其他国家也对印度的农业做出相应的让步呢？

中东和非洲是快速发展的新兴经济活动中心。相比其他区域集团的对手，印度有着更靠近它们的优势，而且在当地还有规模较大的侨民。印度不仅应该与这些地区（尤其是非洲）的国家签订更多协定，还可以向它们提供印度在讨论南亚区域合作联盟时建议的那些优惠待遇。印度主张在二十国集团为非洲国家联盟设立一个席位，以及建议开辟印度—中东—欧洲经济走廊，都是在朝正确的方向前进。

最后，印度必须在二十国集团和世界贸易组织内部反对工业化国家正在蔓延的保护主义，其中既包括进口关税，也有非关税壁垒。例如在未来，工业化国家的进口产品可能被要求由满足工业化国家薪资、劳动、安全和排放标准的公司生产。而全球南方国家的很多企业如果必须满足先进国家的标准，或许会因此失去竞争力，让众多员工丢掉工作。印度应该主张允许全球南方国家按自己的节奏提高标准。毕竟，让一个国家改善薪酬和生产标准的最佳保证是保持就业与增长，各国国内对改善标准的需求自然会随之提高。当然假如印度能降低自己的进口关税，它的主张将更有说服力。

专栏3　Moglix 与促进私人部门发展的贸易

拉胡尔·加格（Rahul Garg）来自一个许多成员从事制造业的家族。作为印度理工学院坎普尔分校的毕业生，他用了9年时间参与半导体设计，在此过程中组建起世界最佳的半导体设计团队之一，并申请了16项美国专利。30岁之后，他感觉自己已经见识和跨越了研发方面的所有标杆，需要寻求新的挑战。于是他前往印度商学院攻读MBA，再去谷歌的亚洲分公司工作。五年后，他认为自己已见识了世界上最好的企业，并认为没有理由不能与之匹敌。2015年，他创办了Moglix公司，致力于打造B2B（企业对企业）的供应平台，首先服务于印度企业，之后再面向全世界。

从本质上说，Moglix是一家中介，帮助客户达成交易并确保订单完成。对买方企业而言，它提供了100万种以上的投入品，包括电子设备、工具、包装等。对卖方企业而言，它能在数字目录中展示所有产品。在买方下单以后，Moglix可以承接文件制作、报税（印度的商品和服务税要求对投入和产出做细致的会计核算）以及大部分物流工作。如果有现成的库存，它会从印度的40个仓储中心（在中东还有两个）发货，用自己的车队配送，包括100多辆负责最后一程送货到家的配送车。如果没有库存，它会从供应商那里订货，然后安排配送。

与我们介绍过的许多其他企业家一样，加格希望解决大问题，而非小富即安。尽管雇员人数已经从25人增至1 600余人，尽管已成为印度在该领域的最大的数字技术厂商，他依然感觉在B2B市场中所占的份额太小。他与数百家大企业建立了业务合作，希望能服务1万家大型企业和100万家中小型企业。

加格相信他的生意在印度有良好的发展势头，因为全国性的商品与服务税取代了纷繁芜杂的邦税，把整个市场无缝连接到一起。这给他们那样的企业创造了把制造商聚集起来的机遇，而印度的交通基础设施的改善将带来更多的助力。

加格希望走向世界。如果印度打算发展自己的高效率供应链并成为全球供应链的组成部分，Moglix将是一家关键的服务提供商。该公司已成为阿联酋最大的B2B厂商之一，而且志在进军中东各地。加格曾经从美国和我们通话,他当时正忙于让美国企业见识印度供应商的潜力,作为它们摆脱中国依赖的多元化战略的选项。印度使馆的商务参赞曾承担类似任务,但收效甚微。如今有Moglix之类的公司来重新推动,很可能更有紧迫感和投入度,也更有希望成功。加格不太清楚关税会如何影响跨境业务,因为他们的国际拓展还处于早期阶段,但他知道需要找到办法,让业务正常运转。

服务贸易与标准制定

除了与世界各国和区域开展贸易投资协定的谈判,印度要想拓展服务出口,还应该推动服务业的自由贸易协定议程。世界贸易组织迟迟没有在旗帜性的《服务贸易总协定》(GATS)之下就服务贸易提出具体建议,主要原因是工业化国家普遍缺乏紧迫感,而且并不清楚如何对人员(相比货物)跨国流动、跨境数据分享、服务业专业人士资质的共同认定等领域制定规则。印度在这里应该发挥领头作用,或许可以提出一套规则草案,供其他国家讨论。

例如,如何能够让一位印度律师在不离开本土的情况下,为某家美国客户提供建议或者在纽约的法庭上为某个案件提供辩护?显然,纽约州有法律资格考试,但这种考试能否在全球范围内在线举行?贸易谈判代表能否确保任何服务提供资质的要求适应该服务的实际需要?比如在提供大多数心理咨询时,你是否真的需要拥有心理学博士学位?在某个国家设定了资质要求后,其他地方的专业人士获得的同等资质能否被认可?如果某个国家不愿意承认其他地方的同等资质,它能否组织便于参加的考试,以检测外来的合格申请人的能力?总之,资质要求不应该成为把某些服务业从业人员限定在本国范围内的手段，印度需要推动达成遏制此类保护主义措施的协定。

与之相似，英国的国家医疗服务体系在为医生数量不足而烦恼，人口老龄化导致在本土培养不出太多医生。事实上，本书作者罗希特在近期访问迪拜时发现，许多有才华的英国医生还移民到了阿联酋等其他国家，那里的工作时间更短，薪酬待遇更高。[9]由此看来，英国似乎应该考虑开放来自印度的远程医疗服务。这样做不仅要求英国承认印度的医生资质，而且它的国家医疗服务体系还需要为印度提供的医疗服务付费。

我们相信，印度应该把有类似想法的若干国家团结起来，为服务的全球供给制定议程并起草讨论方案。起草方案，要求以己方拥有第一发言权的草案为基础来展开讨论，这会带来巨大的力量。印度在近期发表的《二十国集团领导人新德里峰会宣言》中就展示了这种气势，让所有与会各方在涉及俄乌冲突的共同声明上签字，是之前的宣言未曾实现的成果。当然，要达成一致的共识并处理好技术和政治复杂议题，需要大量的专业知识与事前准备。

对正在制定新的全球标准和规则的其他许多未来产业，印度都必须充分参与，例如瑞士巴塞尔讨论的发行中央银行数字货币的指导意见。国际上可能很快还会启动人工智能规则的全球讨论。这些标准和规则不可避免地会偏向参与制定过程的国家的利益。关键的细节往往是在中层官员参加的令人头脑麻木的冗长会议中打磨出来的，到这些规则被提交到部长或行长级别的时候，内容基本上已经被敲定了。

印度经常会缺席此类会议，或者派遣缺乏准备、对实际进展及本国利益没有概念的官员参会——他们之前往往并未组织（包括私人部门和学术界在内的）本国专家召开必要的预备会。[10]

不幸的是，某些能说会道却知识有限的印度官员在偶尔参加国际会议时还喜欢即兴发挥。当时人称"日元先生"的日本重量级官员榊原英资有一次跟拉詹开玩笑说:"国际会议的最大难题是如何让日本官员开口以及让印度官员住口。"印度的官员应该大胆发言,但也必须做更多准备,才能让别人有兴趣听!

气候、移民与老龄化

所有这些问题的关键在于气候行动谈判。20世纪90年代最早启动关于气候变化的严肃对话时,印度将此视为外交事务。[11] 全球三分之一以上人口生活在中国和印度,因此工业化国家认为要让全球实现碳排放目标,这两个国家随着经济发展也需要绿色转型。绿色发展显然要付出更多成本,因为它会给投资带来额外的限制。印度随即表达了抗议,其理由似乎无懈可击:麻烦不是我们制造的,那为什么在收拾残局的时候要我们出场呢?

如今,中国是全球最大的碳排放国,美国和印度紧随其后。世界银行的一份报告指出,如果按照人均碳排放量计算,卡塔尔在2019年位居榜首,每人排放32.7吨二氧化碳,美国为14.6吨,中国为7.6吨,印度只有1.8吨。如果按照人均标准来分配碳排放份额,那么印度的实际消耗远低于公平份额,而美国则超出许多。如果考虑大气中目前包含的碳储量,其中主要是富裕国家在工业革命之后排放的,则更有理由要求它们为减排付出更大努力。

但无论如何,达不成协议将导致全球变暖加速推进。印度正在密切关注气候变化引发的各种问题:反常的高温在摧毁作物收成,建筑物密集的城市中的极端高温和潮湿使人们只有依赖空调才能居住。由于空调会提高户外的气温,没有空调的人觉得日子更加难熬。诸多城市在季风时期反复发生洪涝,因为扩张的市区用水泥覆盖了可以吸收水分的土地。具有悖论性的是,由于暴雨形成的径流没有被有效截留，印度各地的地下水位大幅下降。

科学研究表明气候波动将加剧。例如，20年以来的多项研究已预言了我们今天看到的极端气温和降雨事件。[12] 喜马拉雅山区冰川融化、海平面上升对沿海地区的威胁，以及植被繁茂的农业区逐渐变成干旱区等现象都在发生。城市化、人口迁移模式，以及没有考虑生态后果的增长政策等因素进一步加剧了环境压力。鉴于上述背景，印度必须在政策设计中充分认识到三方面的现实。

第一，无论国际层面会发生什么，气候变化对南亚地区的影响几乎都会超过其他任何区域，2022年巴基斯坦暴发的灾难性洪水不过是本地区可能出现的场景的预演。这意味着印度必须大力推动国际上的减排行动，即减少进入大气层的温室气体数量。那已不再是"他们的问题"，而是印度自己的问题。比如从财政角度看，近期有项研究预计，印度和中国非常容易因为气候冲击而使国家债务评级下跌。[13]

第二，科学界认为，地球可以承受相比前工业化时期1.5摄氏度的升温，而不致造成难以预测的巨大破坏。但基本上可以肯定，在减排措施能阻止继而减少大气中的碳含量之前，这一红线将被突破。所以，印度必须准备好在这个世纪内迎来空前的气候波动。也就是说，无论在缓和气候变化方面将做些什么，都必须从现在开始就采取措施，以适应气候变化。具体来说，包括改变农作物栽培模式，选择更耐旱、更能抗击气候波动的作物；改进水资源管理，在城市规划中始终把气候变化列入影响要素等。首要的措施则是给印度城市的野蛮扩张设置某些约束。

第三，为取得信任，印度必须带头展现自己的减排努力。当然从公平角度看印度可以要求一定的补偿。例如，拉詹曾提出一个方案，要求排放水平高于全球平均值、占用其他国家碳份额的国家出资建立一个基金，让排放水平低于全球平均值的国家从中获益。[14] 这样做会给所有国家带来减少碳排放的激励（因为排放越多，出资就越多，获益就越少），同时给印度之类的低排放国家提供补偿，给它们（主要是低收入国家）带来采取减排和调整行动的资金。在这个领域，印度有望与非洲、南亚和拉美的众多发展中国家携手合作，在达成共识之后提交全球会议讨论。

最后我们谈一谈，印度在国内可以采取哪些措施，让自己站在气候发展历史的正确一边。首要的一点是，目前印度69%的温室气体排放与发电有关，而电力与国家的发展路径选择有着错综复杂的联系。[15] 随着电气化进程提速及推行更多促进增长的政策，印度的能源消耗还将快速提升。而当前的大麻烦是，70%的印度电力来自煤炭，这对环境非常不友好。

国际能源署预计，到2040年，印度电网需要增加的电力将相当于欧盟如今的总消耗量。[16] 这样的规模绝不能单纯依靠煤炭实现。与此同时，期待印度快速向可再生能源转型又不切实际，因此它必须两条腿走路：一方面在燃煤发电清洁化改良并逐步减少其使用的同时，辅以碳捕存技术；另一方面尽快增加可再生能源的占比。对燃煤工业征收碳税（已经以某种手段实施）以及其他促进可再生能源转型的激励措施也会发挥关键作用。同样重要的是促进印度国内制造能帮助减排的设备，包括太阳能板、风车、蓄电池和电动汽车等，但不要过度依赖补贴。

能源转型当然不会轻松，除电力部门外，煤炭企业的直接雇员有50万人，另有约50万个工作岗位依赖该产业，还有1 000万~1 500万人受到以煤矿为基础的经济活动的影响。有项估计显示，在贾坎德邦和恰蒂斯加尔邦等地，煤炭占邦经济总产出的10%左右。此外，印度铁路公司目前利用煤炭货运为旅客运输提供交叉补贴，补贴率约为13%。所有的绿色改革都要求认真核算和筹划，重点是我们在本书中始终强调的新就业岗位的创造。[17]

在气候变化领域享有盛誉的科学家纳夫罗兹·杜巴什（Navroz K. Dubash）一再指出，工业脱碳、交通脱碳，以及城市化和植树造林的管理措施都需要联邦政府的政策协调，并确立一个框架，让各邦可以采取自己的行动，以应对气候变化带来的新问题。不幸的是，总理气候变化委员会并不经常举行会议，而且大部分技术讨论和政策建议都交给了印度国家转型委员会偶尔委托的咨询顾问。[18] 另外，对气候冲击的能源选择和应对措施是在各邦层面制定的，而资金来源和人事配备主要由联邦政府负责。印度需要大力改善对绿色发展行动的管理，这要求政治当权者的持续关注。

针对如何实现净零排放的目标，印度要拿出某些具体方案，召集本国的研究人员和政策分析师来绘制路线图。随后，印度需要在这幅路线图上标注可以确保实现的 5 年期里程碑，并详细说明在后续 10 年中要实现的里程碑与相应行动。这样做将有助于弄清楚需要开展哪些工作，包括减排和适应两方面的措施，以及需要筹集的资金数额。最后，印度应该把自己的方案呈现给世界，要求所有发达国家拿出类似的详细说明，并帮助其他发展中国家制订类似的方案。认为一切都取决于其他国家的行动的鸵鸟式躲避或善意式忽视，将不再是可行的策略。

由于全球的碳排放控制行动可能过于缓慢，难以阻止气候灾难更频繁地发生，印度应该在自己周边做好最坏的打算。像马尔代夫那样的低海拔国家或许需要大量居民永久性外迁。同时，老龄化严重的世界各国又需要高素质的年轻移民。印度能否帮助设计一条更合理的全球合法移民途径，从受到气候变化影响的国家，到愿意接纳人口输入的老龄化国家，把潜在移民的素质与输入国的需求匹配起来？

硬实力

在经济增长的同时,印度也必须发展自己的国防实力。未来的战争将更多依赖快速获取战场上的准确信息,利用能远程打击的精确武器来展开行动,并遏制对手的类似操作。新的国防理念要求降低对坦克集群、人工驾驶战机和航空母舰战斗群的关注,而更加重视智能火炮、无人机和高超音速导弹等。这在很大程度上需要军民两用技术,如人工智能和网络技术,以及研发更加智能、精确和抗干扰的武器。我们提议的发展道路将有助于印度增强国防实力,但要求军方的视野更加开阔,并且与私人部门更好地开展合作。武装力量将需要一套全新的技能来补充现有实力,如果这会让他们成为规模更小但能力更强、效率更高的队伍,那么做这方面的决策无须犹豫。

印度在世界新秩序中的位置

现有的世界秩序是二战结束时在美国主导下设计的,对中国和印度这样的后来者较为不利。现有秩序是为单极世界打造的,让美国扮演公正的警察角色(至少在理想状态下是如此),欧洲作为其忠实助手。这种构造正在崩溃。美国自己卷入了太多冲突,历届政府在与世界打交道时展示的易变性和不确定性日益加剧。美国有时候不愿意扮演警察角色,有时候又过于急切地充当世界警察。世界需要反思这一安排,在尊重美国仍是全球最强大经济体的同时,给愿意发挥作用的其他国家创造空间。

在这方面,印度喋喋不休地谈论联合国安理会常任理事国席位问题表明现任外交政策制定者缺乏想象力。联合国是个虚弱的组织，它的孱弱根源正是源于常任理事国的否决权。因此，印度应该从全球南方国家的角度出发对什么是公平的全球秩序安排提出新的见解，即全球化 2.0 模式。这意味着印度应该花大力气与南亚、非洲和拉丁美洲合作，提出并协调共识，而非恳求工业化西方国家施以小恩小惠。几乎可以肯定的是，这将意味着对现有国际组织的改造以及创立新的组织，如世界气候管理局或者全球移民组织等。相比只为自己发声、偶尔才代表其他群体的情况，一个得到发展中世界普遍支持的印度将有大得多的话语权。

回到本章开始的主题，印度在全球的影响力会是它采取各种行动的结果。作为具备创造力和创新力，同时又有硬实力来保卫自己的超级大国，印度有望成为真正的"世界导师"（梵语为 vishwaguru）——印度的政府和媒体如今越来越多地使用这个术语来描述自己的地位（但有些为时过早）。自信会使这个国家在外交政策中更有安全感和把握感，包括抵制为国内政治需要而演戏的诱惑。印度该期待的是通过今天的现实行动和未来的目标行动来赢得尊重，而非执迷于为过去的所作所为而要求得到认可。除了关注自身的发展议程，印度还需要率先采取主动措施，以和平方式来应对世界面临的诸多挑战。

第 12 章　打造富有创造力的国家

政府的就业岗位只能容纳印度的一小部分劳动力,现有企业对理想就业人数的贡献同样有限。未来的大部分工作将来自印度人自己创建的尚未问世的新企业。印度该如何培育成功所需的怀疑、创造和企业家精神?如何能让更多人在遇到问题时多问一句"为什么",而非选择回避?如何能让更多人提出前人未曾想到的潜在解决方案?如何能让他们超越理论探索,把想法付诸实践,并且在遭遇挫折时不轻易放弃?在一个国家的历史上,某些时候会依靠社会活力和变革将想象与才华带到不可思议的高度,例如文艺复兴时期的佛罗伦萨或工业革命时期的英国。印度如何才能让今后的几百年成为迪尔德丽·麦克洛斯基(Deirdre McCloskey)所说的"繁荣世纪"呢?

把创新和创造变成举国事业

印度需要成为一个创业型国家。村民马尔蒂制作了超出自家需要的面糊,并将多余部分出售给邻里,这是企业家精神的表现。本书前言中介绍过的穆斯塔法同样如此。他们提出了同样的问题:为什么要让每个人每天自己制作面糊呢,我们如何能够改变这种状况?他们给出了不同的回答,两种回答都促成了创业,但一切都始于疑问……而批判性质疑正是民主国家的优势所在。

或许正是出于这种原因，威权主义国家虽然可以组建强大的军队，甚至在自上而下的国家项目中做出某些创新（如制造弹道导弹和发射人造卫星等），却在自下而上的消费引领式创新和商业化中屡遭失败，朝鲜和苏联即是明证。20世纪70年代后期以来，中国凭借分权办法，做得比传统社会主义国家更有活力、更能推动自下而上的创新，却又在近年来重新转向自上而下式的政府主导。我们认为，如果不能摆脱这种趋势，其军事实力或许会增强，经济发展则会放缓。

我们已经讨论过为提升民众的技能必须做些什么。在购买散装大米、黑扁豆和阿魏胶（heeng，一种香料）等面糊制作原料的时候，从学校里习得的基础数学知识让马尔蒂获得了信心。良好的营商环境同样关系重大，马尔蒂只需要让村委会认可自己的生产过程干净卫生即可，无须担忧某个贪婪的食品检查员的不期而至。我们现在再谈谈促进创造和创业的其他关键方面。

企业家精神与企业家地位

种姓制度把知识阶层放在最高位置，或许是因为该体系的概念是他们创造的。学术研究者因此受到尊重。现代印度同样尊崇成功的大企业家，例如叫车服务公司奥拉网约车的联合创始人巴维什·阿加瓦尔（Bhavish Aggarwal）。这是件好事，因为印度需要更多那样的优秀企业。但这个国家还必须把大量年轻人从农场劳作或公务员考试中解脱出来，鼓励他们去观察周边环境，发现要解决的实际问题，由此创办小型企业。很多时候，自雇职业要求具备实验能力，当你尝试给现实世界的问题寻找创造性解决方案时，需要会"修修补补"，当你试图推广自己的解决方案时，还要与他人合作。

这就是托马斯·爱迪生那样的著名企业家的成功之道，它要求两种主要的心态转变。首先，要赋予"匠人"——无论是通过手工劳作、软件编程还是智力创新来解决现实问题——更高的社会地位。它要求的不只是我们之前主张的职业培训,还需要浸润在早年学校教育中的思维模式的调整:让学生思考现实问题,并引导他们(包括通过团队合作)想办法做出有创造性和针对性的商品或服务。此外,它还要求给创造性提供奖励。一部分条件优越的中小学当然可以借助实验室、课程项目和科学竞赛来开展此类活动,但注重实践的精神应该得到广泛普及,面向所有课程设置与各式各样的学校。印度联邦政府已经在这方面走出了第一步,在全国中小学设立1万个阿塔尔创新实验室(Atal Tinkering Labs),德里地方政府则把中学最后几年的快乐课程改成了创业课程。[1]

其次,印度人必须克服一种本能的怀疑态度,即认为无商不奸,商人都试图钻制度的空子、取得不公平优势和盘剥客户。相应地,印度还应该消除对失败的污名化。这种转变可以嵌入学校的课程,在崇尚自由战士的同时,增加一些对企业家的赞美,例如塔塔集团的著名创始人贾姆谢特吉·塔塔。当然,社会尊重也需要商业实践的相应转变。如我们之前所述,透明度和公平竞争会大有助益,如果人们看到最优秀的企业家的成功不是源于他们跟政府走得近,而是提供了消费者喜欢的商品和服务,对商界人士的尊重自然会提升。

技术能发挥的作用,包括帮助小企业建立优质商品和服务的商誉(如通过公开发布的客户评价)以及提高监管的效率(如完成定期审计)。在遇到投诉时,快速的调查和执法可以区分善意的冒险者与不择手段的黑心商人。但同时,印度的监督调查机构需要更深入地了解业务,不要随意把商业瑕疵认定为欺诈。此外调查机构自身也应该有内部审查制度,并接受议会和由公众组成的委员会的监督,以保护企业免受出于政治动机的调查或腐败官员的骚扰。

自由化改革启动以来，对商人的尊重已显著提升，这要归功于若干知名商界人士取得的杰出成就，包括萨钦·班萨尔（Sachin Bansal）、乌代·科塔克（Uday Kotak）与南丹·尼勒卡尼（Nandan Nilekani）等。针对达利特企业家的一系列很有意思的案例研究表明，这个群体越来越把创业作为追求平等社会地位的另一条出路，甚至比政府职位更有吸引力。[2] 在印度努力提高包括弱势群体在内的全民素质的时候，增加创业机遇会带来社会地位提升的重要附带效应，同时促进社会目标和经济目标的实现。

最后，尽管公众对商人的态度越发尊重，政府却仍显得犹豫不决。2015年发生的一件趣事让拉詹意识到，私人企业家在印度的官方地位依然低下。[3] 时任美国总统奥巴马当时来新德里访问，整个印度的精英阶层群集总统府，出席欢迎会。负责接待的官员一如既往地确定了每位来宾在社会阶层等级中的具体位置，并安排他们按照顺序同奥巴马握手。这个队伍很长，依次是印度总理、前总理、内阁部长、反对党领袖、军方首领……执政党的退休大佬、来自各邦的部长……印度总统的孙子、参与接待服务的官员……直至第83位，才轮到市值超过1 000亿美元的印度最大私人企业集团的年迈董事长，随后为其他商界名流与银行家。当然，公务员因为货币收入较低，可以用更高的社会地位作为奖励来弥补，但把印度的头号商界人士排到第83位，是否有点过分了？

> **专栏4　打印火箭**
>
> 印度理工学院马德拉斯分校的科研园区是一块不同寻常的绿洲：在金奈市拥挤的塔拉马尼地区，拥有一大片开阔土地和高层建筑。这些高楼里挤满了初创企业，其中一栋楼的一楼是阿格尼库尔公司的火箭工厂。

阿格尼库尔公司的联合创始人斯里纳特·拉维钱德兰（Srinath Ravichandran）自小想当宇航员，但在完成工程学位之后，他转向了金融业，最终为洛杉矶的一家保险公司工作。在那里，他与自己的"初恋"宇航事业重逢，时常参加相关会议。看到埃隆·马斯克的太空探索技术公司（SpaceX）崛起后，他意识到自己也想要造火箭，但型号更小一些，而且是在印度。

接下来，他给印度本土的数十位教授群发邮件，询问是否有人愿意和自己一起造火箭。印度理工学院马德拉斯分校的萨蒂亚·查克拉瓦蒂（Satya Chakravarty）是唯一表达意向的人。这所大学提供了一片"即插即用"的办公区域可以租用，并配好了公用设施和区划许可。随后，该项目开始吸引印度各地的宇航工程师。阿格尼库尔公司打算送入太空的火箭的形状很快就初见端倪。

这些火箭的个头不大，目标是把100千克以内的载荷发送到距离地面约400英里的地方。它们将用3D打印技术制造，要求每个部件的任何边长不能超过40厘米，即3D打印机能实现的最大尺度。火箭采用模块化设计，可以用配备较少发动机的同型号火箭搭载较小的载荷。它们将用液态燃料助推，便于在世界各地运输，而不像固体燃料火箭那样把自己变成导弹，容易爆炸。

小型火箭的优势在于，它可以把小型卫星快速送入轨道，而不用混合装载大量的载荷。大型火箭必须装载数量极多的小卫星，或许还来自许多不同企业。它不仅要花费时间来协调这些载荷，而且数量太多的卫星之间可能产生负面影响，另外在火箭发生事故时也将损失巨大。阿格尼库尔公司则可以安排发射单颗卫星的载荷，把火箭调适到预定的载荷即可，这样就不需要让用户等待。由于每次只运送数量较少的卫星，火箭故障造成的潜在损失也不大。

用3D技术打印火箭还有某些优势，特别是在设计阶段。复杂发动机的设计与打印都不需要焊接，从而最大程度地减少出错的可能性。另外，由于火箭是在没有现成蓝图的情况下从无到有设计出来的，设计师可以很方便地打印出同一部件的多种版本，在迭代实验中发现最好用的方案。

该公司的第一枚火箭阿格尼班（Agnibaan）将很快从位于印度斯里赫里戈达的航天中心发射升空。

斯里纳特从印度各地的工程学院里招募了约200名工程师，分派到金奈的工厂的各个角落。他们聚集在计算机旁边，设计火箭部件，调试软件编码。另有约35名来自著名的印度空间研究组织（全印度运营最好的公共部门企业之一）的退休工程师给斯里纳特提供建议。阿格尼库尔公司并不依赖印度空间研究组织，但需要借助后者的发射设施，以及在火箭偏离飞行轨道时利用后者的终止系统来引爆火箭。斯里纳特承认，自己开发的飞行安全系统获得审批认证需要太长的时间。

斯里纳特和印度理工学院马德拉斯分校的教授密切合作，并与科研园区签订了20年的场地租约。该园区很有效地降低了初创企业的费用，因为在大城市里寻找这样设施齐全且靠近重要科研机构的地方并不容易。关键还在于，政府的监督员不会经常来园区找麻烦。众多初创企业的员工频繁会面、热烈聊天、交流想法，让园区充满活力。他们很可能在传播更多的初创企业的种子。

阿格尼库尔公司的小型火箭不仅有商业应用前景，也使印度军方能够独立地快速发射小型监控或通信卫星，在需要密切监控特定地点或替换受损卫星时派上用场。如今，大多数此类技术都具备军民两用的性质。

> 阿格尼库尔公司的创业算得上实实在在的"登月计划"。前方并非没有风险，它也曾错失预定的目标，如今还面临全球竞争对手。让一位金融家相信自己能够造火箭显然需要一些天马行空的想象力，但这正是印度需要的那种企业家精神：愿意承担风险并全力以赴，创造出位于技术前沿的复杂产品及知识产权。

政府的赋能作用

产业政策包含政府挑选扶持的特定产业或特定企业。这是我们在本书前面反对的给企业的"免费赠品"，但它正在世界各国卷土重来。当然，印度从未完全抛弃此类做法，尽管过去的择优扶持经历非常糟糕。这并不表示政府应该无所作为，它本可以在不过多指手画脚的情况下发挥赋能作用。

例如，解决兴办企业的交易成本过高的难题，包括租用场地，使用水、电、宽带、云服务等基础设施，雇用会计师等。印度理工学院马德拉斯分校的科研园区给阿格尼库尔公司提供了让上述成本最小化的"即插即用"型设施。商业机构也可以开辟此类服务。如果某个园区吸引来的初创企业有类似的客户基础，属于相同供应链的组成部分，或者有类似的投入品，它们的集聚可以催生创意、促进合作、压低成本。园区设施提供方可以建立公共车间或公共工具室，配备昂贵但有用的工具设备，供大家共同使用。除了建立即插即用型设施，园区服务提供方还可以像印度理工学院马德拉斯分校那样，在邀请企业入驻园区的过程中扮演遴选和投资的角色，此时它们更像是孵化器。

我们之前探讨过的数字革命会扩展小企业债务融资的潜在空间。小企业面临的最大困难之一依然是缺乏有耐心的风险资本，即不要求短期分红、可以承受初期损失的股权融资。由此导致的一个后果是，许多高成长、高风险的印度新兴企业未能获得融资，其他一些企业则是依靠外国风险资本，使大量回报被外国投资人拿走。当然，他们承担了印度人不愿意承担的风险，但如今，印度的养老基金和保险公司的耐心资本正在增加，其中一部分可以在多元化的投资组合中纳入高风险的新兴企业。

在美国，1979年的一项监管变革增强了养老基金投资初创企业的兴趣。在变革之前，养老基金管理人要遵守"谨慎人"（prudent-man）规则，这要求他们做的投资只限于谨慎投资人的选择范围。对于"谨慎"一词的小心翼翼的解释，让他们相信只能投资于有盈利的大型蓝筹企业。后来，美国劳工部于1979年澄清："尽管与蓝筹公司相比，小公司或新公司发行的证券或许是风险更高的投资，但此类投资仍可以算完全合适的类型。"[4] 这一澄清给基金管理人提供了"安全港"，意味着符合该解释的人就算是满足了"谨慎人"的投资规则。很快，养老基金在风险资本中的投资数额快速飙升，这些资金随后又被投入小型高风险创新企业。2015年，印度养老基金监管与发展局（Pension Fund Regulatory and Development Authority）表达了向宽松的谨慎人规则持续推进的愿望，但目前进展还较慢，应该加快速度，让印度的风险资本家与创新企业获得急需的资金。

最后，某些国家的政府希望直接给小型创新企业投入资金，建立政府的风险投资基金。政府的投资历史充其量只能算一言难尽，部分原因在于政府官员缺乏管理此类基金所需的专业知识和恰当激励。[5] 例如，成功的风险资本家或许不得不放弃90%乃至更多自己投资的企业，但能在剩下10%的投资项目上取得巨大回报。如果一家基金不愿意及时终止糟糕的投资项目而继续投入（政府的基金习惯于此），那么大量亏损项目将吞没有限的利润。因此，我们应该让政府的养老基金和保险公司把少部分投资组合放到优质的私人风险投资基金，而不是由政府直接给企业提供资金。

专栏 5　Tejas 网络公司

让我们看一个印度在高科技领域的成功案例，获得在线平台 Dataquest 颁发的 2022 年度开拓奖的 Tejas 网络公司。Tejas 是印度最大的电信产品公司，市场遍及世界 75 个以上的国家。它位居全球光传输和光纤宽带设备十大供应商之列，为世界上最大的农村高速宽带普及工程巴拉特网络项目（BharatNet）提供了 70% 的设备。

Tejas 把大量资金投入研发，由于印度的高技术工程师的人工成本较低，使其研发投入规模显得更庞大。刚退休的公司前 CEO 桑贾伊·纳亚克（Sanjay Nayak）谈道："如果印度工程师能够在本土为谷歌公司制作产品，他们为什么不能为印度企业制作可以卖给全世界的产品呢？"多年以来，Tejas 已申请了 349 项专利，其中 127 项获得批准。这一成就令人赞叹，但与世界领先的中国华为公司相比仍差距悬殊，后者仅在 5G 领域就拥有 3 325 项专利。[6]虽然 Tejas 制造的是芯片之外的硬件产品，但重视连接硬件的软件有助于压低成本，因为它能够通过重新编程和升级来反复利用现有的硬件设计。

纳亚克的任务并不轻松。[7] 自 2000 年成立以来，这家公司已经历过两次生死考验。第一次是在 2009 年，其最大客户北电网络公司（Nortel Networks）申请破产；第二次是印度电信业在 2G（第二代通信技术）牌照发放中爆出丑闻，导致许多公司放缓了采购。纳亚克逐渐恢复了公司的销售额和盈利能力，他回忆说，"这花了比我们预想要多得多的时间，但打造一家优秀企业是一场马拉松比赛，而不是短跑冲刺"。他把复苏归功于同企业沉浮与共的工程师们。纳亚克本人同样没有丧失对研发的信念，即便在最困难的年份也把四分之一以上的收入投到研发中。不过在所有其他方面，纳亚克都很注意节约，最终让公司在2017年成功上市。

Tejas还建议印度参与5G标准的制定组织第三代合作伙伴计划（3GPP），并成为第七位投票成员国。该公司最近赢得了印度国有电信企业BSNL（Bharat Sanchar Nigam Limited）的一份合同，为后者升级网络系统，同时避免增加对进口设备的依赖。Tejas如今为印度的5G转型供应设备，并把自己定位为其他发展中国家的5G网络供应商。纳亚克强调的卖点之一是Tejas能提供可靠的产品，而不会像某些现有供应商那样与超级大国联系密切，把后门间谍功能内置在产品中。如果印度有强大的隐私保护法律，甚至能防止政府对数据的入侵（或至少能实现充分的司法监督），这将成为一个极具价值的卖点。但很不幸，印度目前还未能做到。

在带领Tejas达到相当的高度后，纳亚克最近把公司的多数股权卖给了塔塔集团，并让位于新任CEO。后者在瞻博网络公司（Juniper Networks）有18年从业经历，是海外侨民可以成为印度技术飞跃所需的宝贵人才的榜样。

政府采购

政府采购可以推动印度企业的发展，就像BSNL把设备升级的大合同交给Tejas那样。国防、空间探索或政府医药采购都可以在催化创新上发挥巨大的作用。通过对供应方的选择，政府还可以决定一个产业的技术路线，协调某些具体标准的共同行动。因此，政府采购应该采用尽量透明的架构，听取最优秀的独立专家的意见，才能得到最佳的选项集合。同样重要的是，在不影响品质的任何情形下，政府采购合同都应该向规模较小的新企业倾斜，因为它们能够从政府的积极扶持中获益最大。

政府合同还可以在企业的日常行为中起到助推作用。例如在恰蒂斯加尔邦，政府把午餐计划的合同交给当地的妇女合作社，后者再采购本地农产品来制作学生餐食。这样的合同带来了稳定的需求，极大地促进了当地合作社与蔬菜农场的发展。许多属于政府权限范围内的职能，在产出效果可以有效测算时，也可以外包给本地的小企业，例如街道的清洁维护等。

当然政府采购也有风险，其中最突出的是腐败现象及与之相关的付款延迟和不确定性。一旦存在腐败迹象，政府采购的好处——信用度无可争议的买家及其带来的保证持续付款的信用背书——就会荡然无存。政府合同的续签也将出现不确定。官员则担心会在日后受到参与腐败的指控，而不愿意按时付款。私人供应商为此需要把更多时间花在司法诉讼上，而非投入业务活动。这就是透明的合同授予程序、独立和透明的履约监督至关重要的缘由。

最后，政府可以协调乃至补贴某个产业实现腾飞所需的投资。例如，充电站的大范围普及是引导消费者购买电动汽车的必要条件，但另一方面，充电站建设企业希望在投资决策之前有顾客需求作为保证。政府可以填补这个缺口。比如在某些偏远地区，政府可以与制造商合作，有时候甚至要在需求不足时承担损失，以确保充电站能建设起来。

朝阳产业的商业化发展

无论是在人工智能，还是耐旱作物与分子生物学等领域，基础研究大多从大学起步。我们之前已讨论过创建和支持精英大学的必要性。

在基础研究之外，随着研发的拓展，我们必须考虑商业化。目前的一个问题是，在印度开展业务的最具创新力的企业有太多是在海外组建的，因为印度对企业早期阶段的所有权和融资监管过于烦琐、限制过多，而外国投资人更青睐新加坡等国的久经考验的法律体系和监管机构。印度需要让监管规范对初创企业更加友好，并能够与其他国家的体系相竞争。

天使投资人沙拉德·夏尔马（Sharad Sharma）主张借助志愿参与的专家引导人的力量，在支持特定领域发展的政策、标准、监管规范和国际协定上给政府提供建议，而不是向行业内的活跃企业征询意见。这类引导人制度可以借鉴帮助推出了印度堆栈工程的印度软件产品行业圆桌会议（Indian Software Product Industry Roundtable，iSPIRT）的做法。该圆桌会议包含退休和在任的产业代表、学者以及投资人，他们承诺为国家利益提供中立建议，而不会从中捞取利益。类似政府咨询机构的价值在于，它们能在不受私利左右的前提下带来业界宝贵经验。事实上，印度软件产品行业圆桌会议确实提交了一份促使企业留在印度经营所需的改革清单。[8]

吸引人才

世界各地有许多能帮助印度推出创新技术的人才，来自美国瞻博网络公司的 Tejas 公司新任 CEO 就是一例。外国人和侨民在其他国家的发展中扮演过举足轻重的角色。例如，当今世界芯片制造业的翘楚台积电公司的创始人张忠谋就是在哈佛大学、麻省理工学院和斯坦福大学接受教育，在达拉斯的德州仪器公司工作，直至未获得高层职位之后，才回到中国台湾创业。

有许多可能成为张忠谋那样的人在等待印度去吸引。然而与其他地方一样，印度的组织机构存在排斥外来者的倾向，尤其是排斥外来者担任高层职位。经常听到的说法是："难道在内部就找不到足够好的人吗？"这实际上是舒适的内部人害怕外来者，即便对方能给组织带来好处。外来者可以带来新知识、新视角甚至新行动，这些可能非常振奋人心，但由于外来者有所不同，拒绝接受现状，他们也可能造成威胁。有充足信心接受外来人才的组织可谓凤毛麟角，于是，往往只有当他们进入或创办新组织的时候，才能大显身手，就像张忠谋的例子那样。幸运的是，印度还需要创建大量的大学和研究型企业，会有充足的空间来容纳归国人才。

政府能够提高印度对人才的吸引力。例如，可以放松束缚跨国迁徙的监管规定，下调税率；可以让侨民子女更容易进入优质学校。中国采用的吸引海外人士回国的政策取得了成效，值得借鉴。印度需要强调，这只是招募专业人才的一条途径。它必须缓和其他国家的担忧，保证不会变成窃取知识产权的某种机制。印度还必须说服国内人才，让他们也能从归国人才带来的能力和竞争中共同获益。

新错误可以犯，旧错误必须改

我们需要重申，对意图把印度打造成创业国家的任何政府而言，最重要的任务都是强化民主制度，鼓励言论自由和协商文化。威权主义会扼杀自由思想。政府当然还有很多能更直接地促进创业的办法。我们提到了一些，政策制定者应该经常性地评估效果，在遇到问题时及时调整。但政府都必须尽可能地给予大多数人成功的机会，而非自己去挑选少数人作为赢家。即便是最心存善意的政府也很难做出正确的选择，因此过于激进的产业政策往往走向失败。印度不应该重复过去的错误。

第三篇 总结

引 言

　　本书第一篇提出了几种选择，指出低技能制造业主导的出口产业不是印度经济发展的唯一出路，而且这条出路正变得日益艰难，因为低技能制造业乃至更一般的制造业竞争已空前激烈。此外对许多产品来说，供应链上的制造环节带来的附加值较少，也未必是参与供应链上其他环节的必要方式。印度要对标中国将非常困难，除非打算对本国的制度造成强烈冲击。反过来，如果想创造有更高附加值的工作岗位，无论是通过知识产权，还是通过创造制造业和服务业中的中高端就业机会，印度都必须集中精力提升民众的技能，这在其民主制度的背景下更容易产生效果。

　　在第二篇中，我们概述了这一策略的关键内容，从赋能的公共治理架构，到改善民众的营养、教育和医疗水平的措施，打造有利的营商环境，以及处理好印度与世界各国的关系。

　　接下来的第三篇是归纳总结。印度正处在十字路口，我们已经描述了希望它选择的道路，接下来将讨论我们反对的它目前可能朝向的道路。我们的担忧不仅针对它对低技能制造业的过分迷恋，还关系到当前正在显现的走向某种威权社会的倾向，这非常不利于印度成长为一个有思想力、创新力和创造力的国家。我们将与一位想象中的、支持当前路线的怀疑论者展开对话，还有什么比这更好的总结方式呢？

第 13 章　错误的道路

我们撰写本书的目的是要说服批评者，而非依靠声量淹没对方。我们设想有一位印度同胞更认同国家当前的发展道路，他已通读了本书前两篇，然后找到我们，进行更深入的对话。圣雄甘地的《印度自治》（*Hind Swaraj*）一书有类似的对话场景，作为对该书的致敬，下面把这位胸怀国家的同胞称作"读者"，我们自己则担任"编者"的角色（请原谅我们的自负）。读者和编者都是关心此话题的印度国民。为了使这一对话显得自然流畅，我们都将采用第一人称。下面就开始对话。

读者：我认为你们的书有些吹毛求疵。你们也指出印度正在发生许多积极的变化，此外，既然印度在近期被选为二十国集团轮值主席国，国家领导人在世界各地受到隆重接待，怎么能说印度走上了错误的道路呢？

编者：您提出的问题很重要。在任何时候，在任何政府统治下，印度都有很多好事情在发生。有些要归功于政府，有些则排除了政府的干扰。某些执政党更善于宣传好消息，某些领导人更善于把握政治时机和政治话语，某些体制更坚决地压制批评意见、隐瞒糟糕结果。不过在任何政府统治下，与大量好事并存的还有许多没有做到的事情，以及某些正在发生的糟糕事情。所有这些都必须加以分析并向社会公开。

我们来看看若干事实吧。二十国集团的主席国采取全体成员国轮值机制，所以每个成员国都会在某个时点担任主席国。印度原定于2021年担任轮值主席国，但政府请求与意大利交换轮次，以便在国家独立75周年的时候出任。印度主办这一盛会确实做得很不错，接纳了世界各国的外交官员，并让他们在返程时带回了对印度的一些承诺。印度政府自然有动机弱化主席国的轮值性质，尤其是在国内举办大选的前一年。您以为印度是被推选出任轮值主席国的，这属于可以理解的错误。

此外如本书前文所述，2023年9月在新德里举办的二十国集团领导人峰会闭幕式颇为壮观，会议组织也有大量值得称道之处。印度领导人在世界各地受到隆重接待当然同样是好事，这种待遇反映了大家尊重印度在过去几十年里作为民主国家和经济体取得的成就。外国政府也有自利属性，如果我们的领导人带着国防交易或航空交易出访，那么对方可能认为，与涉及的商业交易规模相比，隆重接待的成本算不了什么。外交接待还会有战略方面的考虑，例如西方国家可能把我们作为一种对冲，作为抗衡强大的中国的一支力量。但相比现状而言，我们应该更有效地利用这种欢迎态度，推动外国扩大对印度企业和印度农民的开放。

读者： 那好，让我们谈谈事实。印度是二十国集团中增长最快的经济体，自2014年以来有了长足进步。你们是否在为批评而批评？

编者： 我们在之前提到，较贫困的经济体处于追赶增长模式，所以增速较快。印度是二十国集团中最穷的经济体，增长速度最快是应该的。正确的做法不是与其他经济体对比，而是与本国的近期历史相比较。从这个角度看，我们会发现自前总理纳拉辛哈·拉奥和前财政部长曼莫汉·辛格在20世纪90年代早期启动改革以来，过去10年的经济增长是最差劲的。

关键问题在于这些数字反映的中长期前景如何：目前的就业环境极其糟糕，下层中产阶级苦苦挣扎，增长的公平性越来越差，女性劳动参与率停滞在低水平。按年化计算的季度经济增长率徘徊在5%~6%，印度如果想在2050年前后老龄化到来时达到稳健的中等收入水平，这样的增长率依然太慢。

对此的一种解释是，我们目前的增长很大程度上缺乏就业创造，导致需要更高得多的增长率才能创造足够多的就业岗位，否则人口红利就会在眼前白白流失。

另一种可能的解释是，印度自2013年以来的增长率和GDP被高估了，那时改变了GDP的测算方法。政府前首席经济顾问阿尔温德·苏布拉马尼安（Arvind Subramanian）就指出，进口额、出口额、信贷、税收和利润等重要指标在统计方法调整后增速显著放缓，但GDP增速神奇地保持强劲。有一项政府调查显示家庭消费增速大幅下挫，但调查结果至今没有公开。因此我们应该承认，印度经济有可能一直没有达到官方报告的增长率。假设如此，缺乏有效数据可能导致我们过分自负，看不到当前的政策路线造成的风险正在累积。

读者： 我们的股票市场一派繁荣，我自己的投资回报也不错。如果你们的观点是对的，市场为什么没有看到呢？

编者： 市场目前的高涨来自若干原因，某些是好的，某些不见得。到我们的对话发表时，情况可能不一样。它是一个不稳定的晴雨表。

首先，当我们撰写本书时，对全球经济增长将持续、不会被衰退打断的预期正在增强，世界各国的股市都处在活跃状态。事实上，我们到过许多地方，每个国家的媒体都有讨论该国表现出色的长篇大论。另外，随着中美紧张关系的持续，新兴市场投资者希望找到中国之外的投资替代对象。印度以及其他新兴市场都从这种资金流入中获得了好处。当前，印度的表现处于中等位置，韩国和巴西自（2023年）年初以来的股票市场回报明显更高。

最后还有些不那么理想的因素。由于去纸币化、新冠疫情以及商品和服务税的实施等事件的影响，我们看到印度大企业的盈利水平有所提高，小企业和非正规企业的表现较差。只有前者才被纳入股票市场，这会给更广泛的经济活动描绘错误的印象。实际上自2016年6月（去纸币化实施之前）以来，小企业数量较多、就业人数众多的服装和皮革等部门出现了萎缩。

读者：谢谢，这方面我需要再多想想。印度政府希望把国家带到制造业引领的增长道路上，为什么你们要反对制造业？

编者：我们不是反对制造业，也没看出任何人有这样做的理由。我们反对的是投入巨额补贴去吸引制造业供应链中最低端的部分，并设想这会把供应链上的其他环节也吸引过来。我们在本书中试图解释，世界正在发生快速变化。低技能组装线上的附加值在减少，另外沿着价值链向上攀登很不容易：如今，低技能组装线与价值链其他部分之间已没有必然连接。用我们接触过的一位实业家的话来说，那样做是在为当农奴的权利而竞争，不仅针对今天，而且面向未来。所以我们必须有更宏伟的思考和更远大的目标，以适应明天的世界。

读者： 我想你们是在强调对政府资源的有效利用，但我对你们的经济纲领还有更多的疑问，例如为什么支持用现金转移支付之类的免费赠品来实现目标？

编者： "免费赠品"的说法经常被比较随意地用于政治攻击。从本质上讲，政客对它的定义是，对方提议的补贴和转移支付属于免费赠品，我方提议的则是支持发展的必需品。其实，我们应该检查每一项补贴或者转移支付是否都达到了预定目标。原则上，我们希望给最贫困、最弱势的群体提供社会安全网，同时给予他们部分现金支配权，对自己的未来投资。总之，我们想让经济阶梯上所有层级的人都能积累人力资本，这就是拟议现金转移支付要实现的目标。

读者： 怎么看待国家领军企业？如果我们有若干能在规模上与世界其他公司相匹敌的大企业，不是很好的事情吗？

编者： 确实如此，具备国际竞争力的本国企业当然是大好事。但如果这要求给予它们超出其他国内企业的优待，或者屏蔽全球竞争对手，或者要求全球竞争对手与政府指定的照顾对象建立合资企业，那么我们的消费者就必须为大企业的利润膨胀而付出代价。而且从长期来看，我们并不清楚依靠保护和补贴成长起来的大企业是否真正具有竞争力。因此不应该对部分企业实行优待，而是在国内培育鼓励所有企业成长的更友好环境。领军企业必然会出现，如我们书中的案例研究所示，某些企业已初具雏形。但如果它们跟不上竞争的步伐，也可能被淘汰。

读者： 这样说的话，也许我们需要对如何增长有一些新的认识。不过我们经常听到印度是"世界导师"的说法，这不是很能说明问题吗？

编者： 世界导师的含义是什么呢？当然从字面上讲，是全世界要学习的老师。但从具体指标上看，至少就今天来说，印度依然是现代思想观念和知识产权的净进口国。我们坚信，印度会在不远的将来成为思想知识的净出口国，只是目前并非如此。

请不要误会。印度曾经在千百年历史上作为世界的精神中心和知识强国。但我们错过了现代科学的发展，被殖民主义榨干了资源，坐视工业革命在遥远的地方发生。毫无疑问，我们这个民族的信心被动摇了，不得不借助过去的辉煌来重振自己的士气。如今我们在重新建设经济和社会，这离不开知识和技术方面的能力。在此过程中，从历史上汲取灵感当然是好事，但不能故步自封。

您是否还记得一句古老的印度谚语：默默地努力工作吧，成功会让你一鸣惊人（*Mehnat itni khamoshi se karo ki safalta shor macha de*）。当我们的时代到来之时，印度自然会成为世界导师。我们希望这早日实现，但首先需要为此做好准备工作。另外，能否成为世界导师，要让其他人评判。

读者： 好的，但我真的很欣赏现在的领导人，他能做出大胆的决策，而不是被无穷无尽的咨询协商所累。例如，去纸币化和新冠疫情期间的严厉封锁等艰难决策都表现得非常果断。为什么不能把决策权集中在这样优秀的领导人手里呢？

编者： 政治魅力和亲和力对一个国家来说有强大的凝聚作用，但前提是需要运用得当。同时，讨论和共识几乎总是能为决策提供帮助。无论是1969年的突然袭击式银行国有化还是1975年的紧急状态，都是在没有充分协商下快速实施的，恐怕没有多少人能说这些做法对国家有利。

在本届政府治理下，2016年11月突然推出的大额纸币废除措施动摇了非正规经济与小企业的支柱，让千百万民众的生活举步维艰，但对打击非法资金没有产生显著效果。之前正在加速的经济增长势头就此持续走弱，到新冠疫情暴发之前的2019年已彻底陷入低迷。

2020年3月突然宣布的封锁措施没有任何计划和准备，导致印度出现了世界大型经济体以及自由化改革以来最大的季度经济跌幅，迫使数百万移民家庭背着孩子徒步返回家乡。我们之前介绍过，第一波疫情之后的准备工作缺失无疑加剧了2021年4月至5月第二波疫情的严重程度。以任何标准来看，这些都是极为糟糕的管理失当，只是因为在已造成损失后，接下来的疫苗接种工作大有改进，管理失当的事实才被掩盖。

2020年9月，在没有协商或劝诚尝试的情况下强行通过农业法规的政治决策导致了大规模抗议浪潮，也关闭了在可预见的未来深入推进农业改革的大门。很不幸，我们的农民依然迫切需要合理的农业改革，却难以在短期内实现。

这些糟糕决策背后有怎样的共同点？做出这些决策的领导人都表现出勇气和果断的欲望，不愿意考虑专家意见，不愿意说服可能提出有效建议的对手。由于决策的制定很突然，所以往往欠缺准备。与更为弱势但依靠共识的领导人采取的渐进式决策相比，上述行动或许会给国民带来更具破坏性的长期后果。从历史上看，印度最具改革导向的预算方案恰恰是20世纪90年代的联合政府制订的。

读者： 民主制度不是给现任领导人提供了压倒性的授权吗？

怎么能质疑这样受民众支持的政府采取的决策呢？

编者： 这是一个重大问题。选举确实给政府提供了授权。任何政府在真心探索自以为对国家最有利的政策路线时都会犯错误，这也很自然。所以，所有选举产生的政府都需要在当选后接受经常性的监督和批评，从而促使政府在合适的情况下修订路线。这正是民主制度本来的运行方式。

说起缺乏批评意见的情况，我们会联想到苏联的政策，那里执行的官方路线是民众能听到的唯一公开版本，直至整个政权的崩溃。当然，并不是说所有的普通民众都被愚弄了，很多人其实深知体制的缺陷。但掌权者被屏蔽在办公室里，没有普通人那样的感受，一直没有正确的信息来支持正确的决策。

人把手指伸到火焰里会感觉到疼痛，从而立刻收回手指，防止更严重的伤害。如果做了局部麻醉来压制感觉，人会失去痛感，因此不会缩回手指、及时纠正行为，这会给身体带来更大的损害。与此类似，压制批评会让政府一无所知，最终深受其害。

最后，印度政府试图把去纸币化改革和新冠疫情管理都描述为胜利，这点很值得玩味。如果有人相信政府的宣传，那不妨扪心自问：当其他国家宣布对疫情管理开展独立调查的时候，印度却没有采取相应的行动，这是为什么？如果你在疫情中失去了一位亲属或朋友，你是否有权知道，我们原本能否做得更好？如果政府的工作确实做得非常好，它应该欢迎独立调查才对。

读者： 我对经济方面还有最后一个问题。你们说我们在促进就业上做得不好，那为什么感到不满的年轻人没有更多动员起来表达抗议呢？你们显然弄错了。

编者： 您是否记得，当军方在2022年夏季推出"烈火计划"（Agnipath scheme）或者印度铁路公司的违规招聘行为在2022年1月被报道出来时，年轻人发起的抗议行动？还有农民在2020—2021年冬季发起的保护自己生计的抗议行动。目前还没有哪个政治实体能够把这些不满汇聚成一致的、有目的的声音，这不代表社会表面之下没有不满情绪。这些不满情绪会通过不同渠道爆发，例如曼尼普尔邦最近遇到的麻烦，当地的梅泰人正在争取与库基人同等的保留名额。

其他因素也在发挥作用。专栏作家尼南（T. N. Ninan）指出，印度央行的调查数据显示，现任政治领导人试图让公众以为，"尽管眼下的经济形势严峻，或者没有改善，他们对未来却更憧憬"。[1] 这或许算得上一种政治成就，但绝不是经济成就，因为人们的生活水平没有得到任何根本改进。

社会对政府就业岗位普遍抱有期待。虽然成功概率极小，千百万年轻人仍在准备考试，希望能在政府部门谋得一席之地。围绕新印度的各种热切议论，加上缺乏反映就业危机真实程度的统计数据，会让许多年轻人在考公失败后貌似合理地认为：问题是出在自己身上，而不能责怪体制。

大多数民众只是借助免费粮食和转移支付才能勉强度日。要让他们不过多关注自己的苦难，需要分散其注意力。文化和宗教的分歧便成为操纵话题的一个主要源头，社交媒体与手机信息传播则为其推波助澜。

到任何城市、小镇甚至村庄走一走，您会看到许多年轻人带着廉价的智能手机闲逛，在互联网上打发大把时光。还是听听我们的声音吧，尽管我们听起来像是身心疲惫的大叔——拉詹确实是，罗希特也快了！

手机里的数据在印度掀起了一场革命，打开了通向商业、教

第 13 章 错误的道路　233

育和治理的大门。但它也带来了一个意想不到的后果：由于外界的工作机会缺乏吸引力，手机消耗了年轻人的大量潜能。他们投入很多时间去争论：莫卧儿帝国的帝王在当年是否犯了某些错误及其对今日印度的影响。他们学习的整套历史书都写在 WhatsApp 上面。

在基本上解决了绝对贫困问题之后，印度并未实现让数亿年轻人过上有基本品质的生活这一目标。执政的人民党在 2014 年全国大选中提出"过好日子"的口号，后来却让曾因此投票支持他们的年轻人感到失望，但目前这些人并未被动员起来，因为社交媒体很有效地分散了其精力。但这种情况不会一直延续。当这些年轻人发出"我们陷入困境时，你们在哪里"的疑问时，我们作为一个国家必须给出回答。

读者： 嗯……我得再好好考虑一下你们的解释。下面谈谈制度吧，印度的制度是否遇到了威胁？如果是的话，原因何在？

编者： 本书前文提到过，现代印度的创建者信任政府领导人的良心。他们对滥权行动设置了制衡措施，但在国家进入紧急状态的情况下，这些制衡似乎是不够的。尽管自那之后印度试图改进制度，却依然没有完成。例如，拉詹记得当年的财政部长阿伦·贾特利时常回忆起，媒体在紧急状态时期变得唯唯诺诺。印度的媒体在机制上仍高度依赖政府，导致机会主义执政者会利用这一弱点。这种情况必须改变，因为自由媒体的缺失会消除对政府不当行为的一类重要制衡。

更普遍地讲，哪怕只是为了促进经济增长，我们也必须强化最高法院和选举委员会等民主机制。本书已提到了某些办法，包括让这些组织的人事提名程序变得更加独立，如果启动这一进程，各种制度将相互强化。我们的目标不是一个自由派精英主义计划，而是一个大众民主计划，力争建立有稳健基础的制度，以确保发展成果惠及每个印度人。

读者： 好吧，让我们把话题从经济转向社会、历史和文化领域。在这方面，我有更大的把握认为自己才是对的，而你们弄错了。

编者： 朋友，我们这里不是非要分出对错，而是友好对话，试图通过讨论找到恰当的道路。另外请留意，无论您提出怎样的问题，我们都不会质疑其意图，我们都希望印度和每个印度人取得成功。下面转向社会和文化问题吧，请继续！

读者： 我就直截了当地说了，我希望有个维护印度教徒利益的政府。毕竟在印度经历1 200年被统治历史之后，这不是什么坏事吧？大多数少数族裔是外国人，或者至少说不是纯印度人，他们应该知道自己在这个国家中的位置。回归我们的印度教根源会创造一个强大的国家，就这么简单。

编者： 看起来，这是个带有很大情绪的问题，那么请耐心听我们解释。政府的责任是维护所有印度国民的利益，由于近80%的国民是印度教徒，总会有很多照顾印度教徒利益及其生活方式的政策，这是件好事。然而政府不能歧视来自其他宗教的任何人，至少在我们的宪政框架内应该如此，而我们应为此感到骄傲。

在走向独立的时候，这片大陆上按照不同原则组建起了两个国家。巴基斯坦把自己定位为伊斯兰共和国，印度人则只是期待建立一个确保全体国民在法律面前一律平等的共和国。我们希望让少数族裔也有归属感,尤其是对那些选择留在印度境内、面临不安全环境的穆斯林。这是现代印度一项关键的立国原则,而且我们认为它符合(我们自己)对印度教教义的理解。

回归印度教根源到底意味着什么?我们是罗摩和黑天(又名奎师那)的国度,是湿婆和难近母(又名杜尔迦)的土地,印度教追求永恒*。但在保留印度教核心理念的同时,它也允许我们根据所处的现实环境不断调整以适应变化。这是《罗摩衍那》和《摩诃婆罗多》教导的,它要求我们的精神追求不限于对故事传说的好奇,还要转向现实生活中的实践。

与之前的很多人一样,我们认为,正是这种思想开放首先导致其他某些相关但又不同的宗教传统从印度发端,如耆那教、佛教和锡克教等。也正是这种开放,印度迎接了各种宗教信仰的人们来到这片土地:穆斯林、犹太人、基督徒、琐罗亚斯德教徒以及其他宗教信仰群体。无神论同样属于印度教哲学中的一类"主义",您或许听说过顺世派(Charvaka),他们质疑神的存在,把理性和经验学习作为构建所有道德准则与生活方式的基本原则。

正是这种开放,让我们追求永恒的文化、宗教、思想体系(不管您喜欢冠以什么名称)得以繁荣昌盛,尽管有相互竞争的思想理念不断从海外传入。如果印度教是封闭、僵化和不稳定的,它很可能早已在外来宗教的反复冲击下支离破碎。但由于开放性和分散性,如果您允许我们用一个经济学术语做类比,那差不多就是哈耶克主义,它能够借鉴所有来到这里的外来思想,与其中的精华部分形成一种共存方式,甚至在某些时候将其吸收消化。伊斯兰教的苏非派与印度教中的巴克提运动同时在南亚次大陆达到巅峰,应该不是巧合。

---

* 罗摩和黑天分别是印度史诗《罗摩衍那》与《摩诃婆罗多》的主角,湿婆和难近母均为印度教的主要神灵。——译者注

在这一深受印度教精神气质影响的有机的世界主义进程中，我们都成为这片土地及其不断演化的文化的组成部分。我们坚决反对只有在个人生活中追随印度教教义才算"纯正"印度人的想法。难道，阿卜杜勒·卡拉姆（A. P. J. Abdul Kalam）、拉曼（A. R. Rahman）、迪利普·库马尔（Dilip Kumar）、达达拜·瑙罗吉（Dadabhai Naoroji）、霍米·巴巴（Homi Bhabha）、贾姆谢特吉·塔塔、胡里奥·里贝罗（Julio Ribeiro）、曼莫汉·辛格、曼苏尔·阿里·汗·伯道迪（Mansoor Ali Khan Pataudi）、玛丽·科姆（Mary Kom）、毛拉纳·阿扎德（Maulana Azad）、阿姆里特·考尔（Amrit Kaur）、萨姆·马内克肖（Sam Manekshaw）、莎巴娜·阿兹米（Shabana Azmi）以及沙鲁克·汉（Shah Rukh Khan）等人不是现代印度的重要贡献者吗？我们好多知名的中小学、大学和医院难道不是由虔诚的基督教传教士创办，并在很多情况下依然由他们负责管理的吗？难道所有这些仁人志士在您眼里都不够印度人的标准？

您是否还记得20世纪80年代后期的著名电视节目《摩诃婆罗多》？是否知道它的剧本是由拉希·马苏姆·拉扎（Rahi Masoom Raza）这位穆斯林撰写的？剧中的萨美（Samay，时间之神）的标志性声音就是拉扎想出来的。导演乔普拉（B. R. Chopra）回忆说有一次听到拉扎解释萨美将如何讲述《摩诃婆罗多》的故事，马上就意识到他是自己要找的编剧。因此，黑天在俱卢战场上与阿周那的所有对话都是出自拉扎的笔下，这些对话是吸引了数亿观众每周日上午在印度国家电视台上追捧的内容。事实上，扮演阿周那这位角色的演员也是一位穆斯林。

卡瓦里（qawwali）是一种与诗人阿米尔·库斯劳有关的音乐风格，在13世纪德里的尼扎姆丁街道上打磨成熟。700年之后，印度演员兰比尔·卡普尔（Ranbir Kapoor）在拍摄于尼扎姆丁·奥利亚圣殿（Nizamuddin Dargah）的电影《摇滚巨星》（*Rockstar*）

中唱起歌曲《Kun Faya Kun》，而 Kun Faya Kun 的意思"有，于是即有"正是《古兰经》的核心理念。

我们想竭力阐述的是，各种文化相互融合才创造出真正绚丽多彩的印度语言。我们怎么能否认作为那么多人的共同生活经历的这种美好？我们如今又怎么能想要把不同文化分开，仿佛它们是从未交汇的河流的两岸，仿佛从未建起桥梁把它们连接？您或许不喜欢这种融合的文化，但印度教并没有因此受到威胁，我们也不需要把其他宗教贬低到二等位置来捍卫印度教。我们不应该把印度变成另一种版本的神权国度。

事实上，那种做法会给国家带来深重的伤害。当我们的多数党政客给印度穆斯林贴上"Babur ki aulaad"（莫卧儿帝国开国君主巴布尔的后裔）的标签，或者谈论 1 200 年的奴役史时，他们是在质疑穆斯林的归属和身份认同。许多穆斯林会平和地表达抗议。正如作家兼记者齐亚·乌斯·萨拉姆（Ziya Us Salam）在接受卡兰·撒帕尔（Karan Thapar）采访时所述："我不会让他们希望建立'无穆斯林印度'的梦想得逞……这不是我的土地或者你的土地，而是我们共同的土地。"[2]

读者： 你们说的都挺好，但对于少数族裔，尤其是穆斯林，我们采取绥靖态度的时间不是太久了吗？

编者： 我们明白您的意思。"绥靖"是个有很多含义的词语，政客确实偶尔会对不同宗教的激进势力妥协，但政府政策让穆斯林在经济上比其他群体更占优势的说法没有任何数据的支持。例如，2014 年的一项《信息权利法》调查得到了北方邦政府的如下回应：只有 2% 的副督察、3% 的警长和 4% 的普通警员是穆斯林。[3]这一比例令人震惊。我们知道，政府职位非常抢手，2011 年的人口普查显示穆斯林在北方邦的占比近20%，穆斯林在警察部门职位中的占比如此之低不可能是源于申请人不足。同样令人忧虑的是，随着警察部门的职级上升，穆斯林的占比越来越少。类似的统计趋势在几乎所有福利指标中都能见到，说明印度的穆斯林在经济上过得并不好，那么"绥靖"的说法在现实中有什么意义呢？

哦，还忘了一件事。我们提到了若干对印度国家建设做出过重大贡献的穆斯林，但实际上穆斯林完全不需要"证明"自己的归属，就像我们不会要求一位反社会的印度教徒或者（就此而言）一位锡克教徒或基督教徒通过行为来证明自己的公民身份一样。只要此人是一位印度公民，他就享有相应的公民权利，哪怕他违犯了印度宪法，也依然如此。所以对每一位穆斯林公民，无论是圣人还是罪人，我们都必须给予完全的宪法保护。我们可以不喜欢来自任何宗教的罪人，但我们必须给予他们同等的保护。有些政客企图给穆斯林制造二等公民的地位，包括在没有履行正当程序的情况下强拆穆斯林抗议者的房子，由此给社会制造的分裂将削弱我们的国家。

读者： 在印度独立之前，我们不是被奴役了1 200年吗？你们对此不能否认吧？

编者： 这种说法虽然广为流传，却完全是对历史的误读。它试图把所有穆斯林都当作外国人，于是排斥了像阿克巴或沙·贾汗那样伟大的印度君主。另外它也忽略了南方的印度教王国，如与高棉帝国、中国宋朝和阿拉伯地区广泛开展贸易的罗阇罗阇一世和拉金德拉一世的朱罗王朝，以及维贾亚纳加尔王国和马拉地人的王国。难道只有当德里被印度教徒统治的时候，才谈得上自由的印度吗？

我们不应该把历史叙事完全交给政客，而是需要不受政治左右的专业历史学家。不受政治左右意味着他们不会为了自己的观点而曲解史实。传统上，印度的历史学家倾向于左翼，但目前的趋势正在改变，不同观点纷起，这对于从不同视角审视我们的历史是一件大好事。

但无论历史事实如何，它们都不能用来针对今天的少数族裔。目前有种令人不安的趋势是，大叔们变成了历史爱好者，不断对少数族裔发表恶毒言论。如今的穆斯林青年对于奥朗则布（Aurangzeb）在1675年对古鲁（Guru，意为"上师"）泰格·巴哈杜尔（Tegh Bahadur）所做的事情没有丝毫责任*。我们应该了解自己的历史，但不能成为历史的囚徒。

我们需要倡导社会和谐而非煽动历史仇怨的领导人。请相信我们：在印度这样多元化的土地上，一旦燃起分裂的火焰，可能被利用的裂痕将变得没有尽头。那些宣扬仇恨、选择性支持特定社群的人，在一切人对一切人的混乱战场上绝非可靠的和平缔造者。在充满易燃干柴的森林里，最大的危险就是自以为尽在掌握地点燃火焰。

读者： 你们说希望对所有人平等相待，那为什么很多所谓的知识分子不赞成制定对印度全体社群适用的、包括婚姻关系在内的统一民法典的建议？为什么只允许穆斯林实行一夫多妻制？这很虚伪，不是吗？这难道不会让他们生育更多子女，从数量上压倒印度教徒？

---

* 巴哈杜尔是17世纪被莫卧儿帝国皇帝奥朗则布处决的一位锡克教领袖。——译者注

编者：我们同意，您所说的反对统一民法典的某些理由确实虚伪。的确在现代社会，每个人都必须在法律面前一律平等。然而，正如印度法律委员会（Law Commission）在2018年提出的那样，支持统一民法典的终极理由不应该是实现形式上的整齐划一（例如坚持要求每一桩婚姻都必须是由政府官员登记的符合民事程序的婚姻），而是确保每位国民的基本权利得到保护。

在很多宗教中，男性享有比女性更大的权利。反对一夫多妻制的理由是男性有权利同时娶多位妻子，而女性则没有类似的权利，黑公主式的婚姻（Draupadi-vivah）是非法的*。

让我们再深入了解下一夫多妻制的现实情况。您认为，一夫多妻制在印度的哪种宗教群体中最常见？回答这个问题的唯一可靠数据来自全国家庭健康调查，共开展过5轮，从1992—1993年到2019—2021年。把最后3轮调查（包含涉及一夫多妻制的问题）的数据加起来，我们会发现这种情况的发生率（在相关宗教社群中的百分比）在基督徒中最高，占所有婚姻的2.1%，主要是由生活在东北部地区的基督徒造成的。印度教徒的比例为1.4%，穆斯林则为2%。但由于印度教徒的人数约为穆斯林的5倍，这意味着印度教徒中的一夫多妻制婚姻总数比穆斯林要多得多。假设每增加一位妻子会多生育同等数量的子女，用简单的算术就会知道穆斯林不可能依靠一夫多妻制在人口数量上压倒印度教徒。

让我们再看看妻子的权利。印度教徒的第一位妻子显然享有充分的法定权利，但关键在于，第二位（不合法的）妻子没有权利，她的子女也没有，因为其婚姻不被法律认可。所以，尽管印度教徒的第一位妻子享有的权利高于穆斯林的第一位妻子，第二位妻子的处境却完全相反。如果我们真想做点事情来提升一夫多妻制

---

* 黑公主是《摩诃婆罗多》中的女主角，拥有5位丈夫。——译者注

下的女性地位，仅宣告穆斯林的一夫多妻制婚姻不合法是不够的，还应该采取措施来解决所有宗教背景下非法的一夫多妻制婚姻中的女性权利问题。

有关数据还清楚地揭示，一夫多妻制婚姻在印度各社群中的占比都在持续下降，包括穆斯林群体在内。随着家庭富裕程度提升以及男性和女性教育水平的进步，一夫多妻制现象逐渐减少，不同的宗教社群中均是如此。另外相比巴基斯坦穆斯林，印度穆斯林群体中的一夫多妻制比例明显更低。

以上所有证据均表明，一夫多妻制是个相对较小的问题，而且越来越式微。当然如果真正关心女性的地位，希望推动改进，那就必须承认这一问题的解决方案需要更深入的思考，远不止宣告穆斯林一夫多妻制非法那么简单。

更普遍地说，社会上存在一种观点认为，统一民法典意味着把印度教的法规适用于其他所有人身上，然而印度教徒也享受着其他人没有的某些特权。例如，他们利用"印度教未分割家庭"（Hindu Undivided Family，HUF）的说法让祖传的财产代代继承，并为家族企业避税。要是按照这一做法，允许所有宗教背景的人都享受此类税收优惠，会使政府财政损失惨重。反过来，取消这种优惠则会激怒那些借此来逃避税收的印度教家族。

与之相似，如果我们希望让女性拥有和男性相同的自由权利，基督教和印度教的女性就应该像穆斯林女性那样享有离婚自由权。尽管2006年通过了法律修订，印度教女性目前仍没有印度教男性或非印度教女性享有的继承权。换句话说，制定统一的民法典需要开展大量的协商工作。或许正因为如此，负责考察统一民法典任务的法律委员会才在2018年建议，立法机构应该首先确保各社群内部男性和女性的平等权利，再着手解决不同社群之间的平等问题。这意味着我们要反对所有宗教中的正统现状，而非单独针对伊斯兰教。我们支持的方案是：由政府助推每个社群中的进步人士（尤其是女性），先达成社群内部的改革共识，再将其纳入立法。

读者： 谢谢，你们做了很有激情的阐述。既然提到了印度南北方的比较，我这里还有最后一个问题。我听到了在2026年重新分配议会席位的说法，我对此持赞成态度，因为这符合民主精神。你们的观点如何？

编者： 这是个好问题，但需要谨慎处理。先来看看事实，20世纪70年代，印度政府对人口增长非常担忧，于是为了避免在选举权上给那些人口增长控制不力的邦带来奖励，国家通过了一项宪法修正案，把每个邦在议会的代表人数固定在与1971年的人口普查相对应的水平。这一修正案的预定时效是25年。然而在2001年，瓦杰帕伊总理领导的政府把该修正案的时效又延续了25年，修正案将在2026年到期。当然自那之后，较为贫困的比哈尔邦和北方邦等的人口继续快速增长，而较为富裕的一些邦的人口增速放缓。例如在2001—2011年，比哈尔邦的人口增加了25.4%，而喀拉拉邦仅增长4.9%。这意味着，人民院在南方的某些选区仅有不到200万选民，而在印地语带的某些选区的选民人数几乎多出50%。如果我们想实现平等的代表权，即让全国各地的每个人民院议席代表基本相同的选民人数，那么印地语带必然要获得相当多的新席位。预见这一结果之后，新建的议会大厦为人民院设立了800多个席位，而今天的实际席位数仅有545个。

当然，问题不会那么简单。南方、西方和某些较为富裕的北方各邦缴纳的税收更多，然后这些资金会被转移给较为贫困的、人口更多的邦。转移支付的金额相当大。此外，把更多席位分配给印地语带将过度有利于在当地拥有选民基础的某些政党。更普遍地说，议会席位冻结以来的人口变化意味着，如果席位完全按照目前的人口状况重新分配，将导致政治权力在地区之间出现极大的调整。南方和西方各邦可能产生强烈的屈辱感：经济增长表现出色，导致它们支付的税收更多，生育的子女更少，却受到惩罚，政治权力被削弱。

  这一问题的处理必须审慎，或许可以把移民劳动者计入富裕邦的人口，而从贫困邦的人口统计中扣除，另外把席位调整延长到在几十年中逐步实现，避免突然的过度调整。我们要再次强调，若没有谨慎考虑和充分协商，任何改变现状的尝试都可能招致痛苦，甚至引发冲突。我们必须指望2026年的在任政府能理解这点。

读者：我也需要好好考虑下，希望我们能继续这样的对话。

编者：对话能带来相互理解，我们必须继续下去。

结　语

　　印度正处在十字路口。它必须走自己的道路，基于自身优势而非缺陷。印度的优势包括：探究与辩论的精神，这让印度人能挑战无效和错误的思路；社会对创造性和包容性的渴望，以及反抗野蛮和不公的意愿，这使得法治、民主协商及接受批评并拿出相应行动成为印度政府的本质特征。总的来说，它们都是这个国家必须竭力维护的印度精神气质的关键要素，不仅让生活在这里的每个国民更有力量感和满足感，还能帮助印度推动未来的经济建设。

　　未来的经济将立足于创造力、创新力与高技能就业，以全体国民的人力资本建设为基础，而不是只为少数富人积累金融资本和物质资本。印度道路将不同于其他国家，尤其是东亚地区的成长经验，而是属于自己的国家和时代。这是一条尚未有人尝试的繁荣之路，却有潜力成为全球南方国家的先导。它还能帮助印度在为气候变化等全球问题寻找解决方案的过程中成为引领者。

政治领导力

　　本书很多地方讨论了如何发挥民众的能量，如果印度拥有卓越的政治领导人，我们倡导的大规模改革将更容易推动。印度需要开明的领袖，以激励国民采取行动，这样的行动不是对过去的宿怨实施报复，压制某个社群或欺负其他国家，而是在经济、社会和文化领域让国家蒸蒸日上，为全体民众创建更美好的未来。这样的领导人应该宣扬团结和宽容，而非分裂与仇恨。他的纲领将是民族性的，同时又严肃地担负起对世界的责任。他的目标不是国家力量，而是可持续发展，尽管经济的增长必然会带来国力的增强。而当印度确实拥有强大实力时，这样的领导人会懂得如何明智地运用。

在太多时候，印度的领导人许诺自己会把一切做好，民众只需要耐心等待，静候领导人及其政府兑现承诺，但通常来说，这会遥遥无期。事实上，印度的领导人必须认识到民众对现状不满，而且要说服每个国民他们有能力改变现状，并由此激励民众投入行动。我们在书中讲过，作为一个过于庞大而复杂的国家，印度很难自上而下有效治理，但可以自上而下给予激励。

普通印度人能做些什么

普通印度人可以等待卓越的领导人来打破旧模式，这也是许许多多茶话会的结束方式——哀叹现实缺乏这样的领导人。然而时势造英雄。温斯顿·丘吉尔原本是一位严重酗酒的种族主义者和失意政治家，在自由党与保守党之间来回摇摆，却在二战时期成为杰出的英国首相。

对普通印度人来说，与其消极等待，不如勇敢前行，把国家的未来掌握在自己手里。每个印度人都可以做一些不同的事情，可以尝试一些新的想法，让所有人都过得更好一些。最终，一位新的领导人必将出现，他会看到公众的行动，并将这些行动编织为一种新的共同愿景。在此之前，让每个印度人都朝着自己期望的方向改变。如何行动是每个人自己的选择，不容任何借口推诿。

致　谢

本书的写作起步于新冠疫情期间，我们那时开始思考印度的前进方向。与如今一样，当时出现了两种完全相反的论调：一种是对印度道路的绝对乐观，另一种则是完全悲观。我们感到，这两种说法都没有深入理解对立观点依据的事实，也未能充分考虑会影响印度发展道路的竞争、技术和地缘政治因素的变化。本书试图弄清楚印度的现状，穿越低劣和匮乏的数据与假象的迷雾，以描述印度可以向往的未来的景象。本书带来的希望是，印度有可能焕发巨大的潜力，并在参与应对全球挑战方面发挥宝贵的作用。但我们同时也警示，这一切的前提是印度付出艰苦的努力，愿意选择创新发展道路，且抵制住骄傲自满和分裂政治的干扰。

任何著作都是集体努力的成果，即便已有两位作者。罗希特在本书写作期间结婚了，他的妻子 Swasti 的想法、批评和热情对本书贡献颇丰，为罗希特的写作带来了深刻的思考。罗希特的岳父母 Kshama Sharma 与 Sudhish Pachauri 都是杰出的作家，他们慷慨分享的写作方法提供了坚实支持。罗希特的父母 Seema 与 Kapil Lamba 以及姐姐 Nishtha 是本书最早的启迪者和鼓舞者，他们是宽厚的共鸣板，时时激励我们前进。

拉詹的妻子 Radhika 在每次智力探险中都是拉詹的全面合作伙伴，帮助厘清思想，阅读草稿，并给予纠正、批评和不断的激励。在本书从早期提案到最终成稿的过程中，Radhika 的见解助益良多。拉詹的孩子们也一如既往地给力，对本书的主题提出了有益的建议，并帮助我们考虑不同的标题和封面（经常是成书中最困难的部分）。拉詹的兄弟 Mukund 鼓励我们撰写本书，并在此过程中做了一些重要的引荐。拉詹的父亲有正直负责的人生态度，母亲则善良地同情弱势群体，这些都成为他的指路明灯，他们的影响贯穿他的全部作品。

我们在企鹅出版社的编辑 Radhika Marwah 堪称专业精神的典范。她对整个写作过程都极为支持，并提供了深刻而有价值的建议。普林斯顿大学出版社的 Joe Jackson 则承担了把本书推向国际读者的任务，同样做出了不凡的贡献。

与许多人的讨论让我们受益良多。本书的源起来自我们在疫情期间同 Mekhala Krishnamurthy、Varad Pande 与 Srinath Raghavan 的系列讨论。其他许多人也参与其中，包括 Gautam Bhatia、Chandra Bhushan、Sajjid Chinoy、Rohit De、Navroz Dubash、Devesh Kapur、Nachiket Mor、Karthik Muralidharan、Dipa Sinha、Aradhya Sood、T. Sundararaman 以及 Raeesa Vakil 等。

Rahul Chauhan 是我们在《印度时报》（*Times of India*）发表的部分评论文章的合作者，其内容构成了本书部分章节的基础。我们非常感谢 Chauhan 的帮助，特别是关于就业以及与生产挂钩的激励计划部分。拉詹还要感谢 Vindi Banga 与 Syeda Hameed 把我们介绍给若干企业家，并感谢 Chikki Sarkar 动员我们真正动笔创作。

在本书写作过程中，我们还因为与若干人的对话而深受启发，其中包括：Rukmini Banerji、Vindi Banga、Peyush Bansal、Aditi Chand、Jai Decosta、Rahul Garg、Jacob Goldin、Dr Yusuf Hamied、Ajay Jakhar、Udit Khanna、Sunil Munjal、P.C. Musthafa、Sanjay Nayak、Sam Pitroda（他还向我们推荐了企鹅出版社的编辑 Radhika）、Prateek Raj、Rodney Ramcharan、Srinath Ravichandran、Sharad Sharma 以及印

度软件产品行业圆桌会议的其他人士，还有 Anirudh Tiwari 等。

感谢 Freddy Pinzon、San Singh 以及 Aaryan Gundeti 为我们提供的极其宝贵的研究助理支持。

拉古拉迈·拉詹

罗希特·兰巴

注 释

前 言

1. Richard Baldwin and Tadashi Ito, "The Smile Curve: Evolving Sources of Value Added in Manufacturing," *Canadian Journal of Economics*, 2022.
2. Gaurav Nayyar, Mary Hallward-Driemeier and Elwyn Davies, *At Your Service?: The Promise of Services-Led Development*, World Bank, 2021, p. 180.
3. David Tobenkin, "India's Higher Education Landscape," NAFSA, 12 April 2022, https://www.nafsa.org/ie-magazine/2022/4/12/indias-higher-education-landscape.
4. 当然与软件相比，这些业务增长的初始基数较低。Pranjul Bhandari, "India's Big Leap in Services: Will It Cross over into Manufacturing," Hongkong and Shanghai Banking Corporation, 14 September 2023。
5. Nikhil Inamdar, "Semiconductors: Can India Become a Global Chip Powerhouse?" BBC News, 26 July, https://www.bbc.com/news/world-asia-india-66265412.
6. Subhadip Sircar and Ruchi Bhatia, "Goldman's Biggest Office beyond New York Attests to India's Rise," Bloomberg, 14 June 2023, https://www.bloomberg.com/news/features/2023-06-13/goldman-s-biggest-office-outside-new-york-shows-india-s-business- evolution?sref=cY1UiIYj.
7. 印度软件和服务业企业行业协会的数据引自 Neelkanth Mishra 的简报，2024 年 7 月 8 日。
8. iD 新鲜食品公司的摄像头监督可通过他们的网站查阅：www.idfreshfood.com/live-feed/ 275。
9. Gulveen Aulakh, "Micron India Plant to Make Chips Next Year," *Mint*, 23 June 2023, https://www.livemint.com/news/india/micron-india-plant-to-make-chips-next-year-11687539738271.html.
10. https://img.asercentre.org/docs/ASER%202022%20report%20pdfs/allindiaaser202217_01_2023final.pdf.
11. India Skills Report, Wheelbox, 2023, https://wheebox.com/india-skills-report.htm.

第 1 章 国家如何走向富裕？

1 本书作者利用世界银行的数据测算。
2 Patrick Wallis, Justin Colson and David Chilosi, "Structural Change and Economic Growth in the British Economy before the Industrial Revolution, 1500–1800," *Journal of Economic History*, 2018.
3 Claudia Goldin and Lawrence F. Katz, *The Race between Technology and Education*, Belknap Press, 2009.
4 Joe Studwell, *How Asia Works: Success and Failure in the World's Most Dynamic Region*, Grove Press, 2013.
5 该模型最早来自：Rudiger Dornbusch, Stanley Fischer and Paul Samuelson, "Comparative Advantage, Trade, and Payments in a Ricardian Model with a Continuum of Goods," *American Economic Review*, 1977。亚洲的这一增长现象被称作"雁行模式"，意指更早起步的经济体会进入更复杂的产业部门，把技能要求较低的产业留给后发经济体。
6 这里的数据来自世界银行数据库：https://data.worldbank.org/indicator/NY.GDP.PCAP.CD。
7 Rohit Lamba and Arvind Subramanian, "Dynamism with Incommensurate Development: The Distinctive Indian Model," *Journal of Economic Perspectives*, 2020.
8 Dani Rodrik, "Premature Deindustrialization," *Journal of Economic Growth*, March 2016. 尤其是该论文中的图 5 所示（中文版参见中信出版集团出版的《比较》第 82 辑，第 80—114 页）。

第 2 章 印度为何没有建立起全球制造业基地？

1 六位盲人摸到大象身上的不同部位，于是每个人都对大象的样子做了不同的描述。我们或许也过度夸大了我们"摸到"的中国与印度的某些差异部分。
2 数据来自 Barro-Lee Tables, 参见 Robert Barro and Jong-Wha Lee, "A New Data Set of Educational Attainment in the World, 1950–2010," *Journal of Development Economics*, 2013。最新数据可访问 http://www.barrolee.com/data/dataexp.htm。
3 Yasheng Huang, "Human Capital Development: The Reason behind China's Growth," *Economic Times*, December 2009.
4 *Doing Business*, World Bank, 不同版本。
5 Richard McGregor, *The Party: The Secret World of China's Communist Leaders*, HarperCollins, 2010, pp. 175–176.
6 数据来自 The GlobalEconomy.com: https://www.theglobaleconomy.com/rankings/household_consumption/。
7 Mehul R. Thakkar, "Peddar Road Flyover Opposed by Lata Mangeshkar and Locals Remain only on Papers Today," *Hindustan Times*, 6 February 2022, https://www.hindustantimes.com/cities/mumbai-news/peddar-road-flyover-opposed-by-lata-mangeshkar-and-locals-remain-only-on-papers-

today-101644161743008.html.
8　Harsha Vardhana Singh, "Trade Policy Reform in India since 1991," Brookings India working paper, 2017. 见表4。
9　例如，见"The Chakravyuha Challenge of the Indian Economy," Economic Survey of India 2015–16, https://www.indiabudget.gov.in/budget2016-2017/es2015-16/echapvol1-02.pdf。
10　Abhishek Anand and Naveen Joseph Thomas, "Reigniting the Manmade Clothing Sector in India," OP Jindal Global University working paper, 2022. 这篇论文详细描述了2014年的精对苯二甲酸进口税给印度的纺织品制造业带来的麻烦。
11　M. Rajshekhar, "Why Is Industry Fleeing Punjab?" Scroll, December 2015, https://scroll.in/article/772899/why-is-industry-fleeing-punjab.
12　这是基于昌迪加尔的发展与交流研究所（Institute for Development and Communication）主任Pramod Kumar的一项研究，转引自：M. Rajshekhar, "Why Is Industry Fleeing Punjab?" Scroll。
13　M. Rajshekhar, "Why Is Industry Fleeing Punjab?" Scroll.
14　Manas Chakravarty, "Jaw-Dropping Numbers from the Index of Industrial Production," Moneycontrol, 14 August 2023, https://www.moneycontrol.com/news/opinion/jaw-dropping-numbers-from-the-index-of-industrial-production-11173871.html/amp.

第3章　贸易转型与服务引领型发展道路

1　Gaurav Nayyar, Mary Hallward-Driemeier and Elwyn Davies, "At Your Service? The Promise of Services-Led Development," World Bank publication, 2021, p. 27.
2　关于服务业的革命性变化的详细讨论，参见Chang-Tai Hsieh and Esteban Rossi-Hansberg, "The Industrial Revolution in Services," *Journal of Political Economy: Macroeconomics*, 2023。
3　Gaurav Nayyar, Mary Hallward-Driemeier and Elwyn Davies, "At Your Service? The Promise of Services-Led Development," pp. 62–71.
4　Mary Hallward-Driemeier, Gaurav Nayyar and Elwyn Davies, "For Services Firms, Small Can Be Beautiful," *VoxEU*, center for Economic Policy Research, January 2022.
5　Gaurav Nayyar, Mary Hallward-Driemeier, and Elwyn Davies, "At Your Service? The Promise of Services-Led Development".
6　Subhadip Sircar and Ruchi Bhatia, "Goldman's Biggest Office beyond New York Attests to India's Rise," Bloomberg, June 2023.
7　同上。
8　Gaurav Nayyar, Mary Hallward-Driemeier and Elwyn Davies, "At Your Service? The Promise of Services-Led Development," p. 45.
9　Besart Avdiu, Karan Bagavathinathan, Ritam Chaurey and Gaurav Nayyar, "The

Impact of Services Trade on Non-Tradable Services in India," Ideas for India, 2022.
10. Emily Oster and Bryce Millett Steinberg, "Do IT Service Centers Promote School Enrollment? Evidence from India," *Journal of Development Economics*, 2013.
11. Robert Jensen, "Do Labor Market Opportunities Affect Young Women's Work and Family Decisions? Experimental Evidence from India," *Quarterly Journal of Economics*, 2012.
12. "Let's set our sights on ensuring every Indian is able to see clearly," *Mint*, October 2022.
13. Benjamin Weiser, "Here's What Happens When Your Lawyer Uses ChatGPT," *New York Times*, May 2023.
14. Erik Brynjolfsson, Danielle Li and Lindsey R. Raymond, "Generative AI at Work," NBER working paper, 2023.
15. Carl Benedikt Frey and Michael A. Osborne, "The Future of Employment: How Susceptible Are Jobs to Computerisation?" *Technological Forecasting and Social Change*, 2017.

第 4 章　印度的希望该寄于何方？

1. Philip Wen, "China Finally Has a Rival as the World's Factory Floor," *Wall Street Journal*, May 2023, https://www.wsj.com/articles/india-china-factory-manufacturing-24a4e3fe.
2. 同上。
3. Niall Macleod, "Reshoring the Supply Chain: Where, What and How Much?" UBS Research, January 2021.
4. 这些数据来自如下网站的全球价值链数据及相关计算结果：World Integrated Trade Solutions, 参见 https://wits.worldbank.org/gvc/gvc-output-table.html。
5. 本节内容参考了哈米德博士的谈话，来自《哈佛商业评论》Tarun Khanna 对他的采访。
6. Josh Lerner, "150 Years of Patent Protection," *American Economic Review*, May 2022.
7. Shannon K. O'Neil, *The Globalization Myth: Why Regions Matter*, Yale University Press, October 2022. 见第 7 页的图。
8. Sabrina Kessler, "Why US Firms Are Reshoring Their Business," Deutsche Welle, August 2021.
9. 这些数字来自世界贸易组织发布的《世界关税概况》(*World Tariff Profiles*) 2015 年与 2023 年版：https://www.wto.org/english/res_e/publications_e/world_tariff_profiles23_e.htm。
10. "Production Linked Incentive Scheme (PLI) for Large Scale Electronics Manufacturing," Ministry of Electronics and Information Technology

11 Nathan Lane, "Manufacturing Revolutions: Industrial Policy and Industrialization in South Korea" (forthcoming), *QJE*.
12 "Languages Most Frequently Used for Web Content," Statista, https://www.statista.com/statistics/262946/most-common-languages-on-the-internet/.
13 Ngozi Okonjo-Iweala, "Globalization at an Inflection Point," World Trade Organization, https://www.wto.org/english/news_e/spno_e/spno39_e.htm.
14 Chris Miller, *Chip War: The Fight for the World's Most Critical Technology*, Simon & Schuster, October 2022.
15 Nicholas Welch and Jordan Schneider, "China's Censors Are Afraid of What Chatbots Might Say," *Foreign Policy*, March 2023, https://foreignpolicy.com/2023/03/03/china-censors-chatbots-artificial-intelligence/.
16 Yu Jie, "China's Quest for Self-Reliance Risks Choking Innovation," *Financial Times*, August 2023, https://www.ft.com/content/db006725-421a-464d-870e-3e8e48b8814f.
17 Alexander Donges, Jean-Marie Meier and Rui C. Silva, "The Impact of Institutions on Innovation," *Management Science*, April 2022.
18 Michel Serafinelli and Guido Tabellini, "Creativity over Time and Space: A Historical Analysis of European Cities," *Journal of Economic Growth*, January 2022.

引　言　治理和结构

1 "English rendering of PM's address at the World Economic Forum's Davos Dialogue," Press Information Bureau, January 2021, https://pib.gov.in/PressReleseDetail.aspx?PRID=1693019.
2 "BJP Hails PM for 'Defeating' Covid-19," *The Hindu BusinessLine*, February 2021, https://www.thehindubusinessline.com/news/national/bjp-hails-pm-for-defeating-covid-19/article33896405.ece.
3 Thomas Abraham, "What Has Gone Wrong with India's Vaccination Programme?" The India Forum, April 2021, https://www.theindiaforum.in/article/what-gone-wrong-india-s-vaccination-programme.
4 Gautam Menon, "Covid-19 and Indian Exceptionalism," The India Forum, May. 2021, https://www.theindiaforum.in/article/covid-19-and-indian-exceptionalism.
5 Karan Deep Singh, "As India's Lethal Covid Wave Neared, Politics Overrode Science," *New York Times*, September 2021, https://www.nytimes.com/2021/09/14/world/asia/india-modi-science-icmr.html.
6 Parakala Prabhakar, *The Crooked Timber of New India: Essays on a Republic in Crisis*, 2023. 参见"One Billion Jabs: Let's Join the Celebration"一章。
7 William Msemburi et al., "The WHO Estimates of Excess Mortality Associated

with the COVID-19 Pandemic," *Nature*, 2023, Figure 3, https://www.nature.com/articles/s41586-022-05522-2/figures/3.
8 Murad Banaji, "Making Sense of Covid-19 Mortality Estimates for India," The India Forum, April 2022, https://www.theindiaforum.in/ article/covid-mortality-india.
9 https://www.indiabudget.gov.in/budget2021-22/economicsurvey/ doc/vol1chapter/echap01_vol1.pdf.

第 5 章　面向 21 世纪的治理：结构

1 Constituent Assembly Debates, Volume 7, 4 November 1948, https:// www.constitutionofindia.net/debates/04-nov-1948/.
2 M. Venkaiah Naidu, "Lessons from Emergency We Must Not Forget," *Indian Express*, June 2023.
3 "India Threatened to Shut Down Twitter, Says Ex-CEO Jack Dorsey; Govt Says 'Outright Lie'," *Indian Express*, 13 June 2023.
4 本段的内容基于 Tarunabh Khaitan 的文章："Restoring Democracy: An 11-Point Common Minimum Programme for the United Opposition," The Wire, July 2023, https://thewire.in/politics/united-opposition-democracy-common-minimum-programme。
5 本段的内容基于 Arvind Datar 的文章："Eight Fatal Flaws; The Failings of the National Judicial Appointments Commission," *Appointment of Judges to the Supreme Court of India: Transparency, Accountability, and Independence*, 2018, eds Arghya Sengupta and Ritwika Sharma。
6 以下段落基于 Gautam Bhatia 的文章："ICLP Turns Four: Some Thoughts on the Office of the Chief Justice and Other Supreme Court Miscellany," *Indian Constitutional Law and Philosophy Blog*, 2017。
7 P. Chidambaram, "A Time for Supreme Reform," *Indian Express*, August 2020, https://indianexpress.com/article/opinion/columns/supreme-court-legal-reforms-p-chidambaram-6575346/.
8 Ravi Chopra, "Joshimath: An Avoidable Disaster," The India Forum, March 2023, https://www.theindiaforum.in/environment/joshimath-avoidable-disaster.
9 有多项研究发现了午餐项目对学生入学率、出勤率、学习和营养状况的积极效果。包括：Tanika Chakraborty and Rajshri Jayaraman, "School Feeding and Learning Achievement: Evidence from India's Midday Meal Program," *Journal of Development Economics*, June 2019；Abhijeet Singh, Albert Park and Stefan Dercon, "School Meals as a Safety Net: An Evaluation of the Midday Meal Scheme in India," *Economic Development and Cultural Change*, January 2014；F. Afridi, "Child Welfare Programs and Child Nutrition: Evidence from a Mandated School Meal Program in India," *Journal of Development Economics*, July 2010。

10 以下段落参考了 K.C. Sivaramakrishnan 的文章："Local Government,"收录于 *The Oxford Handbook of the Indian Constitution*（2016, eds Sujit Choudhry, Madhav Khosla and Pratap Bhanu Mehta）一书（第 31 章）。

11 Ritva Reinikka and Jakob Svensson, "Fighting Corruption to Improve Schooling: Evidence from a Newspaper Campaign in Uganda," *Journal of the European Economic Association*, April–May 2005.

12 例如，参见 Himanshu 的深度分析："Do We Know What Has Happened to Poverty Since 2011-12?" April 2023, The India Forum。

13 "'Misused, Abused': India's Harsh Terror Law under Rare Scrutiny," Al Jazeera, August 2021, https://www.aljazeera.com/news/2021/8/16/india-uapa-terror-law-scrutiny.

14 Timur Kuran, *Private Truths, Public Lies: The Social Consequences of Preference Falsification*, 1995.

15 例如, Menaka Gurusamy, "How Not to Reform the Code," *Indian Express*, 16 September 2023。

16 Devesh Kapur, "Why Does the Indian State Both Fail and Succeed?" *Journal of Economic Perspectives*, Winter 2020.

17 Devesh Kapur 引用的数据截至 2018 年，印度的情况在此后并无多大变化。根据 Commonwealth Local Government Forum 发布的信息，在 2020—2021 财年，印度基层政府获得的转移支付在全部政府支出中占比为 3.3%，在 2019—2020 财年，为 3.1%。报告全文见：http://www.clgf.org.uk/default/assets/File/Country_profiles/India.pdf。

18 Pabitra Chowdhury and Rosa Abraham, "Number Theory: Shrinking Public Sector Employment and Its Costs," *Hindustan Times*, September 2022.

19 这方面的数据有多个来源，对该比例的估计值从 2 点几到 4 点几不等。我们采用了中间估计值。参见：Duckju Kang, "Where Are Teachers Paid the Most and the Least Compared to Other Professions in Asia?" Yahoo Finance, June 2019；Jean Dreze and Amartya Sen, *An Uncertain Glory*, Princeton University Press, 2013；Geeta Gandhi Kingdon, "The Private Schooling Phenomenon in India: A Review," *Journal of Development Studies*, 2020。

20 International Institute for Strategic Studies, "Personnel vs. Capital: The Indian Defense Budget," *Military Balance Blog*, April 2023.

21 "Budget Basics: National Defense," Peter G. Peterson Foundation, April 2023, https://www.pgpf.org/budget-basics/budget-explainer-national-defense.

22 Union Public Services Commission, 72nd Annual Report, April 2023, https://upsc.gov.in/content/72nd-annual-report.

23 Aditya Dasgupta and Devesh Kapur, "The Political Economy of Bureaucratic Overload: Evidence from Rural Development Officials in India," *American Political Science Review*, 2020.

第 6 章　面向 21 世纪的治理：流程

1 Kaushik Basu, *An Economist in the Real World: The Art of Policymaking in India*, Penguin Viking, 2016. Ajay Chhibber and Salman Anees Soz, *Unshackling India: Hard Truths and Clear Choices for Economic Revival*, HarperCollins, 2021. Naushad Forbes, *The Struggle and the Promise: Restoring India's Potential*, HarperCollins, 2021. Vijay Joshi, *India's Long Road: The Search for Prosperity*, Oxford University Press, 2017. Ashoka Mody, *India Is Broken: A People Betrayed, Independence to Today*, Stanford University Press, 2023. T.N. Ninan, *The Turn of the Tortoise: The Challenge and Promise of India's Future*, Oxford University Press, 2017. Abhijit Banerjee, Gita Gopinath, Raghuram Rajan and Mihir Sharma, eds, *What the Economy Needs Now*, Juggernaut Books, 2019.

2 Devesh Kapur, "Why Does the Indian State Both Fail and Succeed?" *Journal of Economic Perspectives*, Winter 2020.

3 Philip Keefer and Stuti Khemani, "Democracy, Public Expenditures, and the Poor: Understanding Political Incentives for Providing Public Services," World Bank Research Observer, Spring 2005.

4 此处提到的农业法改革是指 2020 年 9 月印度议会提出的关于农业市场的三项法案，它们均被批准为正式法律，但后来又被废除了。

5 Aryaman Vir and Rahul Sanghi, "The Internet Country: How India Created a Digital Blueprint for the Economies of the Future," Tigerfeathers Substack, January 2021, https://tigerfeathers.substack.com/p/the-internet-country.

6 Shouvik Das, "UPI Crosses 10 Billion Monthly Transactions, Confirms NPCI," 31 August 2023, Live Mint, https://www.livemint.com/economy/upi-crosses-10-billion-monthly-transactions-confirms-npci-11693498082161.html.

7 Tamanna Singh Dubey and Amiyatosh Purnanandam, "Can Cashless Payments Spur Economic Growth?" working paper, 2023, https://papers.ssrn.com/sol3/papers.cfm?abstract_id=4373602.

8 Cristian Alonso, Tanuj Bhojwani, Emine Hanedar, Dinar Prihardini, Gerardo Una and Kateryna Zhabska, "Stacking up the Benefits: Lessons from India's Digital Journey," IMF working paper, March 2023.

9 Vrinda Bhandari and Karan Lahiri, "The Surveillance State, Privacy and Criminal Investigation in India: Possible Futures in a Post-Puttaswamy World," *Univ. of Oxford Human Rights Hub Journal*, 2020.

10 David McCabe, "Montana Legislature Approves Outright Ban of TikTok," *New York Times*, May 2023, https://www.nytimes.com/2023/04/14/technology/montana-tiktok-ban-passed.html.

11 "India: Data Protection Bill Fosters State Surveillance," Human Rights Watch, 22 December 2022.

12 Gautam Bhatia, "From a Culture of Authority to a Culture of Justification: The

Meaning of Overruling ADM Jabalpur," *Live Law*, January 2018.
13 "Ranbaxy Settles Violation Dispute," *Bloomberg News*, December 2011, https://www.nytimes.com/2011/12/21/business/ranbaxy-settles- violation-dispute.html；"India's Ranbaxy Hit by FDA Product Ban at 4th Indian Plant," *Reuters*, January 2014.
14 本节内容参考了：" Gambian Child Deaths Fuel Alarm over Rules in 'World's Biggest Pharmacy' India," *Financial Times*, March 2023, https://www.ft.com/content/72effe2f-988d-4618-bb07-16c96e81b6ee; "Indian Drugs Are a Global Lifeline. For Dozens of Children, They Were Deadly," *New York Times*, November 2022, https://www.nytimes. com/2022/11/03/world/asia/india-gambia-cough-syrup.html。
15 参见世界贸易组织发布的报告《世界关税概况》2023年版，https://www.wto.org/english/res_e/publications_e/ world_tariff_profiles23_e.htm。
16 "Electoral Bonds Likely to Carry Validity of 15 Days," *Economic Times*, 12 December 2017, https://economictimes.indiatimes.com/markets/bonds/electoral-bonds-likely-to-carry-validity-of-15-days/articleshow/62035423.cms?from=mdr.
17 "Former CEC TN Seshan: A No-Nonsense Man, He Cleaned Up India's Electoral System," *India Today*, April 2022.

第7章 能力培养：儿童时期的挑战

1 世界银行的数据库报告了斯里兰卡的儿童在2016年（可获得的最新数据）的状况，该国卫生部的家庭健康局则指出，2022年的儿童营养不良率略低于10%。关于在西方国家成长的南亚裔儿童的身高与本土儿童的差异，可参见：Caterina Alacevich and Alessandro Tarozzi, "Child Height and Intergenerational Transmission of Health: Evidence from Ethnic Indians in England," *Economics and Human Biology*, 2017。
2 Reynaldo Martorell, "The Nature of Child Malnutrition and Its Long-Term Implications," *Food and Nutrition Bulletin*, 1999, https:// journals.sagepub.com/doi/abs/10.1177/156482659902000304.
3 Bipasha Maity, "Interstate Differences in the Performance of 'Anganwadi' centers under ICDS Scheme," *Economic and Political Weekly*, 2016.
4 National Education Policy, 2020.
5 Alejandro J. Ganimian, Karthik Muralidharan and Christopher R. Walters, "Augmenting State Capacity for Child Development: Experimental Evidence from India," *Journal of Political Economy*, January 2023.
6 "Success Stories with Reducing Stunting: Lessons for PNG," World Bank policy note, 2019, https://documents1.worldbank.org/curated/en/809771561531103886/pdf/Success-Stories-with-Reducing-Stunting-Lessons-for-PNG.pdf.

7 Alessandra Marini, Claudia Rokx and Paul Gallagher, "Standing Tall Peru's Success in Overcoming Its Stunting Crisis," International Bank for Reconstruction and Development and the World Bank, 2017.

8 Michael Kremer et al., "Teacher Absence in India: A Snapshot," *Journal of the European Economic Association*, 2005. Karthik Muralidharan, Jishnu Das, Alaka Holla and Aakash Mohpal, "The Fiscal Cost of Weak Governance: Evidence from Teacher Absence in India," *Journal of Public Economics*, 2017. 对教师缺课的程度存在一些学术争议，例如近期由 Azim Premji Foundation 发布的一份报告认为，"无理由"的教师缺课率约为 2.5%，与上述研究的估计差别巨大。

9 Annual Status of Education Report (Rural) 2022, https://asercentre.org/aser-2022/.

10 "Where Are the Kids? The Curious Case of Government Schools in Bihar," Jan Jagran Shakti Sanghatan, July 2023.

11 Seema Bansal and Shoikat Roy, "School Education Reforms in Delhi 2015–2020," Boston Consulting Group, January 2021, https://www.bcg.com/school-education-reforms-in-delhi-2015-2020.

12 "Explained: Why Delhi's School Reforms Are Not Yet a Runaway Success," February 2021, *Business Standard*.

13 Devi Khanna and Amelia Peterson, "State-Led Education Reform in Delhi, India: A Case Study of the Happiness Curriculum," Brookings Institution, February 2023.

14 Abhijit Singh, Mauricio Romero and Karthik Muralidharan, "Covid-19 Learning Loss and Recovery: Panel Data Evidence from India," NBER working paper, 2023.

15 Paran Amitava, "Gloom in the Classroom: A Silent Crisis in Jharkhand's Schools," The India Forum, April 2023.

16 "Gloom in the Classroom: The Schooling Crisis in Jharkhand," technical report, Gyan Vigyan Samiti, Jharkhand, December 2022.

17 Ministry of Education, Government of India, https://www.education.gov.in/one-teacher-school.

18 Guthrie Gray-Lobe, Anthony Keats, Michael Kremer, Isaac Mbiti and Owen Ozier, "Can Education be Standardized? Evidence from Kenya," BFI working paper, September 2022, https://bfi.uchicago.edu/working-paper/2022-68/.

19 Jean Dreze and Amartya Sen, *An Uncertain Glory*, Princeton University Press, 2013. Geeta Gandhi Kingdon, "The Private Schooling Phenomenon in India: A Review," *Journal of Development Studies*, 2020.

20 例如，印度尼西亚的教师工资在 2005 年翻了一番，但如此大的增幅没有使学生的学习效果得到提升。参见：Joppe de Ree, Karthik Muralidharan, Menno Pradhan and Halsey Rogers, "Double for Nothing? Experimental

Evidence on an Unconditional Teacher Salary Increase in Indonesia," *Quarterly Journal of Economics*, November 2017。

21 Karthik Muralidharan and Michael Kremer, "Public and Private Schools in Rural India," in P. Peterson and R. Chakrabarti (eds), *School Choice International*, Cambridge, MIT, 2008.

第 8 章　能力培养：高等教育

1 这两段的内容参考了：Bibhudatta Pradhan and Vrishti Beniwal, "Worthless Degrees Are Creating an Unemployable Generation in India," Bloomberg, April 2023, https://www.bloomberg.com/news/articles/2023-04-17/india-s-worthless-college-degrees-undercut-world-s-fastest-growing-major-economy。

2 相关数据请参见 Ministry of Education, Government of India, https://www.education.gov.in/statistics-new?shs_term_node_tid_depth=387。

3 World Bank database, https://data.worldbank.org/indicator/SE.XPD.TOTL.GD.ZS.

4 "Demand for Grants, 2023–24 Analysis," PRS Legislative Research, February 2023, https://prsindia.org/files/budget/budget_parliament/2023/DFG_2023-24_Analysis_Education.pdf.

5 这几段关于劳动力市场数据的内容参见：Raghuram Rajan, Rohit Lamba and Rahul Singh Chauhan, "Why India Needs Better, Not Just More Jobs," *Times of India*, 6 December 2022, https://timesofindia.indiatimes.com/india/the-great-jobs-hunt/ articleshow/96035338.cms，更新的数据采用了 PLFS 与 CMIE 数据库。

6 数据来自 OECD, https://data.oecd.org/emp/labor-force-participation-rate.htm。

7 数据来自 National Education Policy, 2020, point 16.1。

8 Shamika Ravi, Neelanjana Gupta and Puneeth Nagaraj, "Reviving Higher Education in India," Brookings India, November 2019, p. 14.

9 参见报告：Department of Animal Husbandry and Dairy for the Livestock Census 2019, https://dahd.nic.in/ sites/default/filess/Key%20Results%2BAnnexure%2018.10.2019.pdf；关于兽医行业的报道，参见：https://www.deccanherald.com/opinion/the-veterinary-frontline-is-in-crisis-1108766.html；此处观点参考了：Devesh Kapur, "Liberalization sans Liberalism: The Control Raj and the Perils of Ideology and Rents in Higher Education," published in *India Transformed: Twenty-Five Years of Economic Reforms*, edited by Rakesh Mohan。

10 参见 Annual Survey on Higher Education, 2020–21, p. 15, published by the Department of Higher Education, Ministry of Education, Government of India, https://aishe.gov.in/aishe/viewDocument.action?documentId=352。

11 北方邦也已下令停止实施现行的劳动法规，但必须确保新制定的法规能包含劳动者不被随意解雇的条款。

12 印度的毛入学率数据来自：Annual Survey on Higher Education, 2020–21,

published by the Department of Higher Education, Ministry of Education, Government of India。其他国家的毛入学率和人均GDP数据来自世界银行。

13　Rahul Verma, "Politicians Will Pose the Biggest Challenge to NEP," *Hindustan Times*, August 2020.

14　参见教育预算支出分析：https:// www.education.gov.in/statistics-new?shs_term_node_tid_ depth=387&page=1。这里采用的数据来自 2019—2021 年报告的第 65 页。

15　Suresh Sharma and Ankita Singh, "Importance of Scholarship Scheme in Higher Education for the Students from Deprived Sections," IEG working paper no. 395, 2020.

16　"High NPAs in Education Loan Segment Turn Banks Cautious," *Economic Times*, September 2022.

17　"Rs 17,668 Crore Disbursed in Education Loan in 2022–23: Dharmendra Pradhan," *Indian Express*, April 2023, https://indianexpress.com/article/education/rs-17668-crore-disbursed-in- education-loan-in-2022-23-pradhan-8543574/.

18　"695 Universities and over 34,000 Colleges Still Unaccredited," *Times of India*, February 2023, https://timesofindia.indiatimes.com/education/news/695-universities-and-over-34000-colleges-still-unaccredited/articleshow/97898819.cms.

19　"Corruption Cancer Destroying Indian Academia," Education World, https://www.educationworld.in/corruption-cancer-destroying-indian-academia/.

20　Anurag Behar, "Eliminating Corruption from Colleges," *Hindustan Times*, April 2019, https://www.hindustantimes.com/education/eliminating-corruption-from-colleges/story- DPkAMWCRNeupra5G4EoG2J.html.

21　这里的王公（maharaja）和君主（nizam）是当地统治者的头衔。

22　参见塔塔公司官网发布的信件：https://www.tata.com/newsroom/jamsetji-tata-letter-to-swami-vivekananda。

23　Pratik Pawar, "India Aims to Invigorate Science with Hefty New Funding Agency," *Science*, July 2023.

24　Deepika Baruah, "Indian Government's National Education Budget 2022," British Council, February 2022, https://opportunities-insight.britishcouncil.org/insights-blog/indian-government%E2%80%99s-national-education-budget-2022.

25　这些数据可以与毕业生的生物识别数字身份号码、统一身份证号码以及纳税申报信息相配对，并以平均值形式来披露，从而避免泄露毕业生的个人隐私。

26　"7.7 Lakh Indian Students Went Abroad to Study in 2022; Many Face Challenges in Finding Jobs Later," *Tribune*, February 2023.

27　作者根据印度央行的 Liberalized Remittance Scheme 统计数据测算得出。

第 9 章　能力构建：医疗

1. Rama V. Baru, "The Bhore Committee and Recent Debates," *Seminar*, 2019.
2. "India Health System Review," World Health Organization, 2022, https://apo.who.int/publications/i/item/india-health-system-review.
3. 根据世界银行数据库测算得出。
4. 印度各邦的数据来自卫生与家庭福利部发布的 2019 年的数据，参见：https://pib.gov.in/PressReleaseIframePage.aspx?PRID=1796436。
5. Nikhil Rampal and Kritika Sharma, "80,000 Seats, 7 Lakh Takers—Inside Story of Why Thousands of Aspiring Indian Doctors Fly Abroad," ThePrint, March 2022.
6. Jishnu Das, Alaka Holla, Aakash Mohpal and Karthik Muralidharan, "Quality and Accountability in Health Care Delivery: Audit-Study Evidence from Primary Care in India," *American Economic Review*, December 2016.
7. "Less Than a Third of Indians Go to Public Hospitals for Treatment," *Mint*, May 2020, https://www.livemint.com/news/india/less-than-a-third-of-indians-go-to-public-hospitals-for-treatment-11588578426388.html.
8. Jishnu Das et al., "Two Indias: The Structure of Primary Health Care Markets in Rural Indian Villages with Implications for Policy," *Social Science and Medicine*, 2022.
9. "Health System for a New India: Building Blocks, Potential Pathways to Reform," NITI Aayog, November 2019. 该报告的发布网址为：https://pib.gov.in/PressReleasePage.aspx?PRID=1591934。到 2023 年 10 月，该报告已从原始网址上消失，但从 2019 年 11 月发布后，已经被广泛传播。
10. Mita Choudhury, Jay Dev Dubey and Bidisha Mondal, "Analyzing Household Expenditure on Health from the 71st Round of Survey by the National Sample Survey Organization in India," National Institute of Public Finance and Policy research paper, 2019, https://www.nipfp.org.in/media/medialibrary/2019/12/WHO_NSSO_report_2019.pdf.
11. Tarun Khanna, Nachiket Mor and Sandhya Venkateswaran, "Transition Paths towards Better Health Outcomes in India: Optimizing the Use of Existing Pooled Government Funds," Brookings, 2021.
12. "The World Health Report : 2000 : Health Systems : Improving Performance," World Health Organization, 2000, https://iris.who.int/handle/10665/42281.
13. "Aam Aadmi Mohalla Clinics: Brief Write-up on Aam Aadmi Mohalla Clinic," Government of Delhi, https://dgehs.delhi.gov.in/dghs/aam-aadmi-mohalla-clinics.
14. 以下几段的内容参考了：Rakshita Khanijou and T. Sundararaman, "Aam Aadmi Mohalla Clinics (AAMC): A New and Evolving Urban Healthcare Model"。该研究是技术报告 "The Archetypes of Inclusive Health Care: Where Health Care for the Poor is Not Poor Health Care"（2017 年出版）的第 16 章。

15 关于医疗服务的质量，参见：Chandrakant Lahariya, "Access, Utilization, Perceived Quality, and Satisfaction with Health Services at Mohalla (Community) Clinics of Delhi, India," *Journal of Family Medicine and Primary Care*, 2020；关于成本效益分析，参见：Charu C. Garg and Roopali Goyanka, "A Comparison of the Cost of Outpatient Care Delivered by Aam Aadmi Mohalla Clinics Compared to Other Public and Private Facilities in Delhi, India," *Health Policy and Planning*, 2023。

16 此处的论述大量引用了：T. Sundararaman, "The Vision of Comprehensive Primary Healthcare Learning from Jan Swasthya Sahyog for Developing Health and Wellness Centers"。该研究是技术报告"The Archetypes of Inclusive Health Care: Where Health Care for the Poor is Not Poor Health Care"（2017年出版）的第2章。

17 本节内容参考了案例研究报告：T. Sundararaman, "Re-visiting Aravind Eye Hospital in Times of Universal Health Coverage"。该研究是技术报告"The Archetypes of Inclusive Health Care: Where Health Care for the Poor is Not Poor Health Care"（2017年出版）的第6章。V. Kasturi Rangan, "Aravind Eye Hospital, Madurai, India: In Service for Sight," Harvard Business School Case 593–098, April 1993, revised May 2009。

18 C.K. Prahlad, "Christian Medical College and Hospital," Indian Institute of Ahmedabad case materials, 1972, https://www.egyankosh.ac.in/bitstream/123456789/6320/1/case%20study-6.pdf.

19 本段的内容参见：Mohana Basu, "HIV, Polio, now Covid — How CMC Vellore Has Been Leading Healthcare & Research for 121 Yrs," ThePrint, June 2021, https://theprint.in/health/hiv-polio-now-covid-how-cmc-vellore-has-been-leading-healthcare-research-for-121-yrs/680348/。

20 参见 Abhijit Banerjee 的论文，收录于 Abhijit Banerjee, Gita Gopinath, Raghuram Rajan and Mihir Sharma, eds, *What the Economy Needs Now*, Juggernaut Books, 2019。

21 Nikhil Rampal and Kritika Sharma, "80,000 Seats, 7 Lakh Takers—Inside Story of Why Thousands of Aspiring Indian Doctors Fly Abroad," ThePrint, March 2022.

22 "National Health Stack: Strategy and Approach," NITI Aayog, July 2018.

第 10 章　不平等问题的应对

1 V.S. Naipaul, *A Bend in the River*, Alfred A. Knopf, 1979.

2 James Heckman, "Invest in Early Childhood Development: Reduce Deficits, Strengthen the Economy," The Heckman Equation, December 2012. James Heckman, "The Economics of Inequality: The Value of Early Childhood Education," *American Educator*, Spring 2011.

3 "60% of Dropouts at 7 IITs from Reserved Categories," *The Hindu*, August 2021, https://www.thehindu.com/news/national/parliament-proceedings-60-of-

dropouts-at-7-iits-from-reserved-categories/article35752730.ece.

4 在2004年的案件"E.V. Chinnaiah v. State of Andhra Pradesh"审理中，印度最高法院认为，表列种姓构成了一个"同质性"群体，对表列种姓的任何内部分类都将违反宪法第14条的规定。这一议题如今由最高法院的一个更大的法庭重新讨论，参见：https://indiankanoon.org/doc/746591/。

5 Anand Teltumbde, "Reservations within Reservations: A Solution," *Economic and Political Weekly*, 2009.

6 Devesh Kapur et al., "Rethinking Inequality: Dalits in Uttar Pradesh in the Market Reform Era," *Economic and Political Weekly*, 2010.

7 Chandra Bhan Prasad, D. Shyam Babu and Devesh Kapur, *Defying the Odds: The Rise of Dalit Entrepreneurs*, Penguin Random House, 2014.

8 "Episode 296: Caste, Capitalism and Chandra Bhan Prasad," *The Seen and the Unseen* podcast with Amit Varma.

9 Soumitra Shukla, "Making the Elite: Top Jobs, Disparities, and Solutions," working paper, Yale University, 2022.

10 "EWS Row: Reservation Has Social, Financial Connotations, Meant for Oppressed, Says Supreme Court," *Economic Times*, September 2022.

11 Udit Misra, "ExplainSpeaking: Why India's Workforce Is Becoming Increasingly Male-Dominated," *Indian Express*, June 2023.

12 Periodic Labor Force Survey (PLFS), Quarterly Bulletin, January–March 2023, https://pib.gov.in/PressReleaseIframePage.aspx?PRID=1928124.

13 Claudia Goldin, "The U-Shaped Female Labor Force Function in Economic Development and Economic History," NBER working paper, 1994.

14 "Episode 296: Caste, Capitalism and Chandra Bhan Prasad," *The Seen and the Unseen* podcast with Amit Varma.

15 Erin K. Fletcher, Rohini Pande and Charity Troyer Moore, "Women and Work in India: Descriptive Evidence and a Review of Potential Policies," India Policy Forum, 2018.

16 同上。

17 Nandita Singh, "Higher Education for Women in India—Choices and Challenges," Forum on Public Policy, 2008. All India Survey of Higher Education 2020–21, Figure 27.

18 Dhruvika Dhamija and Akshi Chawla, "Decoding Women's Labor Force Participation in 2021–22: What the Periodic Labor Force Survey Shows," https://ceda.ashoka.edu.in/decoding-womens-labor-force-participation-in-2021-22-what-the-periodic-labor-force-survey- shows/.

19 Fernanda Bárcia de Mattos and Sukti Dasgupta, "MGNREGA, Paid Work and Women's Empowerment," ILO Employment working paper 230, December 2017.

20 Jonathan David Ostry, Jorge A. Alvarez, Raphael A. Espinoza and Chris

21　Papageorgiou, "Economic Gains from Gender Inclusion: New Mechanisms, New Evidence," IMF Staff Notes, 2018.
21　Alice Evans, "Why Has Female Labor Force Participation Risen in Bangladesh but Fallen in India?" Brookings, October 2022, https://www.brookings.edu/articles/why-has-female-labor-force-participation-risen-in-bangladesh-but-fallen-in-india/.
22　"Women Are Moving Jobs for the Work-from-Home Perk," *Economic Times*, 8 March 2022.
23　Blassy Boben and Rupam Jain, "Female Footprint in India's Workforce," Reuters, September 2023.
24　Raghabendra Chattopadhyay and Esther Duflo, "Women as Policy Makers: Evidence from a Randomized Policy Experiment in India," *Econometrica*, 2004.
25　有关数字来自世界银行数据库。
26　Ashok Gulati, Devesh Kapur and Marshall Bouton, "Reforming Indian Agriculture," *Economic and Political Weekly*, March 2020.
27　Shoumitro Chatterjee, Mekhala Krishnamurthy, Devesh Kapur and Marshall M. Bouton, "A Study of the Agricultural Markets of Bihar, Odisha and Punjab," University of Pennsylvania Center for the Advanced Study of India, 2020.
28　Union Budget 2022–23, https://www.indiabudget.gov.in/budget2022-23/.
29　Ashok Gulati, Devesh Kapur and Marshall Bouton, "Reforming Indian Agriculture," *Economic and Political Weekly*, March 2020.
30　"Central Issue Price under NFSA," Department of Food and Public Distribution, Government of India, https://dfpd.gov.in/pds-cipunfsa.htm.
31　Ashok Gulati and Shweta Saini, "Leakages from Public Distribution System and the Way Forward," Indian Council for Research on International Economic Relations, 2015.
32　F. Ram, S.K. Mohanty and Usha Ram, "Understanding the Distribution of BPL Cards: All-India and Selected States," *Economic and Political Weekly*, February 2009. Basant Kumar Panda et al., "Malnutrition and Poverty in India: Does the Use of Public Distribution System Matter?" BMC Nutrition, 2020.
33　"Analysing the Effectiveness of Targeting under AB PM-JAY in India," WHO, March 2022.
34　Maitreesh Ghatak and Karthik Muralidharan, "An Inclusive Growth Dividend: Reframing the Role of Income Transfers in India's Anti-Poverty Strategy," India Policy Forum, 2019.
35　"Results of an Experimental Pilot Cash Transfer Study in Delhi," SEWA, Government of Delhi and UNPD, January 2013. David K. Evans and Anna Popova, "Cash Transfers and Temptation Goods," Economic Development and Cultural Change, January 2017.

第 11 章　印度与世界的交往

1. Kunal Purohit, "Modi's 'Tiger Warrior' Diplomacy Is Harming India's Interests," *Foreign Policy*, 28 August 2023, https://foreignpolicy. com/2023/08/28/india-modi-diplomacy-bjp-hindu-nationalism-religion-manipur/.
2. Joseph S. Nye Jr, "Soft Power and American Foreign Policy," *Political Science Quarterly*, 2004.
3. Shivshankar Menon, "Modi's India Plans to Be 'Vishwaguru' but Forgets Soft Power Is Useless without Hard Muscle," ThePrint, April 2021, https://theprint.in/pageturner/excerpt/modis-india-plans-to-be-vishwaguru-but-forgets-soft-power-is-useless-without-hard-muscle/642359/.
4. Yamini Aiyar, Sunil Khilnani, Prakash Menon, Shivshankar Menon, Nitin Pai, Srinath Raghavan, Ajit Ranade and Shyam Saran, "India's Path to Power: Strategy in a World Adrift," Takshashila Institution, https://takshashila.org.in/research/indias-path-to-power-strategy-in-a-world-adrift.
5. Rhea Mogul, "Why a Map in India's New Parliament Is Making Its Neighbors Nervous," CNN, June 2023, https://www.cnn.com/2023/06/13/india/india-akhand-bharat-map-parliament-intl-hnk/.
6. "'Celebration' of Indira Gandhi's Killing: What Really Happened at Canada Event?" *Hindustan Times*, 8 June 2023.
7. "Canada: How Ties with India Soured over Hardeep Singh Nijjar Killing," BBC News, 19 September 2023.
8. "India Urges Its Citizens to Exercise 'Extreme Caution' in Canada," *Guardian*, September 2023.
9. "UAE, a Destination for British Doctors and Nurses," Emirates 24/7, June 2023.
10. Yamini Aiyar, Sunil Khilnani, Prakash Menon, Shivshankar Menon, Nitin Pai, Srinath Raghavan, Ajit Ranade and Shyam Saran, "India's Path to Power: Strategy in a World Adrift," Takshashila Institution, https://takshashila.org.in/research/indias-path-to-power-strategy-in-a-world-adrift.
11. Navroz K. Dubash et al., "India and Climate Change: Evolving Ideas and Increasing Policy Engagement," *Annual Review of Environment and Resources*, 2018.
12. B.N. Goswami et al., "Increasing Trend of Extreme Rain Events over India in a Warming Environment," *Science*, 2006.
13. Climate Change and Sovereign Credit Ratings, University of East Anglia and the University of Cambridge, https://www.uea.ac.uk/climate/evaluating-sovereign-risk.
14. Raghuram Rajan, "Joined at the Hip: Why Continued Globalization Offers Us the Best Chance of Addressing Climate Change," Per Jacobsson Lecture, 2022, https://faculty.chicagobooth.edu/-/media/faculty/raghuram-rajan/research/papers/joined-at-the-hip3-final.pdf.

15 Navroz K. Dubash et al., "India and Climate Change: Evolving Ideas and Increasing Policy Engagement," *Annual Review of Environment and Resources*, 2018.
16 Sara Schonhardt, "Why the Climate Fight Will Fail without India," *Scientific American*, February 2023.
17 Navroz K. Dubash et al., "The Disruptive Politics of Renewable Energy," The Indian Forum, 2019.
18 Navroz K. Dubash et al., "Building a Climate-Ready Indian State," center for Policy Research, 2021.

第 12 章　打造富有创造力的国家

1 "School Education Reforms in Delhi 2015–2020," Boston Consulting Group, January 2021, https://www.bcg.com/school-education-reforms-in-delhi-2015-2020.
2 Chandra Bhan Prasad, D. Shyam Babu and Devesh Kapur, *Defying the Odds: The Rise of Dalit Entrepreneurs*, Random House, 2014.
3 该案例引自 Raghuram Rajan, *The Third Pillar: How Markets and the State Leave the Community Behind*, HarperCollins, 2019。
4 "U.S. Eases Pension Investing," *New York Times*, June 1979, https://www.nytimes.com/1979/06/21/archives/us-eases-pension-investing-pension-investments.html.
5 Josh Lerner, *Boulevard of Broken Dreams*, Princeton University Press, 2009.
6 "Who Is Leading the 5G Patent Race?" Iplytics.com, 2019, https://www.iplytics.com/wp-content/uploads/2022/06/5G-patent-race-June-2022_website.pdf.
7 以下段落部分参考了 https://www.moneycontrol.com/ news/business/companies/how-sanjay-nayak-brought-tejas-networks-back-from-the-brink-of-failure-2352397.html 以及一次对 Sanjay Nayak 采访的内容。
8 Stay in India Checklist Index 2021, https://pn.ispirt.in/stay-in-india- checklist-index-aiming-for-5-trillion-economy-by-2025/.

第 13 章　错误的道路

1 T.N. Ninan, "If Consumer Confidence Is a Political Bellwether, Are Current Levels Enough to Help BJP Win 2024?" ThePrint, June 2023, https://theprint.in/opinion/if-consumer-confidence- is-a-political-bellwether-are-current-levels-enough-to-help-bjp- win-2024/1621151/.
2 Karan Thapar 采访 Zia Us Salam, "What Does It Feel like to Be a Muslim in Narendra Modi's India?" The Wire, 30 June 2023。
3 "Negligible Representation of Muslims in UP Police, Reveals RTI," News 18, February 2014, https://www.news18.com/news/india/negligible-representation-of-muslims-in-up-police-reveals- rti-667591.html.